思想史で読む史学概論◎目次

序章

何故「思想史で読む史学概論」なのか

わたくしは、徳川思想史の一研究者に過ぎない。それも、狭義の意味でいえば、国学と民衆宗教というごく限られた分野の研究に従事してきたに過ぎない。研究者を志した一九八〇年代までは近代天皇制イデオロギーの成立過程に関心があり、一九九〇年代頃からナショナリズム論や東アジア内での自他認識論に関心を広げ、それに伴って、東アジアの儒教・朱子学や近代思想なども少しはかじったが、だとしてもそれは既成刊本・翻訳本を中心としたもので、いわゆる原史料・稿本まで遡って研究を行ったのは、幕末国学と民衆宗教の一部に過ぎない。そのわたくしが、これまでの研究の一つの締めくくりとして、敢えて「史学概論」（以下、括弧を省略）のテクストを書こうと思い立ったのは、以下のような理由からである。

単純な理由の一つは、これまで大学の史学科日本史学専攻の教員として何度も史学概論の講義を行った（行わされた）からにほかならない。その講義を行いながら、実は思想史と史学概論が密接な関係にあることを知ることになった。無論、思想史研究者は、いわゆる歴史哲学を本格的に研究するものではない。だが、「歴史（学）とは何か」に思いを巡らしながら、多くの先行の研究書や思想文献に当たっていると、実は数多くの思想史研究の対象とされた思想家が、それについて議論していることに気づかされた。無論、小沢栄一・大久保利謙の著書などを通じて（小沢栄一『近世史学思想史研究』吉川弘文館、一九七四年など）、史学思想史というジャンルが存在し、日本の思想家の多くがそれぞれの立場から「歴史とは何か」について議論していることやそれに対する研究があることは知っていた。事実、当初のわたくしの貧しい講義は、『古事記』『愚管抄』『神皇正統記』などに軽く言及し、次いで林家の『本朝通鑑』、水戸藩『大日本史』、新井白石『読史余論』あたりからやや詳細に内容を紹介し、荻生徂徠・本居宣長の歴史意識、頼山陽の『日本外史』に至り、最終的に近代啓蒙史学・文明史学・アカデミズム史学・マルクス主義史学・皇国史観に及ぶもので、内容は一見壮大に見えても、それはこれらの史学思想史に議論の多くを借りたものにほかならなかった。だが、徳川時代までの思想家のテクスト・歴史意識にふれるにつれ、次第に近代以降の歴史学という学問との大きな断絶が気になりだした。われわれが今日あたりまえのように慣れ親しんでいる歴史学・日本史という学問自体が、それらの史学思想（史）と非連続的なものなのではないか、だとしたら思想史研究の視点からそれをえぐりだし、われわれの思惟の特質を明らかにしていくことにも意味があるのではないか。かくて、最近のわたくしの史学概論の講義は、近代歴史学に孕まれた思惟（近代人の歴史的思惟）の特質を、徳川時代までの思想家の歴史認識と対照させて明らかにし、（前近代を見下しつつ）傲慢な思惟に居座るわれわれの立ち位置を反省的に捉え返すことに主眼を置くものへと転じていった。なお、わたくしの属している日本思想史学という領域には、倫理思想史・哲学史・政治思想史・経済思想史・教育思想史・宗教思想史、さらに言語学・民俗学・仏教学・神道学などをディシプリンとする研究者が集い、歴史学からする研究者の数はさほど多くはない。そう考えると、歴史学からする日本思想史研究者として、恐らく歴史学科にのみ存在する史学概論に向き合うことには少しは意味があるのではないか、という思いもある。

第二に、思想史研究を行っている者は、テクストの思想性・イデオロギー性に敏感となりがちである。というよりも、われわれは、あらゆるテクスト（思想書であろうとなかろうと）に対して、どうしてもその思想性・テクスト性と向き合って読んでしまうという性向がある。詳しくは、本書の中でとり上げるが、いわゆる「言語論的転回」以後、歴史学が自明視してきた「事実」が言語認識と不可分のものと捉えられ、「客観的事実」に揺らぎが生じるようになっている。また、そのことに危機感を感じて管見の限り二冊の史学概論のテクストが「客観的事実」の擁護を掲げて出版されている（遅塚忠躬『史学概論』東京大学出版会、二〇一〇年、大戸千之『歴史と事実』京都大学学術出版会、二〇一二年）。だが、思想史研究に従事してきた者にとっては、「客観性とは何か」「事実とは何か」という歴史哲学的な問題よりも（これも重要な問題ではある）、どのように「事実」を選択・配列して歴史書が成り立っているのかという思想性に関心がある。誤解のないためにいえば、近代歴史学が育んできた「事実」に基づく歴史記述に対して、わたくしは真正面から異を唱えるものではない（また、近代人はこの認識からそう簡単に逃れられるものでもない）。あるいは、少なくとも文献史料から確認される「事実」を無視・隠蔽・改ざんして歴史書を書き直そうとする歴史修正主義とは断固として闘っていくべきである、というのがわたくしの立場だ（第一〇章参照。これは嘘・隠蔽と改ざんが政府・官僚内でも跋扈している昨今の日本の状況を見るならば痛切な思いでもある）。だが、これも本書でふれるが、「客観的」という、それ自体が近代的な思惟（そこには自然科学主義的主客認識が横たわっている）の歴史性は措くとしても、「事実」の選択・配列には、思想性・イデオロギー性が伴われるということに無自覚であるならば、たとえば（これも第九章でとり上げるが）かつて植民地朝鮮での日本人歴史学者が「客観的歴史書」として『朝鮮史』を編修し、戦後もその「客観性」故に、何ら植民地支配の責任に思いを至すことができなかったことが想起されるべきだろう。わたくしには、近代歴史学が育んできた「事実」認識が正か否かという形而上学的問い以上に、歴史学の「事実」認識もまた歴史的思惟であって、われわれもそこから容易には自由になれないこと、それを価値中立的（没思想的）なものだと理解してしまうと大きな陥穽に陥ることになるという問題の方がはるかに気がかりだ。いずれにしても、「思想史で読む」というのは、こうした問題に思想史研究はことに敏感であり、だとするとそうした視点からする史学概論にも意味があるのではないか、という思いがある。

第三に、これまでの史学概論に登場する歴史家には、実は思想史研究が向き合ってきた数多くの研究者が登場する。明治以降に限っていえば、井上哲次郎、津田左右吉、羽仁五郎、平泉澄ら。戦後になると確かにその数は減るとはいえ、丸山真男、石母田正、黒田俊雄、家永三郎、遠山茂樹など。確かにこれらの歴史家は大家とよばれる歴史家であって、その業績は思想史研究に止まるものではない。だが、いずれも思想史研究上の看過しえない業績を残していることは否定できない。ところが、主として思想史研究を土台とした史学概論は、管見の限りほとんどない。無論、これまでの思想家の歴史思想をとり扱う史学思想史と歴史学の目的・方法などをとり扱う史学概論は異なる領域であり、それぞれについては一定の業績がある。だが、史学思想史を土台として、近代歴史学の認識様式・特性・諸問題をえぐりだし、その目的・方法の歴史性を検証した業績はほとんどないのではないか。そして、わたくしがその適任者だとは全く思わないにしても、現にそのような内容でしか史学概論の講義を行いえなかった者として、「思想史で読む史学概論」を公刊する意味もあるのではないかと考えるようになった。

さらにいえば、昨今の歴史修正主義の跋扈、無政府化し暴走する世界資本主義、世界各地でのナショナリズムの激突と「融解」、地球環境問題の深刻化を前にして、「思想史で読む史学概論」が果たすべき独自の役割もあると思うようになった。最後にこの点にも言及しておきたい。先に第一点目にのべたように、思想史研究に従事していると、近代思想と徳川時代までの思想の非連続性が際立っていることに気づかされる。結論的にいえば、徳川時代までの歴史意識が無国境性を特質とするものであるにも拘わらず、近代歴史学以降は極端に一国的なものに変容してしまったのである（キャロル・グラッグ［C. Gluck］「近代の文法」『思想』八四五号、岩波書店、一九九四年）。すなわち、徳川時代の思想・歴史意識を見ると、（第二章でやや詳しくのべるが）その思想的営為は、東アジア中華文明圏の価値観とともにあり（儒教・仏教など）、それが普遍的なものだと考えられていたことが注目される。いわば、歴史はその普遍的世界に共有されているものとする意識が当然のことだと考えられていたのである。無論、近代以降のわれわれにとって、それらの思想は確かに前近代的なもので、今日ほどの広い知識に基づいたものではない。事実、徳川時代の思想家には、（一部知られていたとはいえ）世界・地球の全体像は知る術もなく、いわゆる自然科学的知識があったわけでもない。何よりも、かれらにとっては頑強な身分制を前提とした王朝の存在が自明なもので、それら王朝の衰亡こそが歴史意識の基調をなしており、そこにいわゆる「青人草」（民衆）が描かれることも皆無に近かった。だが、近代以降のわれわれと異なって、歴史は特殊性においてよりも、共有されて進行していると捉えられていたことが、何といっても注目されるところである。このようにのべると、越境性・グローバル性はまさに近現代の特質で、まして海禁体制下にあった徳川時代の人びとの思惟など閉鎖的囲い（「鎖国」）の内側にあったのではないか、という真逆の反論が直ちに予想される。なるほど、経済的・文化的営為（生活様式）を見るならば、近現代資本主義ほど国際的な活動は過去に存在したことはなかったし、これに伴って人びとの自由な移動・旅行が今日ほど盛んになった時代はない。だが、われわれの意識は依然として（いいようによっては、ますます）一国中心的なものに覆われているのも否定しえないだろう。それは何故なのか。このギャップはどこから生まれるのか。そして、史学概論の講義を通じて、近現代資本主義のグローバリズムの隆盛こそが、その進行とともにナショナリズムの台頭を生み、しかもナショナリズムが言語意識・歴史意識と不可分のものであることを知ったとき（大澤真幸『ナショナリズムの由来』講談社、二〇〇七年）、わたくしには、今日の世界の状況と対峙していくためにも、一見グローバルに見えてもナショナルな固い殻に覆われた近現代人の歴史意識を抜本的に変換していく必要性を（半ば危機感をもって）痛感するようになった。そのためにも、われわれの一国的歴史意識と真正面から向き合い、トランスナショナルな歴史叙述にチャレンジしていくことが喫緊の課題なのではないか。

以上が、「思想史で読む史学概論」を執筆するに至ったわたくしの動機である。なお、本書の多くは、実際の講義を基としているが、二〇一三年以来、立命館大学で開催されてきた東アジア史学思想史研究会での議論も踏まえている。また、全く恥ずかしい限りではあるが、講義内容だけでは不十分と考え、「わたくしの問題意識の来歴」を新たに書き下ろし追加した。さらに、末尾には参考文献一覧を掲げ、読者諸氏の研究・学習に役立てて頂きたいと考えた。というのも、再三のべたように、わたくしは別に史学概論を専門としてきた者ではない。恐らく本書にも多くの誤り・読み間違いがあるのではないかと思うが、その「発見」も含め読者諸賢が思考を深める一助となればと考えた次第である。

なお、それぞれの章が独立しており、したがってどの章から読んでもよいように構成されているが、それは講義がそのように行われた事情以外に、筆者が未だ全体を一貫したものとして見通せていない非力も関係している。各章の精粗も含めて、今後の課題とさせて頂く勝手をお許し頂きたい。

付記

一、出典などは原則として複数になる場合のみ註記したが、それ以外は本文中に示した。

二、歴史家・思想家の生没年については、日本人以外も含め、一八六八年以前に生まれ、かつ本文でとり上げた重要人物に限って記している。

第一章 歴史を学ぶにあたり

三木　清

認識の過程は、本源的に、共同主観的な物象化の過程であり、しかもこの共同主観性が歴史的社会的な協働において存立する以上、認識は共同主観的な対象的活動、歴史的プラクシスとして存立する。換言すれば、認識は決して単なる「意識内容」を与件とする〃主観内部の出来事〃なのではなく、物象化的構造をもつものとして、直接的に対象関与的である。……認識論は、もはや「意識の命題」を単に放擲するという域をこえて、同時に存在論としての権利を保有しつつ、歴史的実践の構造を定礎する〃歴史の哲学〃の予備門として、その一契機となる（廣松渉『世界の共同主観的存在構造』勁草書房、一九七二年）。

ここでは、歴史を学ぶにあたり、われわれが留意しなければならない問題について、三点ほどのべていきたい。その三点を一言でいえば、われわれは現代人として、過去を振り返っている以上、どうしても現代人からする先入観（認識様式）で過去を見がちである。そして、それはいわば不可避的なものであり、また現代人としての問題意識から過去を振り返っている以上、必要なことでもある。だが、「先入観（認識様式）にとらわれていることに無自覚であると、過去が理解できないばかりか、過去から学ぶこともできないことになる」ということがここでの結論である。

第一節　「歴史的事実」とは何か、という問い

1．「主観―客観」認識

最初の先入観は、「歴史的事実」に関わるものである。史学概論といえば、「歴史的事実」とは何か、に言及しているテクストが多い（最近のものとしては遅塚忠躬『史学概論』前掲）。歴史が、過去の「歴史的事実」によって編み上げられているものであることを考えれば、これは当然のことだろう。だが、この歴史哲学的問いに答えることは、実は容易ではない。とりわけ、歴史哲学を専門としていないわたくしにとっては、以下にのべることは、歴史哲学の読みかじりに基づくものにならざるをえないこととなる。(1) だが、歴史哲学者が、どちらかというと、「歴史的事実」（三木清は「存在としての歴史」という概念を用いている）に対する普遍的・根源的答えを求めようとしていることと違って、わたくしは思想史学・歴史学を専門とするものとして、**その答え自体が、実は歴史性を**

帯びているということを強調しておきたい。つまり、「歴史的事実」とは何かという問いについては、普遍的・根源的答えを考えることを否定するとはいわないものの、その答え、あるいは答え方自体が歴史とともに変容してきているのだ。

ということは、われわれ現代人は、現代の思惟に規定され、さらにいえば第三章でやや詳細にのべるが、近現代国民国家に属する国民として、ある事象を「歴史的事実」と捉え、過去と向き合っているということである。それが、趣味であったとしても。

たとえば、現代人であるわれわれは、「事実」といった場合、ごく自然に「客観的事実」と考える。だが、すでに学問の世界では「言語論的転回」とよばれる認識論的「革命」が起こり、「客観的事実」という思惟が問われている。(2) あるいは、二〇世紀以降の相対論や量子論によって、「客観的」(＝絶対的)と考えられてきた時空についても、ニュートン力学が問い直され、自然科学の世界では大きな「革命」が起こっており、それらは後世の人びとにとっては「常識」となっていく可能性が大きい。しかし、現代のわれわれの「常識」では、簡単には「主観―客観」認識(絶対空間・絶対時間)から逃れられないのも事実だ。この「常識」によれば、「歴史的事実」とは、過去に起こった(歴史記述者の「主観」から独立した)「客観的事実」であり、それが起こったのちのわれわれが、それをできるだけ「客観的」に認識することが歴史を学ぶことだと考える。その際に、「歴史的事実」は、われわれが知ろうが知るまいがすでに起こってしまった「事実」であり、それをできるだけ「客観的」に再構成することが、歴史学の役割だと考える(これも第三章でのべるが、明治期日本に近代歴史学が導入された際には、西欧では自然科学主義の勃興・全盛期でもあり、ここでいう「客観的」という概念は自然科学的とほとんど同義だった)。それを隠蔽し、ましてや改ざんすることは、「歴史的事実」「客観的事実」に対する冒涜であり、あるいは「主観的」に歴史を「物語る」恣意的行為であるとされる。この認識が正しいかどうかは、実はすでに「言語論的転回」以前から議論されており、それについてはすぐ次にのべるが、わたくしはこの認識の正否よりも、まずはそれがわれわれ現代人の認識様式であり、そこから簡単に逃れられないということを強調しておきたい(3)。

2.「歴史的事実」という認識の孕む問題点

ところで、この認識については、今のべたように、「言語論的転回」を俟たずともすでに一九世紀以来、数多くの疑問が提示され議論が行われてきた。何といっても、「歴史的事実」は、ニュートン力学的自然科学と異なって、現前する事象を「客観的」(「科学的」)に「実験」「実証」して明らかにされるものではなく、現前していない事象をとり扱うものだからである。いかに「客観的」に再構成しようとしても、「歴史的事実」は無論完全に再現できるものではない(念のためにいえば、民俗・慣習・信仰などは、いかにも超歴史的な事象と考えられがちであり、事実、そのように捉える文化論者がいる。また信仰者が自らの信仰の超歴史的普遍性を信じるのは当然といわなければならない。だが、どのように信じられようとも、これらも現代社会に規定づけられた事象であるといわざるをえないだろう)。しかも、われわれが知りうる「歴史的事実」は、文献(あるいは遺物・慣習など。これらを近代歴史学は史資料とよぶ)に基づく「歴史的事実」の断簡に過ぎない(三木清は文献に叙述された歴史を「叙述としての歴史」「ロゴスとしての歴史」とよび、「存在としての歴史」と区分している)。無論、その断簡の検証によって、できるだけ「歴史的事実」の「客観的」再構成に努めていくことは、近現代歴史学のなしてきたことであり、今もその努力が行われている。われわれは、これによって、それまで知りえなかった多くの「事実」を知り、それに学ぶことで現代社会に役立ててきたことも否定できない。その達成は、いくら強調しても強調しすぎることはない(ただし、そこに大きな陥穽があることを知った上でのことだが、この点については第九章でのべる)。とりわけ、それまで知られていなかった暴力・差別・抑圧の「事実」が、粘り強い数多くの人びとの作業（あるいは「証言」）によって、一つの断簡から明るみにされたことについては心から敬意を払うべきだと思う。とはいえ、「歴史的事実」の解明とは、数少ないピースによって、ジクソーパズルを作成している作業のようなものであることは否定できない。

これと並んで、これまで議論されてきた重要な論点は、そもそもわれわれの認識（「主観」）を俟たずして、過去の「歴史的事実」が存在しているのか、という問題である。われわれは、過去が無数の知られざる「事実」の集積であると考えている。その集積の総体を知ることなど神のみぞなしえることで不可能なことは明らかだが、その一部を、断簡によって少しずつ切り崩していくことが、歴史学の作業だと考えている。だが、このように考えたところで、その集積の大部分は、そもそも文献には記述されておらず、断簡さえ残されていないものばかりだ。しかも、これらの文献は、漠然と過去を記したものではない。ある明確な目的のために記述されたものばかりである。というよりも、ここでの概念を用いれば、ある「主観」的動機によって記述された文献がほとんどということになる。念のためにいえば、ここで「主観」的文献といっているのは、別に恣意的に書かれたという意味ではない。あくまで、何らかの動機（すなわち人間の意図・目的）と不可分だということをいっているに過ぎない。無論、土地台帳、課税台帳、登記簿など、一見無機質に見える数字の羅列だけの史料も存在するが、それとて明確な動機に基づいて記録されたものであることは言を俟たない。われわれは、それらの動機・目的（「主観」）によって記述された文献によって、「客観的事実」を理解するしかないのだ。無論、その文献の動機（「主観」）を解明し、「誤謬」をできるだけ排除し、「客観」性をもたせることに歴史家の努力は注力される。だが、そもそも文献に記述された「事実」、より正確にいえば過去の人びとが「選択した事実」しかわれわれは知りえない、ということから逃れられないのである。要するに、「客観」と「主観」は、われわれが考えている以上に、分離が難しいということなのだ。

3.「歴史的事実」の記述される「枠組み」

これと関連して、先のジグソーパズルの例でいえば、そもそもわれわれはどのような「枠組み」の中にピースをはめ込んでいるのか、という問題がある。つまり、「歴史的事実」は何らかの「枠組み」に位置づけられなければ記述しえないという属性を有しているのだ（分析哲学では「事実の理論負荷性」とよぶ。三木は「全体」という概念でこれを説明し、「歴史が書かれるためには何等かの全体が与へられなければならない。……かかる全体が与えられるためには、歴史の過程が何等かの仕方で完結したものとして表象されなければならない」とのべる。なお、この「枠組み」については第三節で再論する）。確かに、年代記や年表など、因果関係を記述せず、したがって現代人が読んでも意味が伝わってこない「歴史書」も存在する。紀伝体の「歴史書」などは、無味乾燥な「事実」の羅列に見える。だが、そこにも明確な「枠組み」は存在しているのだ。ここでいう「枠組み」とは、歴史像といってもよいし、過去を何のために振り返るのかという「問題意識」といってもよいかもしれない。つまり、ある「歴史的事実」に意味をもたせる動機のようなものである。たとえば、ある一回性を帯びた「事実」（「個性的事実」）は、この瞬間といえば無論現前している（今、この本を読んでいる、とか）。そしてそれは直ちに過去になっていく。だが、（未来の）ある時点での何らかの動機なくして、この「個性的事実」が振り返られることはないだろう（日記に記録されたとしても）。結論的にいえば、どのような動機であれ、「それぞれの新しい現在」（三木清）から意味が見いだされることなくして、過去の「個性的事実」が「歴史的事実」になることはないのである。だが、動機・意味とは、そもそも個々人、あるいは記述者によって異なる「主観」なのではないか。そして、こちらがより重要であるが、動機・意味とは茫漠とした過去から、ある「全体」「境域」を切りとることなくして設定できるものではない（「わたくしにとっての意味」「日本にとっての意味」「世界にとっての意味」……）。なお、三木清は「枠組み」（「全体」）を成立せしめるものは「現在」であり、「それぞれの新しい現在はそれぞれの新たなる全体を形作るであらう。……かくて、歴史は書き更へられざるをえないのである」とのべ、何故歴史が書き更えられなければならないのかをこの「全体」から説明している。傾聴すべき指摘であると思う。

さらにいえば、そもそも知りえないことを、われわれは知ることはできない（今後も偶然、あるいは探求・研究によって知ることになる「事実」もあるだろうが、その「事実」はその瞬間に「知りえないこと」ではなくなる）。われわれは、無論知りえない「事実」の集積の中の一部の「事実」（多くの場合は明確な動機によって「選択」された「事実」）を検証していると考える。だが、幾ら検証を積み重ねても、広漠とした知りえない「歴史的事実」の総体は、われわれの前に姿を現すことはないのである。したがって、現代的「主観―客観」認識内で「客観的」に「歴史的事実」の再現に努めたとしても、「歴史的事実」にはそのような属性があることを、われわれは理解しておく必要がある。

以上、歴史哲学的な「歴史的事実」とは何かという問いについて、われわれは無論謙虚に歴史哲学から学ぶ必要があるとはいえ、ここで強調しておきたいことは、**「歴史的事実」とは、眼前に展開する事象についての自然科学的分析とは異なる、再現不可能な「選択」された過去の事象を、現代という歴史的制約をわれわれも負いつつ、その思惟や動機によって「枠組み」を与え、分析・検証して明らかにされる「事実」である**ということである。(4)

なお、今までのべてきた「歴史的事実」については、三木清が「存在としての歴史」という概念を用い、「叙述としての歴史」「ロゴスとしての歴史」との区分を強調していることについて先に簡単にのべたが、「歴史は現在の時間のパースペクチヴからしてのみ書かれる。……かかる原理は存在としての歴史とは異なる秩序のものでなければならず」、それを「事実としての歴史」とよんでいる。やや紛らわしくなるが、三木の「事実としての歴史」

とは、「存在としての歴史」「ロゴスとしての歴史」を統一（超越）しての「歴史を顧みる現在の行為」を指しているると思われる。しかもそれは、「未来への関係」を含み、かつ社会的行為として捉えられているのであってみれば、ここまでのべてきたわたくしの「歴史的事実」の説明は、最終的にはこの三木清の「事実としての歴史」に帰着すると結論づけられよう。

最後に、わたくしの専攻する思想史研究は、（ディシプリンによって重点の置き方は異なるものの）「客観的事実」の解明をめざすものではない。だが、思想テクストの稿本に遡っての書誌学的検証、書かれた時期・階層・社会の歴史的検証、テクストの普及状況や「読まれ方」の検証を可能な限り行い、それを前提にテクストの解読・分析を行うことで、テクストの歴史的意義・社会的役割を明らかにし、思想のみが示しうる「歴史的事実」を明らかにする学問である。(5) だが、思想という「主観」（思惟・イデオロギーなど）を素材とするだけに、かつてから学界では「主観的」になりがちだといわれてきた。だが、思想史研究の目から見れば、たとえば「客観的」とされた経済史料の歴史的思想性が大いに気になった。はたして歴史的思想性と関係しない「客観的」な史料が存在するのか、そして現代の読み手の思惟を離れて読むことが可能なのか、という疑問が常に付きまとい、むしろ「客観性の有する限界・陥穽や、ひいては二〇世紀までは何の疑問もなく用いられていた「主観―客観」認識自体に対して、思想史研究者の方が一般的には問題意識を有しているという印象がある。なお、哲学者廣松渉は「主観―客観」認識を近代的認識図式とし、それを批判しつつ冒頭に掲げたようにのべている。わたくしの「主観―客観」認識についての理解は、この廣松の指摘に尽きるといってよい。

第二節　過去の人びとの「他者性」を認識すること

1. 現代人の陥りやすい誤謬

次に、歴史を学ぶにあたり、当然といえば当然なのだが、意外と冒しやすいわれわれの誤謬についてのべておかなければならない（前節はやや抽象的議論に終始したが、ここでは具体的な話が多くなるので安心して読み進めてほしい）。それは、過去の人びとを、殊に（血縁的につながっていると想定されている）祖先と見なされる人びとを、祖先なのだから容易に理解可能と考えてしまうことである。とりわけ徳川時代についていえば、多くのテレビドラマや小説が存在し、それら時代劇・時代小説のイメージで、われわれは徳川時代を捉えがちである（その意味では、古代・中世人以上に徳川時代人をわれわれは理解可能と考えがちだ）。テレビドラマでいえば、当然ながらそれは煌々とした灯りの下で制作され、現代日本語で物語が進行する（いわゆる方言が用いられることもあるにはあるが）。服装などは無論丁髷姿のいわゆる時代劇風ではあるが、黒澤明監督の映画などを別とすれば（『七人の侍』一九五四年など）、あまりに小綺麗なもので継ぎ一つないものばかりだ。家族や人間関係などについても、厳格そうに見える身分制を別とすれば、当たり前のように恋愛関係がドラマの軸になることが多い。だが、ここで立ち止まって考えてみる必要がある。それは何も難しく考えなくてもいい。われわれの高校時代までの日本史の知識で十分に立ち止まって考えることは可能である。

まず、明るさについて。徳川時代までは廓・遊廓などを除くと、農村は無論都市も含めて夜は真っ暗闇に近い状態ではなかったか（家の外は無論、内部も行灯一つあればいい方で、これでは相手の顔もよく見えないだろう。これについては乾正雄『夜は暗くていけないか』朝日新書、一九九八年を参照）。ちなみに、徳川時代に普及していったとされる灯りの原料の菜種油の値段は、一升四一〇文（一ヵ月分、現代の価格には安易に換算できないものの一〇、〇〇〇円近い価格だ）で幕末には二、〇〇〇文にまで値上げしたことを思えば（小野武雄『江戸物価辞典』展望社、一九九五年）、それがきわめて高価なものであったことを想起されたい。

次に現代日本語について。現代日本語は概ね一九〇〇年前後に国語審議会などで決められた言語であり、学校教育などで標準語・国語として普及せしめられたものだった（紆余曲折の後に国語調査会が設置されたのが一九〇二年で、ここで音声主義による仮名遣いの採用などが決まった。長志珠絵『近代日本と国語ナショナリズム』吉川弘文館、一九九八年）。徳川時代には標準語が存在していなかったことはよく知られていることだが、その地域差は現代の方言どころではなかったと考えられる。言文一致ではなかったことにも注意する必要がある。また、地域差に加え、身分的言語の相異もあったのではないか。だとすれば、われわれはかれらと会話可能なのだろうか（酒井直樹『死産される日本語・日本人』新曜社、一九九六年）。また、明治初年期の人口調査によれば、徳川日本の人口の約八五％が農民であったことにも注意しなければならない（高橋梵仙『日本人口史之研究』三友社、一九四一年）。日本の人びとの平均寿命が、一九〇〇年に至っても四三歳であったという研究を参照すると（吉川洋『人口と日本経済』講談社現代新書、二〇一六年）、今やその倍を生きるわれわれとのライフサイクルも大きく異なっていたに違いない。このほか、骨格についても、徳川時代までの人びとと現代人が大きく異なっていたという研究がある（片山一道『骨が語る日本人の歴史』ちくま新書、二〇一五年）。多くは農民であった人びとは、顔の色も日焼けなどで濃い褐色となっており、靴生活のわれわれとは歩き方も異なっていたらしい（『蘇る幕末』朝日新聞社、一九八七年。ライデン大学所蔵の幕末日本の写真コレクション）。恋愛も、その概念自体が近代の造作物・翻訳語であり（伊藤整『近代日本人の発想の諸形式』岩波文庫、一九八一年、原著は一九五三年)、何よりも「色恋」が結婚の要件にされることなどは、徳川時代には考えられないことだった。要するに、わずか一五〇年前までの人びとは、今のわれわれとは相当程度異なる「他者」であるということだ(念のためいうと、これは徳川時代以前のことばかりをいっているのではない。近代も含め、現在から見た過去が、すでに現存していないという意味では「他者性」を帯びているといえるのだ)。

2. 幕末維新期の外国人に映じた日本人像

ここでは、こうしたことがらを如実に物語る事例について三つほど紹介しておきたい。一つは幕末維新期のいわゆる外国人の目に映じた日本像である。以下に幾つかその叙述を挙げておく。これらには、農民や都市部での入れ墨をした人夫たち、裸同然の子どもたち、茶や煙草を好んでゆっくりした時間を過ごす人びとが捉えられているが、いずれもすでに現代には「いない」人びとの様相である(農村の一部には少しは残っているかもしれないが)。とりわけ、④の「何もすることのない、何もしていない人々、その数は日本ではかなり多いのだが、そんな人達は、火鉢の周りにうずくまって、お茶を飲み、小さなキセルを吸い、彼らの表情豊かな顔にはっきりと現れている満足げな様子で話をしたり、聞いたりしながら、長い時間を過ごすのである」というところは、現代人が失ってしまったものを端的に表現しているように思われる箇所だ。

①丘の麓には、薩摩芋、小麦、綿、胡麻、豌豆、陰元豆、蕪、その他の野菜が作られている。ごく普通に用いられる肥料は人糞で、これに藁や麦藁を混ぜる。……彼らが田畑を耕す時の熟練、勤勉、そして入念さはま

ことに称賛に値する。主要な耕具は鍬と鋤である。しかし、時には、一頭ないし二頭の馬に引かせる犂を用いることもある。土は肥えていて柔らかく、一つの石も混じっておらず、木と鉄からなる簡単な楔状の農具で掘り返すことができる。……農夫は、種蒔きおよび収穫のためのもっとも適切な時期については、極めて深い経験を持っている（アルミニオン〔V. Arminjon 一八三〇―一八九七〕『イタリア使節日本滞在記』大久保昭男訳、新人物往来社、一九八七年、原著は一八六六年）。

②庶民の間では、皮膚に暗緑色の絵を書き込むことが好まれる。……ほとんど丸裸、あるいは木綿の薄い肌襦袢一枚をまとっただけで往来している男が多い。庶民の子供もしばしば裸のままである（同前）。

③私が江戸に初めて滞在したとき、……城下町の長い通りにはせわしなく往き来する沢山の人がいた。四肢の頑強な、日に焼け、異様な刺青をした人夫達が、いろんな種類の商品の積み込まれた重たい荷車を引いていた。……行商人や大道薬屋は露店を持ち、ぺらぺらと自分たちの商品の質の良さや、薬の効目を自慢していた。四つ角には手品師や、芸人や、力士や、講談師や、占師や、それに殺人や火事や戦争を表す奇妙な板絵を説明する香具師達が集まっていた。多くの人々がこれらの見世物の周りを取り巻いていた（リンダウ〔R. Lindau 一八三〇―一九一〇〕『スイス領事の見た幕末日本』森本英夫訳、新人物往来社、一九八六年、原著は一八六一―六二年）。

④日本の家屋の内部は大変簡素である。厳格な清潔さがその主要な装飾なのである。部屋は天井が低く、それぞれ移動可能な枠で仕切られているが、その移動は、部屋の配置を思いどおりに変えるのに充分である。……全ての階層で一般に用いられている家具は二つしかない。それは火鉢と煙草盆である。日本人は大変なお茶好きで、煙草好きで、お喋りである。絶えずお湯が必要であり、火鉢は昼も夜も炭火が入れられていなければならない。……何もすることのない、何もしていない人々、その数は日本ではかなり多いのだが、そ

んな人達は、火鉢の周りにうずくまって、お茶を飲み、小さなキセルを吸い、彼らの表情豊かな顔にはっきりと現れている満足げな様子で話をしたり、聞いたりしながら、長い時間を過ごすのである（同前）。

3. われわれは徳川時代人と会話できるか

二つ目は、言語に関わるものである。現代日本語が、一九〇〇年前後に「作られた」ものであることは先にのべたが、言文一致ではなかったこともあって徳川時代の農民の話し言葉の実相を文献から知ることは難しい（文献のほとんどは、いうまでもなく書き言葉で書かれている）。そんな中で、わたくしの専門分野の一つである民衆宗教（如来教・天理教・金光教など）は、教祖の言葉を綴った史料が残っているという意味では、珍しく話し言葉が伝えられているものと考えられる。内容は、民衆宗教の教祖が「神がかり」状態で語った特殊なものではあるが、一九世紀前半期の話し言葉の見本にはなるだろう。

①お主達は信心といへば、手足を運ぶを信心とおもって、唯お主達は、我腹前を直す事はほかいて置いて、自身の思ひの儘を「どふぞどふぞ」と言て手を合、足を運びさへすれば、夫で信心者といはれるが、夫は神仏のお手前では、信心とはお取扱遊ばさせられぬてなふ（如来教教祖一尊きの［一七五六—一八二六］『お経様』一八〇四年頃、ここでは『日本思想大系㊼』岩波書店、一九七一年から引用。②も同）（筆者による現代語意訳「あなた方は、信心といえば、神仏の所へ行くことを信心だと思い、ただ自分の心を正すことをせずに、自分の勝手で手を合わせて、足を運びさえすれば、それが信心者といわれるが、神仏の前では、それは信心とは受けとめられないのだ」）。

②一、日天四の下に住み人間わ、神の氏子、身上に痛が、病気あつては家業出来がたし。身上安全願い。家業

出精、五穀成就、牛馬に至迄、氏子身上の事。なんなり共実意をもつて願。
一、月天四のひれい。児供子、育て方の事、親の心。月の延びたの流す事。末に難あり。心、実意をもて神お願い、難なく、安心の事。
一、日天四、月天四、鬼門金乃神、取次金光大権現のひれいをもて、神の助かり氏子の難なし。安心の道教え、いよいよ当年迄で、神の頼始めから一一か年に相成候。金光大権現、これより神に用え（金光教祖赤沢文治［一八一四―一八八三］『金光大神覚』一八七四年起筆）（筆者による現代語意訳「一、太陽の下に住む人間は、皆神の氏子＝子どもである。身体に痛いところ――病気があっては家業ができない。健康、仕事、豊作など何でも願いなさい。一、月は子育てを見守っている。女性の身体の健康、安産など、何でも神に願いなさい。一、太陽、月、大地の神金神、それを伝えた金光大権現のおかげで、人びとの困難がなくなった。この道が開けて、一一年、金光大権現はこれから生き神となりなさい」）。

ついでながら、徳川時代の知識人（儒学者）の書き言葉の基本は、漢文だった。たとえば、有名な荻生徂徠（一六六六―一七二八）の主著の一つ『辨道』（一七三七年刊）の書き出しは次のようなものだった。

道難知亦難言。為其大故也。後世儒者。各道所見。皆一端也。夫道。先王之道也。思孟而後。降為儒家者流。乃始与百家争衡。可謂能自小己。観夫子思作中庸。与老氏抗者也。老氏謂聖人之道偽矣。故率性之謂道。以明吾道之非偽。是以其言終帰於誠焉。中庸者。徳行之名也。故曰択。子思借以明道。而斥老氏之非中庸。後世遂以中庸之道者誤矣（『日本思想大系㊱』岩波書店、一九七三年。筆者による現代語意訳「道は一言で言うことが難しい。道が大きなものだからだ。後の儒者は、自分が見たところを道というが、皆一端にすぎない。道は先王＝古代中国の三皇五帝の道のことだ。子思・孟子の後に諸子百家の時代となり、儒教も論争に巻き込まれ、その結果小さなものとなってしまった。子思は中庸を著したが、それは老子と論争するためであった。老子は儒教の道を人為的なものと非難したので、子思は道は人の性に基づいたもので人為的なものではないと反論した。この結果、後の学者によって、道は誠や中庸のことだとされてしまった。しかし、中庸は徳の一つに過ぎず、道は中庸に尽きるものではない」)。

なお、漢文に関わって、二点ほど付言しておく。一つは、漢文は、儒学者にとっては、決して「外国語」として捉えられていなかったこと（正確にいえば、中華王朝とは異なる「和習」は認識されていたが、西欧におけるラテン語同様の「聖なる文字」であって、これに習熟することが学問の基本と考えられていた）。二つ目は、漢文・漢字はいうまでもなく東アジア中華文明圏で共有されていた。したがって、知識人同士は、筆談などを通じて漢文で交流可能であり、今日のごとく通訳を交える必要がなかったこと（無論、通詞は存在していたが、かれらは「境界地域のマージナル・マン」として、脱国籍性・民族横断性を色濃くまといつつ、多様な言語を、しかも不断に形を変えつつ、ときにはその境界のみで通用する、いわばクレオール語的な言語を操るものであったという。荒野泰典「通訳論」『アジアのなかの日本史V』東大出版会、一九九三年。とはいえ、長崎唐通事は漳州方言など出自によって異なるクレオール語的「中国語」から、次第に北方系の白話小説などに用いられた「官話」に向かっていく傾向が指摘されている。ただし、この場合の「官話」も今日のように北京語に統一されたものではなかったようだ。木津祐子「長崎唐通事の言語世界」中村春作ほか編『訓読から見なおす東アジア』東京大学出版会、二〇一四年）。なお、漂流民同士の会話を見ると、確かに通詞が呼ばれてはいたものの、それはあまり当てにはならず、結構人びとはそれなりの会話をしていたことが理解される（池内敏『薩摩藩士朝鮮漂流日記』講談社、二〇〇九年）。「異なった言語に重層的に帰属しており、一つの言語共同体に無媒介的に同一化することができるとは思いもよらなかった」徳川時代の人びとは、「話し言葉」については、われわれよりも異言語状況に柔軟に対応していたのである（酒井直樹『死産される日本語・日本人』前掲）。

4. 徳川時代の時間意識

三つ目は、時間意識に関わる問題である。わたくしはだいぶ以前から「時間とは何か」に大変興味があり、ハイデガー（F. Heidegger）『有と時』（辻村公一訳、河出書房、一九六七年、原著は一九二七年）などを読みあさったことがある。だが、わたくしは歴史哲学を専門としているわけではないので、今は措く（ただし、時間論は歴史学にとっても重要な問題だ）。ここでの問題は、われわれが懐いている時間意識が、近代的な時間意識であって、前近代人のそれとは異なっているらしいという点だ。すなわち、わたくしたちは、時間が直線的かつ計測可能な量的なもので、不可逆的に一方に向かって流れ、過去には二度と戻れないと考えている。だが、この時間意識も実は近代人に特有の時間意識で、徳川時代までは必ずしも一般的なものではなかった。見田宗介は『時間の比較社会学』（岩波書店、一九八一年）の中で、時間意識を、それぞれ「原始共同体」（可逆的質的反復的時間意識）、「ヘレニズム」（可逆的量的円環的時間意識）、「ヘブライズム」（不可逆的質的線分的時間意識）、「近代」（不可逆的量的直線的時間意識）の四者に分けている。日本や東アジアについては言及がないが、見田はこれを理念型としているので、参照には値するだろう。重要なことは、この理念型の妥当性よりも、われわれが自明視している時間意識が歴史性を帯びているということ、そしてその時間意識の相異は、人びとの生活様式・生活感覚からさらには死生観にまで作用しているということだろう。見田は、現代人の「死の恐怖」が、「時間はすべてを消滅させる」「人生はみじかく、はかない」「有限な存在はむなしい」という現代人の時間感覚と密接に関係していることを強調しているが、だとすれば少なくとも時間を可逆的あるいは円環的に捉えていた前近代人の死に対する感覚は、相当程度われわれと異なっていたものだったに違いない。

以上の事例を見ただけでも、前近代の人びとは、われわれとは生活・相貌・言語・感覚が大きく異なった「他者」であることが理解できるだろう。無論以上のことは、わたくしもさまざまな先行研究書、あるいは自分で文献史料などを読んで理解したことであり、実は歴史を学んだことによって知られたことであると、ひとまずはいえる。したがって、**歴史を学ぶ目的の一つは、過去の「他者性」を理解することにあるといってよい。だが、同時に歴史を学ぶ上では、こうした「他者性」をあらかじめ前提しておくことも重要**なのだ。つまり、もしわれわれの価値観で過去の人びとを捉えることに無頓着であるならば、われわれと過去の人びととの距離が全く理解されないこととなり、これでは過去の人びとのことは無論、われわれが何処にいるのかも分からなくなるのである。

なお、念のために付言しておくならば、実は現代のわれわれの価値観で過去を捉え解釈してしまうことは、どんなに努力してもいわば不可避的なもので、われわれが現代の考え方から全く自由になって過去の人びとと向き合うことは、困難なことも認めなければならない（第一節でのべたように、三木清の「事実としての歴史」の立脚点も「現在」だ）。史学概論の講義でしばしばとり上げられる名著の一つといってよいE・H・カー『歴史とは何か』（前掲）でもこの点はオックスフォード大の歴史家コリングウッド（R. Collingwood）の「現在の眼を通してでなければ、私たちは過去を眺めることも出来ず、過去の理解に成功することも出来ない」という発言とともに言及されている。カーはこの点について「歴史家は過去の一員ではなく、現在の一員」であることを認めつつも、以下のような有名な言葉をもって反駁している。「歴史とは歴史家と事実との間の相互作用の不断の過程であり、現在と過去との間の尽きるところを知らぬ対話」である、と。わたくしがこれに付け加えたいのは、この「対話」

を成り立たせるためには、過去の人びとの「他者性」に十分に留意すべきだということ。それは丁度、わたくしたちが他人と良好な関係を築くためには、互いに「他者性」を認め合うことが必要であることと同じである。

第三節　「ひと」にはどのような歴史があるのか

1.「ひと」を分節化してみると……

次に、現代の歴史書と称せられている書物には、どのような「境域」があるのか、そしてわれわれは自明視しているものの、はたしてその「境域」は自然に存在するものなのかについて考えてみたい。ここでいう「境域」とは、第一節で紹介したように三木清の言葉でいえば「全体」にあたるもので、「〜氏の歴史」「〜国の歴史」「アジアの歴史」というあらかじめ前提された歴史を描く「枠組み」「舞台（アリーナ）」のことだ。

この問題を分かりやすく考えるために、現代人の目線で「ひと」には、どのような歴史があるのか考えてみたい。まずわたくし自身のことを考えると、桂島宣弘というわたくしがここにいる（正確にいえば「いると思っている」）。これについては「われ思う、ゆえにわれあり」というデカルト［R. Descartes 一五九六―一六五〇］『方法序説』のコギト命題が想起される。近代的自我の出発点となったとされる命題である）。同時に不可分のものとして男性としてのわたくしがいる（正確にいえば、男性としてのジェンダーを負った存在としてのわたくしがいる）。さらに大げさなものを背負っているわけではないが、桂島家の一員としてのわたくしがここにいる。実は、桂島というのは日本では大変変わった苗字で、宮城県の没落地主の家だったらしいのだが、いずれにしても、家の歴史というものがある

（らしい）。さらにわたくしが生まれ育った場所がある。故郷とよぶべき市町村、都道府県がある。この行政区分が近現代の歴史的産物であることは明らかだ。現代人であるわれわれは、慣習的に「クニ」という言い方も用いるが、いつのまにかこの行政区分で故郷を考えるようになっていることも多い。念のためにいえば、農業社会ではなくなった現代日本では、複数の故郷を有している人びと、あるいは故郷とよべる場を「失ってしまった」人びとも少なからず存在しているだろう（そうした人びとの方が「境域」の仮構性に敏感だといえるが、ここでは措く）。いずれにせよ、戦後日本の歴史学で大きな成果が挙がったものの一つは、郷土史＝地方史だ。夥しい量の市町村史、都道府県史が出版されているのは周知のとおり。そして、それが前近代とは異なったどのような現代の「地域意識」を育んできたのかも興味深いテーマだと考えるが、今のところほとんど研究はない（「表日本」「裏日本」というはなはだ不適切ないい方が近代以降に用いられ、それがどのような意識を醸成してきたのかについては古厩忠夫『裏日本』岩波新書、一九九七年がある）。

次に、わたくしは日本国民、日本国籍をもっているという意味での日本人である。わざわざこのようにいったのは、「日本民族（大和民族）」「日本人種」なるエスニックな概念で定義づけないためであるが、いうまでもなく、「日本民族（大和民族）」「日本人種」はむしろ戦前までは多用されていた概念であり、その実在は疑われていなかった。だがそれははなはだ「怪しい」概念だ。[6] 無論、このように日本国籍を有している者を日本人といった場合、そこに当然、「帰化」したさまざまな人びとも含まれることになり、そうした人びとを日本人ではないとするエスニックな差別意識が根強く存在しているのも事実だ。このように、一言で日本人といっても、そこにはさまざまな問題が付着しており、実はその定義やイメージは簡単なものではないのだが、ここではこれ以上は立ち入らない。ここで問題にしたいのは、日本人であるわたくしを考えた場合、日本という「境域」の歴史が存在しているのではないかと自然に考えてしまうことだ。

さらにもう一つ拡大して、日本はアジアに位置している。アジア（Asia）という「境域」も実は西欧がもちこんだオリエンタリズムの産物で（オリエンタリズムとは、西欧人から眺め回された東洋のこと。厳密には西欧人の東洋学術を指す概念だが、ここでは一般的用例に従う。サイード［E. Said］『オリエンタリズム』今沢紀子訳、平凡社、一九九三年、原著は一九七八年）、古代ローマから見た東方（現代の西南アジア＝小アジア）を指す概念であることは周知のとおり。また、極東（Far East）とは、イギリスから見ての日本の方向を指しているが、アジアにせよ東アジアにせよ極東にせよ、いずれも西欧からこの「境域」を眺めた概念であり、このまなざしで、われわれは自己を認識しているわけだ。ともあれ、今日では東アジア的視点からの研究も盛んで、わたくしもその影響を強く受けているが、アジアや東アジアという「境域」にも多くの問題がまとわりついていることにも留意したい。ともあれ、アジア・東アジアが実体的に存在し、アジア・東アジアの歴史が、日本に最も影響を与えたとわれわれは考えている。

さらに、世界というものがある（と観念されている）。この場合の世界に対する認識のゆがみについては、第五章で検討するが、世界史という科目・概念が存在している。また地球がある。地球というと、人間どころか生命すべての歴史が射程に入ることとなる。地球は宇宙へ、太陽系・銀河系があり、ここまでくると宇宙の歴史ということになる。ビッグバンから始まって宇宙が膨脹して云々という話になる。

「ひと」にはどのような歴史があるのかということについて、このように考えると、さまざまな「境域」の統合体としての「ひと」として、わたくしがいる（と観念されている）。宇宙の中のわたくし、地球、世界の中のわたくし、日本の中のわたくし、都道府県、市町村、故郷の中のわたくし、家系の中のわたくし、男、女というレベルでのわたくし、そこで初めてわたくしというものにたどり着くこととなる。統合体としてのわたくしとのべたが、逆にいえばわたくしというものは、このような分節化によってしか説明できないものなのである。

2.「境域」の作為性（歴史性）

ところで、このような「境域」を問題としたのは、二つのことに注意を喚起したいからである。一つは、すでに気づいている読者もいると思うが、この「境域」は、きわめて作為的（歴史的）なものであること。しかも、現代人であるわれわれが、現代人としてのアイデンティティとして、自然に感じられる「境域」だということ。したがって、われわれはこの「境域」によって歴史を語ることには違和感を感じないことになる。自分史、家の歴史、地方史（都道府県史・市町村史）、日本史、アジア史、世界史、地球史、宇宙史という概念は、こうしてあたかも自然に存在しているかのように認識されることとなる。二つ目は、ひとたび「境域」を固定してしまうと、その「境域」内（「枠組み」）の歴史が前景化し、当然にも「その外」の歴史は、「内」の説明のための必要に応じた背景・関係になってしまうこと。このことは、とくに注意しなければならないところで、日本史であるならば、ほかの世界との関係は対外関係史としてのみ捉えられがちとなり、日本史の契機・原因などにほかの世界の事象は吸収・回収されていくこととなる。わたくしは、これを「内」「外」（うちそと）史観とよんでいるが、主題は常に「内」にあり、たとえば「外」の文化は、伝来したもの、渡来したものと定義され、「内」に影響を与えたものと捉えられる。この捉え方のどこが問題かというほど、この「内」「外」史観はわれわれの認識の中で内面化されており、たとえば「中国大陸の文化が、朝鮮半島を経由して、日本の文化に影響を与えた」などと説明される。この説明型は、少なくとも弥生文化から東山文化、さらに徳川時代に至るまで一貫して作動している（「鎖国史観」からすると意外に思われるかもしれないが、明清王朝交替の激動は、明文化・清文化を徳川時代の日本にもたらし、一八～一九世紀の徳川文化に影響を与えたことは今ではよく知られている。この説明自体も「内」「外」史観なのだが）。

だが、文化というものは、「内」「外」と明確に区分される様式で伝えられるものなのか、一つの文化圏として構造的に存在しているものではないのか、十分に考えてみる必要があるだろう。つまり、文化の区分がまずあって、ある文化が少しずつほかの文化に影響を与えるといういい方は適切だろうか。実際は（殊に前近代には）文化の区分など存在しておらず、ある文化の発信源に近づけば影響を強く受け、そこから遠ざかると波状的に影響が弱まるというのが、文化のありようなのではないか。あるいは、そもそも文化の中心・周辺といういい方も作為的なもので、さまざまな文化がまだら状に相互に影響し合いながら混在しているのが文化のありようではないのか（この点は、グローバル時代といわれる現代文化のありようを想起されたい）。「内」「外」を前提に文化を捉えると、こうした構造が全く捉えられなくなることに注意しなければならない。そして、「内」にはあたかも均質な文化が存在しているかのように捉えてしまうことも、「内」「外」史観の問題点だ。

ところで、今こうした「境域」を現代人としてわれわれは自明化しているとのべたが、より正確にいうと、その多くは大学も含めた学校教育の場で身につけたというべきだろう。周知のように、小学校から、すでに故郷の歴史＝市町村・都道府県、日本の歴史、世界の歴史が教えられている。それらをへて、われわれは、この「境域」（「枠組み」「全体」）が自明なものだと思うようになったわけだ。

だが、もう一度強調しておくが、これらの「境域」は作為的（歴史的）なもので、とりわけ近代以降に構築された「境域」だということ。再度この視点から、整理し直すと次のようになる。まず、わたくしという意識が、「近代的な自我」「近代的な内面」と表裏の関係にあることはいうまでもないが、「自分にも歴史がある」というと何となく違和感を覚えるのは、恐らく歴史が共同性を帯びたものだという意識がどこかに存在しているからだろう。だが、最近では、自分史というジャンルがあり、それを自費出版することも盛んとなっていることは周知のとおり（そして、わたくしも本書の補論で少々自分自身の歩みについて書いてみた）。ともあれ、「自分」（わたくし）という認識も決して超歴史的に存在してきたものではない。次に男性と女性。トランスジェンダーが市民権を獲得しつつある現在、これらも再定義を余儀なくされると思うが、つい先頃までは、このセックス、ジェンダーは自然化されていた。そして、とりわけ戦後歴史学において女性史が注目されたのは、歴史書が男性の視点から捉えられたものがほとんどだったからである（登場人物のほとんども男性だ）。ところで、「境域」の作為性が一段と明確になるのは、都道府県史・市町村史からだ。それが近代の行政区分に基づくものであることは先にのべたとおり。だが、日本史はどうだろう。この「境域」が一番やっかいで、その自明性を疑うものは少ないのではないか。たが、これは次章以下の主題となるが、徳川時代までは、実は日本の国民史を描いた歴史書は一冊も存在していなかったのである。日本史とは、日本国（大日本帝国）が形成されることに伴って、近代になって初めて書かれるようになった歴史書の様式であり、新しく作為された様式なのだということだけ、ここではのべておきたい。アジア史や世界史も実は作為的な「境域」である。アジアについては先に簡単にふれたので、ここでは世界史についても一言だけふれておく（詳しくは第五章でのべる）。すなわち、われわれが目にしている世界史は、「境域」に張り巡らされた国民史の総合であり、われわれは世界史を通じて、全世界を「境域」化しているのである。この意味では、現代の世界史の記述様式ほど、「境域」的視点をわれわれに自明化させているものはないといわなければならない。

地球史・宇宙史については、ここでのべることは少ない（これから重要な「境域」になっていくと思われるが、この点は第八章で簡単にふれる）。いうまでもなく、その本格的研究が開始されたのはこれも近代以降で、現代ではとりわけ宇宙史・宇宙論が飛躍的に進展しているようだ。それによって、やがては地球史という「境域」もまた見直されていくことになるという予測を、ここではのべるに止めたい。

注

（1）わたくしがとくに推薦したい書物は以下のとおり。ヘーゲル（F. Hegel）『歴史哲学講義』（上）（下）（長谷川宏訳、岩波文庫、一九九四年、第一版は一八三七年）、ベルンハイム（E. Bernheim）『歴史とは何ぞや』（坂口昂訳、岩波文庫、一九三五年）、グーチ（G. Gooch）『近代史学史』（上）（下）（林健太郎ほか訳、吉川弘文館、一九五五年、原著初版は一九一三年）、E・H・カー（E. Carr）『歴史とは何か』（清水幾太郎訳、岩波新書、一九六二年、英語版は一九六一年）。最近のものとしては渡邊二郎『歴史の哲学』（講談社学術文庫、一九九九年）、ヘイドン・ホワイト（H. White）『歴史の喩法』（上村忠男訳、作品社、二〇一七年。原著は一九七七年〜一九九九年）。なお、最も示唆を受けた古典的名著としては三木清『歴史哲学』（岩波書店、一九三二年）がある。以下、必要に応じてこの書から三木の説明を補いながら説明していきたい。三木の歴史哲学については、町口哲生『帝国の形而上学』（作品社、二〇〇四年）も参照。

（2）「言語論的転回」を一言で説明するのはむずかしいが、意識や「事実」が言語に先行するのではなく、むしろ言語行為によってそれらが認識されるという、いわば言語に分析の中心が「転回」した二〇世紀分析哲学の動向を指している。この「転回」以後に、構造主義・ポスト構造主義が隆盛していくこととなる。

（3）したがって、その認識様式内に多くの人びとがいることを前提しておきながら、「言語論的転回」を「盗用」して「歴史的事実」の隠蔽・改ざんを行い、自らの主張を「客観的」であるかのように提示する歴史修正主義者に対しては、断固とした姿勢で臨むべきであると考える。第一〇章参照。

（4）念のためにいえば、二〇世紀以降の自然科学も、決して見ることができない量子などを、ある理論的仮説と行き来しながら検証し、その結果、その「存在」の重要性が認められるようになったという意味では、歴史学的方法と近似しているという指摘もある。野家啓一『歴史を哲学する』（岩波現代文庫、二〇一六年）参照。

（5）民衆思想史研究の大家の一人であり、幾度も思想史研究の方法論を提示してきた安丸良夫は次のようにのべている。「『事実』にはテクストの表象を介してはじめて存在しはじめるという性格があり、これをつきつめると、表象こそが歴史家がとりあげうる唯一の歴史上の『事実』だということにもなる。……意味的なもの、いいかえれば人びとの体験の主観的表象を通して、そこに広範な人びとのものである歴史の形成力を発見し、そこに視点を据えて、既成化してゆく歴史像をすこしずつつくり変えてゆくことが、歴史家としての私の認識目標となる」『〈方法〉としての思想史』（校倉書房、一九九六年）。なお、コラム②も参照のこと。

（6）現在ではその存在を近代以前に切れ目なく存在してきたとする考え方自体が一九～二〇世紀の西欧中心主義的思惟、西欧人類学の産物として否定されている。なお、言語学者の田中克彦は日本人に代わり「日本語人」という概念を提唱している。『言語学者が語る漢字文明論』（講談社、二〇一七年）。

第二章　徳川時代の歴史書の様式（王朝史）

新井白石

都てこれまで日本に行はるゝ歴史は唯王室の系図を詮索するもの歟、或は君相有司の特質を論ずるもの歟、或は戦争勝敗の話を記して講釈師の軍談に類するもの歟、……稀に政府に関係せざるものあれば仏者の虚誕妄説のみ、……日本には日本国の歴史はなくして日本政府の歴史あるのみ（福沢諭吉『文明論之概略』一八七五年刊）。

第一章第三節で簡単にふれたように、実は**徳川時代までは、日本国を「境域」とした、日本国の歴史という内容・様式での歴史叙述の書物は一冊も存在していない。**一番単純に考えると、徳川時代までは日本国という「境域」意識がない、あるいは希薄であったのであれば、これは当然なのだが、近代以降に古代以来の歴史書の多くが日本国の「歴史書」として位置づけられたこともあって（坂本太郎『史書を読む』中央公論社、一九八一年など）、われわれはそれらを一連の日本国の「歴史書」として捉えてしまう。しかも、古代王権の最初の正史『日本書紀』（七二〇年成立）に始まって、幕末に人気があった頼山陽（一七八一―一八三二）の『日本外史』など、上に「日本」とつく書物も沢山存在している。これらは、なるほど日本列島上の出来事が記されている「歴史書」といえば、そのとおりである。だが、それをもって、はたして日本国の「歴史書」とよべるものなのか、この章では徳川時代の「歴史書」の幾つかについて検討してみよう。なお、ここで括弧付きの「歴史書」としたのは、実は「歴史書」自体が自明なものではなく、単にわれわれがそのように見なしているからなのだが、以下では煩雑を避けるために括弧は付けないこととする。

第一節　王朝史としての前近代の歴史書

1.『日本外史』

まず、頼山陽が著し、幕末明治期にベストセラーとなった『日本外史』は二〇〇年ほど前、一八〇九年頃に完成した書物だが、この書物はどんなものか。源平から徳川までの武門の「興廃」を物語風に叙述し、それに頼山陽の「解釈」が付されている書物だ。『日本外史』の「例言」は次のようにのべている。

この書は、もと武家の興廃を志して、以て閫外（将軍家――以下、本書の史料・引用文中の括弧は全て筆者による）の一典となさんと欲す。……この書は、各家の興廃を詳にして、以て閲観に資せんと要す。……中世以遷、風気東遷とし、数々興廃を歴て、而る後、大に我が徳川氏に成り、今日の太平極盛の治を致す。今日に生るる者は、従前の喪乱を詳にせずんば、或は自らその生の幸を知らざるなり（岩波文庫版、頼成一・頼惟勤訳、一九七六年、原文は漢文で記されている）。

つまり、『日本外史』は「現在」（徳川時代）の「太平の世の幸」を知るために記された前代までの武家の「興廃」史なのである。もちろん日本列島上で活動した武家なのだが、あくまで武家同士の「興廃」が軸になっている書物であり、「境域」に注目するならば武家という「家の歴史」が叙述された書物といってよい。なお、頼山陽がこの書物を著すにあたって参照されたのは、前漢の司馬遷（ＢＣ一世紀頃、生没年は諸説ある）『史記』「世家」であったことも注意しておきたいところだ。ついでながら、この『日本外史』の漢文は、「わかりやすい漢文」「朗誦しやすい漢文」で書かれていたことも、ベストセラーの背景にはあったようだ。(1) それは、「和習」臭い漢文であったが、「訓読」しやすい漢文として、むしろ「訓読」の普及自体にも貢献した書物であった。「訓読」には、東アジア世界（東アジア中華文明圏）の中にあって、その精神世界を徳川王朝なりに吸収しようとした様相が投影されており、『日本外史』はそれを象徴的に示す歴史書であったということになる。

2.『大日本史』

同様に、徳川時代の歴史書として有名なものに『大日本史』がある（以下『大日本史の研究』立花書房、一九五七年を参照）。徳川光圀（一六二八—一七〇一）が編纂を開始し（一六五七年）、完成は明治に入ってからだが（一九〇六年）、『大日本史』というのは中国の正史を強く意識し、紀伝体という書き方で、天皇ごとに「本紀」を立てて書く。(2) 現在わたくしたちが見慣れている歴史書とは叙述様式が随分違っている。中国の正史とはそういうものだが、天皇を一代ずつ叙述していくという様式をとる。南朝滅亡の後小松天皇まで、（架空の）神武天皇から一代ずつ立てて書いていく書物である（なお、後小松天皇までということは、南北朝合一をもって古代天皇王権との断絶が意識されているわけだ）。したがって、『大日本史』の「本紀」は、ある意味で「天皇家の歴史」と理解される。内容はたとえば、次のようなものだ。

後醍醐天皇、諱は尊治、後宇多帝の第二子なり。母は談天門院（神皇正統記、増鏡、太平記——割注で出典が記されている。以下同じ）。……乾元元年六月、親王となり、乾元元年十二月冠して、三品に叙す（歴代皇紀、皇年代略記、皇代記、皇胤紹運録、紹運要略）。二年二月、太宰帥となり、徳治二年五月、中務卿を兼ぬ（歴代皇紀、皇年代略記、皇代記）。延慶元年八月、花園帝、践祚す……。（元弘三年）十二月七日丁卯、……詔すらく、朕、恭しく帝系を承け、叨に神符を握る。王道覃び難く、徳を姫周の賢に謝し、庸昧恥づべく、化を夷夏の俗に宣す（「本紀第六九」、原漢文だが、ここでは山路愛山の『訳文大日本史』後楽書院、一九一二年を参照して読み下した）。

3.『読史余論』

あるいは新井白石（一六五七―一七二五）は史家としても有名な朱子学者で、『読史余論』（一七一二年頃の完成と「自跋」に記されているが成立年には諸説がある）という書物がある。この歴史書には朱子学的な見方が色濃く入っているが、北宋の儒学者司馬光（一〇一九―一〇八九）の『資治通鑑』（一〇八四年成立）、及び朱子（一一三〇―一二〇〇）らが編纂した『通鑑綱目』（成立年未詳）を念頭に置きながら、武家と天皇家・公家の興亡を書き、その上で白石の感想・分析（「余論」）を記していく叙述様式となっている。興味深いのは、この「余論」の方で、そこには白石の私見が数多く加えられている。たとえば、後醍醐天皇やその後の南朝滅亡のところには、以下のような「余論」が添えられている。

按ずるに、後醍醐不徳にておはしけれども、北條が代のほろぶべき時にあはせ給ひしかば、しばしが程は中興の業を起させ給ひしかど、やがて天下みだれて、つひに南山にのがれ給ひき。……然れども終に運祚のひらけ給ふ事なかりしは、皆是創業の不徳によりて天のくみし給はぬなるべし（岩波文庫版〔村岡典嗣校訂〕、一九三六年）。

後醍醐天皇が「不徳」であったため「建武新政」が失敗したことが明快にのべられているところは近代以降の後醍醐観・天皇観と対照的で注目したいところだが、ここでは、『読史余論』も結局は天皇家と武家の興亡、およびそれへの白石の「余論」が記されているものだということを確認しておきたい。

なお、徳川時代以前についていえば、北畠親房（一二九三―一三五四）の『神皇正統記』は南北朝期に神代から後村上天皇までの皇位継承を軸に叙述し、周知のように南朝の正統性を主張したもの、慈円(一一五五―一二二五)の『愚管抄』も公武協調の視点から公武の興亡を叙述したもの、さらに『古事記』『日本書紀』も津田左右吉が「我が国の統治者としての皇室の由来を語ったものに外ならぬ、……皇室の統治の権威を確立するための、物語」とのべているとおり(『津田左右吉全集①』岩波書店、一九六三年、初出は一九一三年の『神代史の新しい研究』)、古代天皇王権の正統性の由来を説いた歴史書であることは今日では通説だ。これらについては、専門外でもあるので内容は省略する。

4. 福沢諭吉の「嘆き」

このように見てくると、これらの歴史書は天皇家・武家の歴史書とはいいえても日本国の歴史書と単純に称せられるものではない。一言でいえば、王朝内の権力・系譜に関わる王家・公家・武家の歴史書ということになる。この点については、福沢諭吉(一八三五―一九〇一)が本章冒頭部のように的確に指摘しているところである。福沢は、歴史書の不在だけではなく、日本の歴史自体が「政府の中に籠絡」された「政府ありて国民なし」という状況であったと見なしているところもあるが、この状況を「学者の不注意にして国の一大欠点」とのべているので、日本国の歴史書の不在も問題とされていることは間違いない。それでは福沢は「一国の歴史」「日本国の歴史」の存在をどこで知ったのか。実は西欧の歴史書で知ったわけだ(ギゾー[F. Guizot、一七八一―一八七四]『ヨーロッパ文明史』やバックル[H. Buckle 一八二一―一八六二]『イギリス文明史』など)。

福沢のもっとも初期の著作『西洋事情初編』(一八六六年刊)の各国事情の冒頭が、全て「史記」(歴史書)から始まっているのも、このことを物語っている(『福沢諭吉全集①』岩波書店、一九五八年)。いずれにしても、福沢が『文明論之概略』を著した一八七五年段階で、基本的にはそれ以前において日本国の歴史とよべる書物が一つもなかったということが浮かび上がってくるわけである。つまり、現在のわたくしたちにとってあまりに常識になってしまった**日本史＝日本国を「境域」とした歴史は、近代以降の新しい歴史の書き方、新しい歴史書である**ということなのだ。

第二節　王朝史の特質

それでは、前近代＝徳川時代の歴史書の特質は何か。福沢が「唯王室の系図を詮索するもの歟、或は君相有司の特質を論ずもの歟、或は戦争勝敗の話を記して講釈師の軍談に類するもの歟、……稀に政府に関係せざるものあれば仏者の虚誕妄説のみ」とのべていることは上述のとおりだが、近代以降の歴史書の新しさを理解するためにも、ここでもう少し詳細に見ておきたい。

徳川時代の歴史書、『大日本史』『読史余論』『日本外史』などが、儒教的・朱子学な価値観からする歴史書であることがまずは重要な点である。ここでは、やや通説的な説明になるが、一般的に指摘されている儒教系歴史書の三つの特色について言及しておきたい（小沢栄一『近世史学思想史研究』前掲）。

1.「治乱興亡史観」「鑑戒主義」「直書主義」

一つは**「治乱興亡史観」**で、歴史は治まったり、乱れたりが次々と繰り返されるという考え方だ。それが繰り返されるという意味では、「循環史観」といってもよい。わたくしたちがすでに失ってしまった歴史に対するものの見方である。歴史は繰り返すというが、現代のわたくしたちはこれを比喩でしか用いない。ところが徳川時代の儒者にとっては、これは比喩ではない。歴史は繰り返される。しかも国境を越えて繰り返される(そもそも徳川時代には国境という認識は厳密には一八世紀末まではなかった)。中国の歴史書がなぜ必死で読まれるのか。わたくしたちが読むように、他国の歴史書として読むわけではない。繰り返されるがゆえに必ず参考になるだろうということだ。つまり、中国の歴史書は中国の歴史書であると同時に普遍的な歴史書だった。儒者は中国の歴史書を見本にしながら歴史書を書くわけだ。これは『日本書紀』からすでに始まっている。徳川時代までずっとそういう形で歴史書は書かれてきた。頼山陽が司馬遷の『史記』を参照しながら『日本外史』を、新井白石が朱子の『通鑑綱目』を参照しながら『読史余論』を著したことは先にのべたとおり。「循環史観」は、時間意識とも関連するが(第一章)、ここでは国境のない歴史の見方だということを強調しておきたい。

二つ目は、「**鑑戒主義**」である。歴史を鑑=鏡とする考え方だ。過去の過ちから学ぶ。過去の過ちを直視して、治乱興亡の叙述を見ながら、なぜ乱れたのか、そこを「反省」する。同じことが繰り返されるわけだから、現代のわれわれ以上に緊迫して書物を読んで学ぼうとする。本当の鑑=鏡なのである。歴史を一生懸命、鑑=鏡として、そこから戒めを引きだす。この考え方は、日本の有名な歴史書の中に一様に共通して出てくるものだ。『大鏡』『今鏡』『水鏡』『増鏡』などは古代・中世の有名な歴史書だが、名前にもその考え方は出ている。まさに「古ヲ以テ鑑ト成シ、人ヲ以テ鑑ト成シ、以テ得失ヲ明カニスヘシ」(『貞観政要』七二〇年頃成立)というわけである(失敗も直視するという点では、現代の歴史修正主義者と対照的だ)。

三つ目は「**直書主義**」である。朱子の有名な言葉に「実ヲ以テ直書シテ、理自ラ現ル」というのがある(『朱子語類』巻八三、一二六五年)。「事実」を「直書」すれば、余計なことを書かなくても「理」は自ら現れる。したがって、正式の歴史書の「紀」は解釈とは別に記述される。「何月何日こういうことがあった」と出典を明示しながら淡々と記していって（先の『大日本史』が典型的である）、そこに「自ら善悪が現れる」といっているわけである。念のためにいうと、第一章でものべたように「事実」と選択＝解釈は不可分のもので、現代のわれわれから見ると、かくいう儒者・朱子学者の歴史書も解釈を離れてはありえない。「事実」を淡々と記して、そこに自ら「理」が現れるというが、なぜその「事実」をとり上げるのかという選択の中に、すでに一つの解釈が入っている。したがって、厳密には「直書主義」はかれらがいうほど解釈と無関係ではない。ただ少なくともかれらの主観のレベルでは「直書」、記録に残っているものを淡々と断定型で記していけば、本文では解釈しない。そうすれば「理は自ら現れる」。

以上、通説的にいえば、儒教系の歴史書にはこの三つの特色がある。徳川時代は、儒教系の歴史書が盛んだったわけだが、それを通覧すると、直ちに気づかされるのが、この「治乱興亡史観・循環史観」「鑑戒主義」「直書主義」である。こうした歴史叙述の様式は、近代以降、多くは見捨てられていくことになる。

ところで、「治乱興亡史観」のところで言及したように、**前近代までの王朝史には、国境がないという特徴があった。別の言葉でいえば、どのような王朝にも貫かれている共通性＝普遍性が強く意識されていた**ということだ。中国や東アジアなど、その当時は「世界の全体」（場合によっては「天」とよばれる宇宙の全体）と捉えられた「全体」が同じ歴史で動いていく。そういう見方が強くある。儒教・朱子学という立場に立って見るのであれば、自らそうなるわけだ。たとえば、「道理」「正理」は前近代の歴史書、儒教系の歴史書にとってのキーワードである。『愚管抄』などもそうだが、これを仏教系と見るか儒教的と見るかは議論があるのだが、『愚管抄』のキーワードも「道理」である。これはいやしくも日本の王朝・王権だけを支配しているものではない。かれらにとっては少なくとも「世界・宇宙の全体」の「道理」だ。「道理」が歴史というものを貫いているという見方で一本筋が通っているのだ。したがって、先にのべたように歴史叙述に国境がないということになるのである。日本の武家の争乱について書いているのに、いきなり中国の歴史話が出てくることがよくある。たとえば、『日本外史』の次の箇所など。

頼朝、天下万世のためにやむを得ざるの事を創め、以て踰ゆべからざるの限を立つ。而して君臣の際、両ながらその宜しきを得たるなり。然らずんば、焉んぞ莽・操・懿・卓、踵を我が国に接せざるを知らんや（巻三、源頼朝が古代天皇王権に替わって幕府を開いたことを賞賛し、それがなければ王莽・曹操・司馬懿・董卓らのような乱を招いたであろうとのべられている）。

昔者、曹操、劉玄徳（劉備）に謂ふ、「天下の英雄は唯々君と我とのみ。袁本初（袁紹）の輩は論ずるに足らず」と。今太閤を以て柴田勝家らに視ぶるに、猶ほ操の本初におけるがごとし（巻二一。ここでは、豊臣秀吉が柴田勝家に勝利した戦いが、『三国志』に喩えられている）。

2.「史」の意味

次に、「史」という漢字自体にも注目しておきたい。立命館大学名誉教授であった白川静の『字統』（平凡社、一九八四年）を引くと、「史」について次のように説明されている。

中と又とに従う。中は祈祷の器である⊔を木に著けた形。これを手にもち、神に捧げて祭る形式の祭儀で、史祭をいう。卜辞に『又史』という祭名がみえ、又は侑、史は祝祷である。……史がのち史官、記録を司るものの意となるのは、もと史祭における祝詞などを保存し、その先例旧行によって伝統を保持し、記録するというその職掌を通じて、後には文書・記録そのものを保管するものとなったのであろう。

「史」が「中」という漢字と、「手」を意味する「又＝ユウ」という漢字から成っていることは、ほぼ全ての漢和辞典に書いてあるが、「中」については諸説があるようだ。白川は「中」について、上記のように祈祷の器である「□＝サイ」を木にかけた形としている。これを手に持ち、神に捧げて祭る形式の祭儀が「史」の原義であるとしている。やがて、祝詞というものを保存し、その伝統を保持し、記録するという職掌を通じて、さまざまな王権の祭儀などの記録を管理する、保管する人が「史」とされていったのではないかとのべられている。

「史」という漢字について興味深かったのは、後漢の西暦一〇〇年に成立した許慎（五八？—一四七？）作の『説文解字』という中国最古の漢字の辞書の説明である。これではどういっているか。「中」を「中正」と解して、「中正を記録する人」。この説は、白川は「中正の中は……旗竿の形」であるので間違っているとしているが、考えさせられるところがある。何を「中正」とするのかは難しいのだが、少なくとも「中正」「中庸」を記録する。偏らないことを厳格に記録する。儒者はそのようにいっているわけだ。今日、何が「中正」なのかということは大問題だが、儒者は基礎に「経書」（六経、朱子学でいえば四書）があるので、それを基準に見れば「中正」は判断できる。現代のわれわれには「経書」にあたるものがない。ないわれわれが「中正」を記録するのははなはだ難しいということになる（近現代において、歴史修正主義者が跋扈するのも、「経書」＝天を畏れないことと関係しているように思われる）。

3．徳川時代の王朝史の関心の所在

ところで、王朝史が王統譜に従って叙述される以上、本質的に王朝の正統性に関わる問題が付きまとうことになる。たとえば、『大日本史』の「三大特筆」とされる有名な論点がある。これは「神功皇后」を「帝紀」から外し「后妃伝」に移したこと、大友皇子が即位したとして「弘文天皇紀」を立てたこと、また神器の所在によって南朝を正統としたことの三つを指す（正確には前期水戸学の三大功績とされる）。三木之幹、宮田清貞、牧野和高らの手になる徳川光圀伝である『桃源遺事』（一七〇一年成立、ここでは義公生誕三百年記念会、一九二八年を参照）の中にそのことが出てくるので（「神功皇后をきさきの列に御書せ、大友皇子を天子の並に御かゝせ、南朝を正統に御立なされ候」）、徳川時代にすでに『大日本史』の「三大特筆」とされていたことが分かる。いずれの論点も、今日のわれわれから見るととるに足らないものに見えるが、王朝の正系を正す王朝史においては、デリケートな重要問題であった。ここでは、この中でも一四世紀、南北朝のどちらを正統とするか、という問題にふれておこう（野口武彦『江戸人の歴史意識』朝日選書、一九八七年など参照）。結論的にいえば、大方の歴史書は、この問題には淡泊で北朝正系論も多かった。先の『桃源遺事』も「世上流布の書には、古来よりか様（南朝正系）には御座なく候」とのべている。たとえば、林家の編纂した『本朝通鑑』（一六七〇年成立）[3]が典型的だが、後醍醐天皇のみは「帝統の正」があり、以後は北朝が正系で今に至るという見方が一般的だった。野口武彦はこれを過度に詮索すると武家政権の正当性にも関わるので、南北朝時代の中に封じ込めようとしたと分析しているが至当な見解だろう。新井白石は、より積極的に南朝滅亡（南北朝合一）で一種の易姓革命が起こり、以後は「共主」（武家が必要に応じて擁立した君主）と見なしていることは、すでにのべたとおり。この意味では、『大日本史』のような積極的な南朝正統論（頼山陽もこの立場に近かった）は実は当時は少数意見であったといわなければならない。徳川時代当時の朝廷が北朝系であることは明らかで、いかに過去の歴史を語るものであったとしても、その点については『大日本史』も叙述は慎重だった。

これと関連して、徳川時代の王朝史がもう一つ苦心したのは、「共主」であれ一応は命脈を伝えているかに見える天皇家と、現に権力を実質的に掌握している武家（源氏・足利家）、徳川将軍家との関係をどのように歴史的に説明するのかという問題だった（田原嗣郎「近世中期の政治思想と国家意識」『岩波講座日本歴史⑪』岩波書店、一九七六年、野口武彦『王道と革命の間』筑摩書房、一九八六年）。とりわけ、**儒者の歴史観の根本には、易姓革命観＝王朝交替史観が横たわっている**。徳川時代の歴史書のほとんどが中国の歴史書を参照していることは再三のべてきたが、いうまでもなく中国の歴史書は幾度となく繰り返されてきた王朝交替の産物ともいえるもので、清の乾隆帝によって定められた二四史（『史記』『漢書』『後漢書』『三国志』『晋書』『宋書』『南斉書』『梁書』『陳書』『魏書』『北斉書』『周書』『隋書』『南史』『北史』『旧唐書』『唐書』『旧五代史』『新五代史』『宋史』『遼史』『金史』『元史』『明史』、柯劭忞撰『新元史』を加え二五史という場合もある）について見た場合も、それらの多くは王朝交替後にそれ以前の王権の歴史を振り返るものだったといってよい。したがって、これらの歴史書になじんできた儒者にとっては、「不徳」な治者が王権の実勢を失うことはむしろ「道理」「天命」にかなったことであり、何度も紹介することになるが、新井白石『読史余論』は「後醍醐、中興の政正しからず」「後醍醐、不徳にておはし」「南朝既に亡び」といっていて、ここで王朝が交替し「天下はまったく武家の代とはなりたる」と見ている。これと同様な見方は、荻生徂徠・太宰春台（一六八〇―一七四七）などの古学派の儒者にも見られるが、一方では山崎闇斎（一六一九―一六八二）学派や山鹿素行（一六二二―一六八五）のような徳川時代までの「皇統連綿」を強調する見方もあった。だが、『中朝事実』（一六六九年成立）において、「皇統連綿」たる日本には、（王朝交替の続く中国とは異なって）「礼」が存在しているので「中朝」（＝「中華」）であるとした素行も、朝廷が「礼」の内容を失ったので「武臣がこれを受けて、民を安んじ天下を治めることになった」とのべていて（『武家事紀』一六七三年序文）、やはり王朝交替論の立場に立っていたことにも注意しなければならない。素行においても、「皇統連綿」よりも儒教的な「礼」がより重要な価値であったのである。近代以降になると、『大日本史』や『中朝事実』は天皇中心の歴史観（尊皇論とよばれた）の先駆のように位置づけられることとなるが、儒教的価値観が基盤にあったことは見落としてはならない。

4．王朝史のまとめ

以上、徳川時代までの王朝史についてのべてきた。ここで、王朝史の特質をまとめておきたい。

	王朝史
①書かれている内容	王家（天皇家・公家・武家）の歴史
②時間意識	循環する時間（繰り返される時間）
③文体	漢文体（東アジア中華文明圏の言語）
④「境域」	不分明な境界＝「国境」のない叙述
⑤内容の特質	王朝中心の儀礼や争乱が中心（＝「家政」）
⑥価値観	宗教的価値観（儒教・仏教……）
⑦目的	「鑑」「鏡」とするための叙述
⑧叙述の特質	「直書主義」（一見しての「事実」の羅列）
⑨強調点	「普遍主義」

注

（1）『日本外史』の漢文体については、斎藤希史『漢文脈と近代日本』（ＮＨＫブックス、二〇〇七年）を参照。

（2）実は日本の王権では紀伝体で記された正史は一冊も存在せず、「在野」でも『大日本史』以外はほとんど存在していない。このこと自体も亜周辺王朝としての特徴を物語っており興味深い問題である。なお、亜周辺王朝としての日本については、柄谷行人の『帝国の構造』（青土社、二〇一四年）が示唆的である（第七章）。

（3）『大日本史』と並んで、徳川時代の歴史書の双璧とされている『本朝通鑑』（一六七〇年成立）については、ここであまり言及することができなかったが、実は『本朝通鑑』は徳川時代の儒教・朱子学系歴史書の濫觴ともいえるものであったことは争えない。むしろ、『大日本史』の「三大特筆」の論点を最初に提示したのは、『本朝通鑑』であったといえる。ただし、林羅山・鵞峰らは南北朝を併記するなど正閏論には慎重な姿勢を示した。興味深いのは、こうした姿勢がかえって近代以降に『本朝通鑑』の評価を異常に低くしたことである。林羅山による「神武天皇＝呉の太白」説が「不遜」と受けとめられたこともあってか、近代日本の歴史学が、『本朝通鑑』を「冷遇」したことは、むしろ近代史学史の問題として検討すべきことがらであろう。

第三章　一国史としての日本史の特質

重野安繹

近代が出現するところには、必ず、特有の歴史的様式の違いに拘らず、ある種の現象が見られるということである。……国語、国文学、国史の誕生。国の空間、国民の人種、国家の儀礼の創出。国民国家というコンテクストにおける、ジェンダー、家族、階級、コミュニティーを通した社会的差異の再定義。……近代というものは、国民的主体として成立する。……これは、日本のみではなく、他の多くの国についても言える。これが、すなわち近代の「共通の文法」である。……明治日本においては、一八八〇年代後半、ほとんど同じ頃に国語、国文学、国史、天皇制国家の権威的な形が整えられたかのようである。また、例えば、国史という分野の成立と職業化は、フランス、イギリス、日本、そしてアメリカにおいてほぼ同じ時に起こった。……国民国家的なものの「誕生」と「形成」、系譜学や根拠を求める論理、発展の物語、歴史や文学という分野、国民国家そのもの――実は我々は「起源」を暴こうとするこれらの一九世紀の概念のなかに閉じこめられている。「近代の文法」を再考するにあたって、我々は近代に囚われたままでいるようだ（キャロル・グラッグ「近代の文法」前掲）。

この章では、これまで言及してきた近代以降に成立した新しい歴史叙述の様式としての一国史・日本史について、王朝史と比較しながらその特質を検討していく[1]。この比較を通じて、われわれがあまりに慣れ親しんでいる一国史・自国史の特異性が一段と鮮明なものになるに違いない。次いで、一国史の叙述様式は西欧歴史学から学ばれたものであったが、草創期に重要な役割を果たした重野安繹（一八二七—一九一〇）と久米邦武（一八三九—一九三一）を中心に、その受けとめ方を一瞥する。そこには、日本における近代歴史学の性向もくっきりと刻まれていたはずである。なお、すでに気づいている諸君もいると思うが、一国史・自国史の成立は、近代ナショナリズムの成立と密接に関連している。本章の最後に、ナショナリズム論に大きな影響を与えたベネディクト・アンダーソン（B. Anderson）の『想像の共同体』にも言及していきたい。

第一節　日本史叙述の特質

1．日本史に書かれている「内容」

初めに、われわれがなじんでいる一国史としての日本史叙述の特質を九点に分けて検討してみよう（ここでとり上げる項目は、前章の王朝史と対比させるために、57頁に掲げた表の項目によっている）。まず「内容」だが、日本史が日本という「国家・国民の歴史」を描くものであることは、文部科学省の定めた高校の「日本史B」の『学習指導要領』「学習目標」が次のようにのべている（以下、二〇〇九年三月作成された現行版による。二〇一四年に一部改訂され、国際的視点が強調されることになったが、ここでは措く）。

我が国の歴史の展開を諸資料に基づき地理的条件や世界の歴史と関連付けて総合的に考察させ、我が国の伝統と文化の特色についての認識を深めさせることによって、歴史的思考力を培い、国際社会に主体的に生きる日本国民としての自覚と資質を養う。

前半では、「我が国の歴史の展開を諸資料に基づき地理的条件や世界の歴史と関連付けて総合的に考察させ、我が国の伝統と文化の特色についての認識を深めさせること」とのべられているが、ここでは「我が国の伝統と文化の特色」がその内容とされていることに注目しておこう。具体的には、以下のことがらが「内容」として掲げられている（一部省略）。われわれが日本史として慣れ親しんでいる「内容」であるが、実はこれが教育されるべき「内容」として決められていることは、教科書が検定されていることと並んで十分に留意しておきたいところだ。要するに、われわれが知っている日本史の主な「内容」は、精粗は措けば、文部科学省によって決められた「内容」だったわけだ。

(1)原始・古代の日本と東アジア。……旧石器文化、縄文文化及び弥生文化の時代、国家が形成され律令体制が確立する過程、隋・唐など東アジア世界との関係、古墳文化、天平文化、古代国家の形成と展開、文化の特色とその成立の背景、荘園・公領の動きや武士の台頭など諸地域の動向……。

(2)中世の日本と東アジア。……武士の土地支配と公武関係、宋・元などとの関係、仏教の動向、中世社会の展開、日本の諸地域の動向、日明貿易など東アジア世界との関係、産業経済の発展、庶民の台頭と下剋上……。

(3)近世の日本と世界。……織豊政権と幕藩体制下の政治・経済基盤、身分制度の形成や儒学の役割、文化の特色、産業経済の発展と幕藩体制の変容、幕藩体制下の農業など諸産業や交通・技術の発展、町人文化の形成、欧米諸国のアジアへの進出、学問・思想の動き……。

(4)近代日本の形成と世界。……開国と幕府の滅亡、文明開化など欧米の文化・思想の影響や国際環境の変化、自由民権運動と立憲体制の成立、条約改正、日清・日露戦争とその前後のアジア及び欧米諸国との関係、国民生活の向上と社会問題の発生、学問の発展や教育制度の拡充……。

(5)両世界大戦期の日本と世界……。政治や社会運動の動向、都市の発達と農山漁村の変化及び文化の大衆化、政党政治の発展、大衆社会の特色とその成立の背景、第一次世界大戦前後の対外政策の推移や大戦が国内の経済・社会に及ぼした影響、第二次世界大戦と日本、アジア近隣諸国との関係に着目して、対外政策の推移と戦時体制の強化など日本の動向と第二次世界大戦とのかかわり……。

(6)現代の日本と世界……。占領政策と諸改革、新憲法の成立、平和条約と独立、国際交流や国際貢献の拡大、戦後の経済復興、高度経済成長と科学技術の発達、経済の国際化、生活意識や価値観の変化……。

2. 日本史の「境域」

「時間意識」「文体」については、すでに第一章第二節でのべた。直線的時間意識、発展史観が歴史叙述に埋め込まれ、また現代日本語で書かれていることを想起されたい。日本史の「境域」が日本国内であることは、言を俟たないが、一つ注意したいのは、これは現在の日本国が主権を主張する「国境内部」のことであり、周知のように「国境」は軍事侵略や植民地の獲得などで近代以降に激しく伸縮していく。また、現在は「国境内部」とされる北海道や沖縄なども、徳川時代までは幕藩体制の「境域」には入っていなかった。「国境」はそれ自体このように歴史的なものであり、国民史ではとりわけデリケートな問題を孕んでいる。日本史を自明視することには、こうした深刻な問題も孕まれているのだ。

3. 日本史の「内容の特質」と「価値観」

「内容の特質」は、1にも明らかなように政治史が中心だが、それは近代日本が歴史学という学術を導入した際に主として参照されたのがドイツ歴史学であったこととも関係するので、後述する。イギリス・フランス、さらに戦後になるとアメリカの影響もあり、現在では必ずしも政治史中心とはいえなくなった面もあるが、時代区分などは未だに政治史中心であり、われわれの日本史像に深部から影響を与えていることは否定できない（飛鳥時代、奈良時代、平安時代、鎌倉時代、室町時代・江戸時代……）。

「価値観」は次節でもとり上げるが、日本史の展開を叙述する際に西欧の文明観が参照されたことは、とりわけ草創期の歴史学者が明白にのべているところである。ここでは、日本思想史をめぐる叙述から一つだけ例示しておこう。

古代から中世を経て、近世に入った変遷発達の上では、両者は（日本と西欧の両者は）、互いに相似ている。そして、前代文明が近世文明に入る間に、ある過渡時代を有したことも、また、同様である。……ルネッサンス、及び文教上これに属すべき時代を、日本の足利時代から、徳川幕府樹立後、数十年の間に擬することができるとするならば、ベエコンが出て、デカルトが出て、新学問が勃興した現象は、やがてこれをわが元禄時代前後において見るのである（村岡典嗣『本居宣長』岩波書店、一九二八年、原著は一九一一年）。

4. 日本史の書かれた「目的」

一国史としての日本史は何のために書かれたのか。実は、このことは明治期の日本史叙述に最初に従事していた人びとが明瞭にのべている。ここでは、帝国大学教授として哲学・歴史学の学術的確立に尽力した井上哲次郎（一八五六―一九四四）ののべているところを紹介しておこう。一八九〇年に六年余のドイツ留学から帰国した井上は、西洋列国で未だ東洋研究が「非常に幼稚」であり、東洋の学問に従事する学者が「動物学・植物学・地質学・気象学」以外は盛んではない状況を知り、「西洋の学問社会に東洋の史学が欠けていることを、東洋人が深く自ら研究をして、西洋人に知らせ、学術社会一般の利益を図るのは、日本人の義務」としているが、その目的を次のようにのべている。

斯云ふ国体を往昔より建てゝ、斯云ふ工合に発達したので、決して日本人は欧羅巴人の侮るべからざるものだと云ふことを知らしむるには、日本の歴史に如かぬのです。……日本の発達した進歩の程度を明らかにするには、史学を研究して、日本の歴史を欧羅巴に顕はして、彼国に知らしむるのが日本人の急務と思ひます。其歴史上の事実も分り、日本人の進歩したる程度も分れば、自から軽蔑の言は消滅するに相違ない（「東洋史学の価値」『史学会雑誌』二四号、一八九一年）。

つまり、「決して日本人はヨーロッパ人の侮るものではない」ことを知らしめるために、一国史としての日本史は叙述されるべきだというわけだ。意外に思われるかもしれないが、日本史は、最初から西欧を意識して、西欧人向けに書かれたものだったのだ。したがって井上は、歴史（史学）には「人民の読む歴史＝普通の歴史」と並んで、「学者が研究する歴史＝理論から何からことごとく書く学術探究のためにする歴史」があり、後者こそが「西洋の学問社会」に「知らせる」必要があり、歴史は、学術知と見なされた手続きをへた「事実を知らせる」ものとして、それまでの儒学者ではなく「ヨーロッパの学術に通じ」る者によって担われなければならないと強調している。

西洋にも日本の事に関する書物が、各国の言語で書いてあります。故に日本の歴史を書くにしても、西班牙、和蘭、独逸、仏蘭西で出来た日本の事に関する書物を研究せむければなりませぬ。……日本の歴史を欧羅巴に知らしめようと云ふ人は、愈々以て是等外国の書類を十分穿鑿しての基礎を拵へなければなりませぬ（「東洋史学の価値（承前）」同前二六号、一八九二年）。

無論、井上はこの論文の最後で「東洋の歴史を研究すれば、それにともなって、我が国に非常に有益なる結果を生じる。**それは我が国の人に愛国心を惹起することだ**」としている。「ヨーロッパの学問社会に対して非常に高尚なる価値を有するのみならず、また我が国民にとっても実に限りなき価値を」有している、と。井上哲次郎は、一八九〇年に刊行された『勅語衍義』以降、「国民道徳論」を提唱し、愛国心の喚起に努めることになるが、その要として学術的日本史が強調されているところには、日本史叙述のもう一つの目的が示されている。そして、この点は、先に紹介した高等学校の『学習指導要領』「学習目標」の後半部「歴史的思考力を培い、国際社会に主体的に生きる日本国民としての自覚と資質を養う」という表現に継承されているといえよう。

5. 日本史の「叙述の特質」

「歴史的事実」に即して第一章第一節でのべたところを、今度は歴史叙述の面から考えるならば、われわれが現在慣れ親しんでいる歴史書は、時代区分などの「枠組み」が詳細な説明もなくあらかじめ与えられ、しかも「歴史的事実」の「背景」「因果関係」「影響」「特質」「歴史的意義」などが、全てひと続きに叙述されている。この結果、われわれは、これら全てにわたっての歴史叙述を「歴史的事実」として「読んでいる」ことになる。無論、だからこそ、歴史研究に携わる者は、これらの歴史叙述について、そこにのべられている「歴史的事実」の「選択」「実証」「因果関係」「影響」「特質」「歴史的意義」の妥当性を検証することが、何よりも重要な作業となる。あるいは、複数の歴史叙述を検証し、さまざまな考え方や捉え方があることを知らなければならない。また、ことに専門論文や専門書といわれているものは、慎重に「歴史的事実」の「選択」「実証」「因果関係」「影響」「特質」「歴史的意義」を分節化して説明している。だが、一般書といわれている歴史叙述は、(教科書も含め)やはりひと続きの「物語」「叙述」として描かれており、知らずそれが「国民の歴史」「国民の常識」となっていくことになる。

念のためにいえば、一般書や教科書も、多くは学術的に検証された「歴史的事実」によって叙述されており、あるいはそれが叙述された「現在」の社会的意識に照らして重要かつ必要と思われた「歴史的事実」がとり扱われている。だが、われわれが慣れ親しんでいる近代以降の歴史叙述には、そうした特性があることを知っておくことが重要である。ちなみに、前近代の王朝史にも、紀伝体とは異なる年代順に「歴史的事実」を記していく編年体という歴史書が存在し、かつ日本の王朝史の多くは編年体で書かれている。だが、これらの編年体史書でも

「事実」と「分析」「考察」（「按ずるに……」）は第二章で見たように慎重に分離されている場合がほとんどで、近代以降の歴史叙述の方が曖昧になっているのだ。この点は十分に留意しておかなければならない。

6. 日本史の「強調点」

最後に一国史としての日本史の「強調点」について。日本史の通史を一冊でも読めば、**一国史＝日本史は日本の「特質」「固有性」に重点が置かれている**ことは明らかだ（先に掲げた文部科学省の「目標」も「我が国の伝統と文化の特色についての認識を深め」とある。強調点は全て引用者）。つまり、「日本＝わが国」にしかないものを書かなければならない。そうしないと自国史にならない。「わが国固有の文化」「わが国固有の特色」を叙述しないと、自分たちの歴史にならない（と思っている）。「わが国固有」といういい方は、今では当たり前のいい方になっている。「日本文化の特色」「日本の歴史の大きな特色」「日本的美」なども。だが、いうまでもなく、これらの「特質」というものは、何らかの比較を前提としなければ摘出できない。確かに、王朝が異なれば、それぞれを比較して、日本の王朝の特質を一応は指摘できる（皮肉なことに、当の王朝史を叙述していた儒学者などが、固有性・異質性よりも共通性・普遍性を強く意識していたことは前章でのべた）。だが、「日本＝我が国の特質」「固有性」というものは、そもそもどのような比較に依拠して摘出されているのだろうか。その比較のありようについては、第四章で検討することとする。

以上のべてきたところを表として掲げておく。

	一国史
①書かれている内容	国家・国民の歴史
②時間意識	発展する時間（不可逆的時間）
③文体	「国語」での叙述（明治期には漢文書き下し文体も存在）
④「境域」	「国境」内部の叙述
⑤内容の特質	政治史中心（＝「国政」）
⑥価値観	文明的価値観（西欧中心主義）
⑦目的	国民教化・自覚のための叙述（当初は西欧人に日本を認めさせるため）
⑧叙述の特質	「事実」と「解釈」「分析」が不分明
⑨強調点	「固有主義」「特殊性」

第二節　草創期（明治中期）の一国史・日本史の叙述

再三のべてきたように、明治維新直後の日本では、一国史は、未だ記述された歴史書としては存在していなかった。西欧の歴史書に接した福沢諭吉などが、近代日本には一国史が存在していないと痛感していたこともすでに紹介したが、西欧の一国史がどのように見いだされ、どのように受けとめられていったのかを、ここでは、重野安繹と久米邦武に即して追ってみよう[2]。

1．重野安繹[3]

重野は最初の帝国大学国史科教授の一人として重要な人物だが、明治前半期には明治政府の「正史」編纂に清朝考証学系の儒者（明治以降には漢学者といわれるようになった）としてたずさわっている。久米も重野を「経史子集を網羅したる……漢学の大家」「漢学の衰廃の時代に儒者を標榜して立程に、意思堅固で、而も多芸で、才気横溢な人」とのべている（久米「余が見たる重野博士」『久米邦武歴史著作集③』吉川弘文館、一九九〇年、初出は一九一一年）。だが、紆余曲折をへた後に重野は、最終的には西欧史書について「史書の冒頭に必ず人種、地理、風俗等を記述し、国土人情から叙述しているのは大変すばらしい趣向である」とし、「人種、地理、風俗」を冠した西欧史書の「その体裁を採る」ことを説き、次のようにのべている。

因テ西洋史類ノ如何ヲ探ラント欲スルニ、……其布置剪裁ニ和漢史ト異ニシテ、修史ノ参考ニ供スベキヲ覚フ。蓋其体、年月ヲ逐テ編次スト雖モ、事ノ本末ハ必其下ニ統記シ、文中要旨ノ処ハ往々論断ヲ加テ読者ノ意ヲ警発ス。大抵編年ニ紀事本末体ヲ兼ル者ノ如シ。又著名ノ人物出レバ小伝ヲ附載スルハ、紀伝体ヲモ帯ルト云フベシ。倚又**史編ノ首ニ必人種、地理、風俗等ヲ載セ、其国土人情ヨリ叙起シテ其参照ニ備ルハ最着実ノ趣向ト称スベシ**。……本邦漢土ノ唯事上ニ就テ記シ去ル者ト異ニシテ、始ニ原ヅキ終ヲ要シ、顛末ヲ具書シ、当日ノ事情ヲシテ躍々紙上ニ現出セシム。其体誠ニ採ルベキナリ（「国史編纂ノ方法ヲ論ズ」）。

この重野の発言は、一八七九年のもので、一八六九年の史料編纂国史校正局設置に始まる明治政府による国史編纂事業が、修史館事業として継承され、一つの転機を迎えていた時期に発せられたものだった[4]。そして注目しておきたいのは、「国史編纂ノ方法ヲ論ズ」としつつも、実は一国史の叙述様式自体に魅力を感じていることだ。このことを強調するのは、一般的には重野は考証学系儒学者として、主として「考証」という方法から西欧史学を評価している面がクローズアップされてきたからである。確かに、重野自体は、西欧史書の方法については、「考証」「帰納法」と捉え、最後までその方法が儒学系考証学（清朝考証学）と同様のものだという姿勢は崩さなかった。たとえば次の史料など。

考証と云ふことは、支那に始り、経学を主として云ふことでありますが、……考証学は、支那でも極近世のもので、清の康熙・乾隆の頃から、嘉慶年間まで盛んでありました。……其考証学が自然と日本に移って来て、元禄・享保の頃より、経学を考証で解くことが始り、其考証学が、国学の方に移って、国書を調べるに、考証を用ふることになりました。……今後の学者は、益々之を拡張し、何学を問はず、着実に考証するが第一の急務であらうと思ひます（「学問は遂に考証に帰す」一八九〇年）。

世の中の学問は遂に帰納法、即ち考証学に帰せねばならぬものと思ひます。……支那の考証学は、大凡そ二百年前より始まり、日本は百年前、西洋は五〇年前より起ったと申すこと……其れが近来の学問の開けと云ふものであらう（同前）。

したがって、重野が清朝考証学を触媒として「西欧史書」を見いだしたことは首肯されるべきだろう。だが、たとえそうであったとしても、「人種、地理、風俗」から「国土人情」を「叙起」する史体や、「文中要旨ノ処ハ往々論断ヲ加テ読者ノ意ヲ警発」する様式、すなわち一国史的記述様式が「着実ノ趣向ト称スベシ。……本邦漢土ノ唯事上ニ就テ記シ去ル者ト異ニシテ、始ニ原ヅキ終ヲ要シ、顚末ヲ具書シ、当日ノ事情ヲシテ躍々紙上ニ現出セシム。其体誠ニ採ルベキナリ」と称揚されていることは、一国史の成立にとってはより大きな意義をもつものだったといわなければならない。

2. 久米邦武

同じく帝国大学国史科確立の功労者となる久米邦武も、肥前藩出身の儒者だったが、明治維新後は岩倉具視遣欧使節団に随行し、『特命全権大使米欧回覧実記』(一八七八年刊)の編纂にあたった。修史館編修官をへて、一八九〇年から帝国大学教授として国史科講座を担当したが、一八九〇年「神道は祭天の古俗」の筆禍事件で免官となったのはよく知られている。以後は早稲田大学で教鞭をとった。一八八五年に久米は「修史意見書」の中で以下のように一国史の重要性を明快にのべている。重要な史料なので紹介しておきたい。

歴史ハ国ノ経歴ヲ存スルモノナリ。蒙昧ノ世ニ非ル外ハ、国ミナ其歴史アリ。国ニ文学アリテ歴史ナキハ、家富貴ニシテ系譜ナキガ如シ。歴史ハ以テ国ノ既往ヲ照シテ、将来ノ開進ヲ謀ルニ、甚切実ノ用ナリ。故ニ各国ミナ修史ノ業ヲ重ンゼザルハナシ。……**歴史モ備ハラザレバ、未ダ西洋ノ文運ニ企及スベカラズ**。……編年史結成スレバ、歴史ノ本幹立ナリ。然ル後ニ又其材料ニ本ヅキ、更ニ之ヲ類考シテ、天文、地理、氏族、職官、社寺、礼儀、兵事、刑法、食貨、芸文、工芸、風俗、外交ノ一三志ヲ編成セバ、枝葉悉振ヒ、始メテ大成ニ至ルベシ。然レバ其政教ニ裨益スル所ハ、甚大ナラン、……就テハ政府ニ於テモ亦堅確不嶤ノ精神ヲ以テ、此業ノ必成ヲ保護セラレンコトヲ望ムナリ。……**修史ノ業ハ政治ノ資ニナリ、教育書ノ本トナリ、総**

テ既往ニ考ヘテ将来ヲ謀ルノ根抵トナルベキモノナレバ、其業ノ為メ官ヨリ費用ヲ出シテ、追々完全周備ニ至ラシムルハ緊要ノ務ナリ（東京大学史料編纂所所蔵「重野家寄贈史料」）。

ここでは、前節でのべた井上哲次郎と同様に西欧が強く意識され、「歴史モ備ハラザレバ、未ダ西洋ノ文運ニ企及スベカラズ（及ばない）」とのべていることが注目される。また、最後に「政治ノ資」「教育書ノ本」となるとされているところには、（井上同様）歴史叙述の「目的」が明快にのべられている。なお、「其材料ニ本ヅキ、更ニ之ヲ類考シテ、天文、地理、氏族、職官、社寺、礼儀、兵事、刑法、食貨、芸文、工芸、風俗、外交」を編年体として「編成」することが、今後の歴史書のありようとされているところには、重野同様に久米も一国史の叙述様式に引きつけられていることが示されている。

ところで、久米の場合顕著なのは、西欧歴史学の優位性を「理学」＝自然科学との対比で捉えた点である。

私は西洋の学問の様を傍観しまするに、理学から広まったものと思ふ。研究の仕方が理学者の物質的を試験研究するために設けた標準文科の法が本になって夫から無形的に其組織を推及ぼしたものと、かう見当を付て居る。……古記古物をば一の動力と見て、地理は距離、年月は即ち時間であるから、理学に動力を論じて、動力、距離、時間の三つ揃はねば物は運動することを得ないといふ理に吻合します。物質的でも、動物的でも、感情的でも、一貫の理がある。歴史事実を見るにも、事は即ち物体の所為であるから、**物理の規則の如くに運動して居る**から、其標準を忘れぬ様に注意せねばならぬはずです（「史学の標準」『史学雑誌』五―九号、一八九四年）。

つまり、久米は「西洋の学問」の根幹に「理学」を据え、「歴史事実」をめぐる問題も「物理の法則」のごとくに捉えられるべきだと論じているのである。ちなみに、すでに『人権新説』（一八八二年刊）で社会ダーウィニズム的立場を表明し、進化論的＝自然科学主義的学問観をリードすることになる加藤弘之（一八三六—一九一六）[5]は、史学について次のようにのべている。

吾々人類社会に於て出来た事も亦他の生物世界に於て出来た事と同く、全く自然力に由てのみ生ずることにして、其間に於て毫末も吾人の自由の意思を許すことはあらざるなり。……社会に於て出来た事も亦之を哲理的に論ずれば、全く純然たる自然の出来た事即ち Naturgeschichte と称するを以て当然なりとす。……近年に至りては学者大に発明する所ありて、万般の自然力中に於て国土の気候、乾湿、地質、地形、緯度、食物、物産等の如き自然力も亦頗る社会の盛衰興亡に影響を与ふる所以の理を発明することとなりて、之れが為めに史学、社会学等の進歩甚だ著大となれり（「博物学と史学」一九〇〇年刊、『加藤弘之文書』三、同朋社出版、一九九〇年）。

無論、西欧における人文・社会科学の形成、あるいはドイツなどでの近代歴史学の確立にも機械論的自然観や進化論以来の自然科学（＝経験科学）の台頭が密接に関連している。それを輸入した近代日本の学問観にそうした性向がまとわりついていることは、この意味では当然ともいえる。だが、西欧に遅れて急速に大学制度を整備した近代日本において、時あたかも社会進化論とも結びついた自然科学が影響力を広げていた時期であったことは、日本の近代歴史学に過剰な自然科学主義的性向を刻印したことは注意したいところだ。

井上哲次郎も、（保留つきながらも）「史的事実は科学的に研究すること能はざるものにあらず」とし、「人的行為は……他の自然界の現象と同じく必然の理法に従ふを免れず。……人事の変遷は総べて偶然のものにあらず。……人事界に於ける原因結果の関係を攻究して之れを一般の理法に還元するを得ば、科学としての史学始めて成立するを得ん」(「歴史哲学に関する余が見解」『史学雑誌』一〇―八号、一八九九年)としている。

以上、一八八〇年代から九〇年代にかけて、一国史としての近代歴史学の受容過程を、重野と久米に即して見てきた。まとめるならば、近代歴史学の実証主義的方法が清朝考証学との類似性や自然科学(「理学」)との対比で称揚・受容され、(6) 同時にその叙述様式、とりわけ法制史・外交史、軍事史などの政治史に、「地理、礼儀、食貨、芸文、工芸、風俗」なども交えて国民史全体を編年体で叙述する様式も採用され、かくて一国史が王朝史に替わるものとして広く影響力を広げていくことになるのである。

3. 初期の日本史書

ここで、最初の官製版一国史書といわれている『稿本国史眼』(一八九〇年刊行)がどのようなものであったか、その冒頭部と目次の一部を抜粋しよう。

此書ハ明治一〇年仏国巴里万国博覧会事務局ノ嘱ニ因リ太政官修史館ニ於テ国史中ヨリ制度、学芸、民業、風俗、物産等事物ノ起源沿革ヲ標挙シ天皇世次ニ繋ケ四冊ヲ成ス。名ケテ日本史略ト曰フ。是ヲ初稿トス。……又其後蒐集シタル旧記古文書甚多ク、発見アル毎ニ補正ヲ加ヘシ。

目次(一部抜粋)

巻之一　◯第一紀　神人無別ノ世(第一章　開国ノ始　第二章　皇孫東征　第三章　婚姻ノ古俗　第四章　海

外交通）○第二紀　神人有別ノ世（第五章　鏡劔ヲ遷シ諸神ヲ祭ル及朝官変遷　第六章　兵備拡張韓倭関係　第七章　西東諸国征服　第八章　姓氏品部伴造）○第三紀　韓土服属ノ世（第九章　新羅征服百済高麗帰服及船舶諸芸諸器　第十章　文学ノ起リ及文字工芸　第十一章　皇位継承及仁徳帝　第十二章　土功農政飲食）○第四紀　大和ノ盛世○第五紀　大臣大連擅権○第六紀　律令修定○第七紀　奈良ノ朝○第八紀　平安遷都○第九紀　藤原氏摂関○第十紀　藤原氏擅権○第十一紀　院政ノ世○第十二紀　源平二氏○第十三紀　北条氏執権○第十四紀　南北朝○第十五紀　足利氏ノ盛世○第十六紀　足利氏ノ衰世○第十七紀　織豊二氏興ル○第十八紀　徳川氏初世○第十九紀　徳川氏中世○第二十紀　徳川氏季世（第一八八章　光格帝閑院宮ヨリ大統ヲ纉ク　第一八九章　松平定信ノ政治　第一九〇章　学校更張著書国学蘭学　第一九一章　外国事件海防蝦夷処分　第一九二章　江戸ノ昌運奢摩極マリ用度屈シ貨幣濫悪　第一九三章　水野忠邦ノ改政　第一九四章　文政以後外船ノ処分水戸薩摩佐賀ノ海防　第一九五章　仁孝孝明二帝ノ建学及米魯両国使船来ル　第一九六章　彼理再ヒ来ル　第一九七章　幕政衰ヘ外国強迫浪士暴行　第一九八章　尊攘ノ説益喧ク幕府征長ノ師功ナシ）○第二十一紀　明治中興。

『国史眼』の配列自体は、冒頭に「歴朝一覧」から始まっているように、王朝史と大きな変更がない印象を与える。だが、丁寧に見ると、たとえば伊弉諾・伊弉冉の章では「国民の生意は国史以前より已に発達し、楠船を造り、河海山野風水を利用し、農耕糞培を為し、稲穀蚕桑を殖し、馬を牧し、酒を醸し、製陶冶金して器用を贍し、百事略ほ具足せり。……国俗は特に歌詠を尚び、情を通し思を陳べ」などという記述を付し、全体に日本全体の風俗や文化に対する目配りを行っている。ほかにも「農耕は古代より水稲を主とす。自然の土宜なり（第十二章）」「古俗は簡質なり。男女配偶に適するを擇みて婚姻す（第十六章）」など。先に紹介した久米の言を借りれば、「天文、地理、氏族、職官、社寺、礼儀、兵事、刑法、食貨、芸文、工芸、風俗、外交ノ十三志ヲ編成」することが意識されていることは明らかだ。

4．ドイツ歴史主義の受容

ところで、重野や久米への影響も含め、近代歴史学の制度的確立（帝国大学国史科設立＝一八八九年）に重要な役割を果たしたのは、お雇い外国人**リース**（L. Riess 一八六一―一九二八）だった。(7) 一八八七年来日、一九〇二年帰国。リースは、ランケ（L. Ranke 一七九五―一八八六）の学脈にあったことから、そこに第五章でふれるドイツ歴史主義の影響が指摘されている。事実、今も東京大学は、次のようにリースを捉えている（東京大学ウェブサイト、一部省略）。

彼が日本にもたらしたものは、レオポルト・フォン・ランケらによって樹立された近代歴史学、すなわち史料（歴史資料）を収集し、それを批判的に分析し、事実を再構成するという実証的な歴史研究の手法です。……リースはまた、帝国大学に国史科が開設したことを機に同僚の重野安繹教授らに学会の設立と雑誌の刊行を勧め、その結果一八八九年一一月一日には、史学会発表会を兼ねた第一回学会が文科大学第一〇番教室で行われ、同年一二月一五日には『史学会雑誌』（後の『史学雑誌』）の第一号が発行されました。研究者のネットワークとしての史学会、および研究成果公表のためのフォーラムとしての『史学雑誌』を設けることによって、東京大学に日本の近代歴史学は誕生したのです。

ただし、リースがランケの学風に必ずしも忠実ではなく「ランケからその歴史哲学を抜き去った史学」だったたともいわれており（家永三郎）、両者を等しく扱うことは適切ではないようだ（もっとも、リース自身はランケを敬慕して止まなかった）。ここでは、ランケ史学の流れを汲むものという決定の下でベルリン大学に教師派遣の要請がなされ[8]、少なくともリースが当時の「最先端」のドイツ歴史主義を標榜して来日したことだけを確認するに止める。

それでは、リースがどのような主張を行っていたのか、二つだけ紹介しておこう。一つは、帝国大学初代総長渡辺洪基の求めに応じて、リースが国史科のあるべき姿について応えたものである。

国史科ノ目的ハ史学ノ学生ニ対シ日本歴史ニ関スル資料及文書ノ印本（＝版本）ト写本トヲ問ハス苟モ今日ニ現存スルモノニ就キ完全ナル智識ヲ得ルノ法ヲ奨励指導スルニ在リ……日本ニ於テモ亦同ク研修ヲ為スヘキ学科左ノ如シ……古文書学……史学的地理学……貨幣学印章学系図学……官私修史ノ歴史……歴史資源……国史科ニ入ルハ必ス英語ヲ解スル者ニ限ルヘク……（『東京帝国大学五十年史』上、一九三二年）。

これを見るならば、「国史科ニ入ルハ必ス英語ヲ解スル者ニ限ル」とされていることと並んで、なるほどリースは、方法論に偏った実証史学を志向していた印象を与える。そして、それは確かに一面の事実だっただろう。しかし、わたくしはそれとは異なった印象も有している。たとえば、次の箇所など。

史学専門雑誌の日本国に発生したるは、余輩の特に慶賀して措かざる所なり。……既に史学会を設立し、月刊雑誌を頒ち、以て大に従来の面目を一新し、歴史研究の標準を高く掲けて、純然たる一科学と為さんとす。……文書の信否を判せんが為めに、往昔日本にありし郵便通信法等に関する諸説を交換討議するも可なり。即ち同宗同派の寺院が千里の遠路を相交通し、井然として乱れさりし歟、或は欧州楽人の如く常に旅行にて生活したる等級ありし歟、或は巡礼及ひ使者等のみ、重に局部地方の事実を他方に通したるものなる歟、是等は当時の実録、書類の信否を定むるに於て、最も考究を要す可きものとす（「史学会雑誌編纂に付て意見」『史学会雑誌』第五号、小川銀次郎訳、一八九〇年）。

ここでは、古文書の「信否」を判定するためとはいえ、リースは検討すべき歴史的課題として、具体的に前近代の寺院間の「通信法」、通信人の「旅行にて生活したる」実態の解明、巡礼の様相の解明や、「文書局の管理法」「土地によりて種々異なりたる公文の取扱方」などを「最も考究を要す可きもの」としている。何故、こうした課題が掲げられているのかは不明だが（今のところドイツ歴史学における古文書学の一分野だったと推察している）、リースは帝国大学で島原の乱やウィリアム・アダムス（W. Adams）の研究や授業を行っていることを勘案すると、単に方法論としての実証主義だけを伝えたわけではないようだ。無論、この論文では、「史学上の問題を研究批評するに於て、必要欠く可からざる学術語の所用を解して、誤り無からしめんこと、独逸国に於て、一八一九世紀に発達したる如くに至らしめん。……上古より徳川幕府に至るまで当時の旧記実録の書名を悉く掲載あらんと……。己の発見したる者、及ひ他より報知し来たる者を討議論弁し、以て其信偽を究め、其誤謬を訂し、他日愈完全なる者の発行を見るまては、之を此雑誌上に掲載せは、完全なる日本史料の書目を見るに至らん、……余輩の雑誌は、此の如くしてこそ、始めて史学雑誌と称すべし」と結ばれており、ドイツ歴史学の水準に達するために、「学術語の所用」を検証し、史料批判をへた上での「旧記実録の書名」を掲載すべきことが提案されている。したがって、リースがドイツ歴史学の実証主義・（個別）史料の検証の重要性に力点を置いていたことは間違いない。だが、「寺院」「常に旅行にて生活したる等級」「巡礼」などの課題には、（考えすぎかもしれないが）アナール派（第六章）を彷彿させるところもある。この点は、今はこれ以上言及できないが、興味深いところである。[9]

5．近代ナショナリズムと一国史

以上の一国史は、西欧も含めて、まさしく一八〜一九世紀における世界的な近代ナショナリズムの生成と密接に関わりながら創出されたものだった。というよりも、近代ナショナリズムの文字どおり中核に存在しているものが、自国史・一国史だといってもよい。したがって、最後にやや視点を変えて、近代ナショナリズムについても、簡単にふれておきたい。

最初に、近代ナショナリズムについてあらかじめ簡潔に整理しておくならば、一般的には、**近代ナショナリズムとは、古代人の想像した限定的な共同体帰属意識をテクストから読みだし、その帰属意識があたかも国民全体の古代以来の帰属意識であるかのごとく想像されることで、近代の時間相のもとで創造（捏造）されたものといえる。**[10] その帰属意識の根幹には、言語・血縁・文化（情）的共同性の想像が存在しているが、古代人の残したテクストを文献学的に解明することが、実際は古代のごく一部の人々（王権の担い手など）の想像された帰属意識を明らかにすることであるにも拘わらず、それが近代に及ぼされることで「歴史的に存在してきた国民」が想像されていくことになる。

これらが、自明なものとして想像されていく上では、出版革命と俗語の普及、軍隊の役割なども軽視されるべきではないが、アンダーソンが、一九世紀の西欧においてナショナリズムの形成に決定的な役割を果たしたのは、「俗語の辞典編纂者、文法学者、言語学者、文学者」であったとしているように（『想像の共同体』前掲）、一八〜一九世紀における国民的学問の学術的・制度的成立がナショナリズムの創造＝想像においては、重要なモメントであった。そして、国民的学問といった場合、まさしく国民史としての一国史こそ、その重要な一翼を担うものだったといわなければならない。

以下、ナショナリズム論において、大きな影響力を発揮したアンダーソンの議論を幾つか紹介しておこう。最初にアンダーソンは、ナショナリズムについて、「国民という限られた主権的一つの共同体」として想像される「イメージとして心に描かれた想像の政治共同体」=「文化的人造物」であるが、ナショナリストには古い現象に見え、形式的普遍性と固有さをもって現れるものだが、政治的影響力に比すると、哲学的には貧困・支離滅裂で、いかなる大思想家も生まなかったと、(皮肉を交えて)定義づける。だが、「その終焉は地平の彼方にすら現れてはいない」。それどころか、「かくも限られた想像力の産物のために、殺し合い、あるいはむしろみずからすすんで死んでいったのである」。

こうしたナショナリズムはどのようにして生まれたものなのか。アンダーソンによれば、近代以前の王国は、表意文字としての聖なる言語(ラテン語)で結ばれた宗教共同体であり、境界はすけすけで不明瞭であり、主権は周辺にいくほどあせていって、境界領域では相互に浸透しあっていた。また、時間の了解も中世キリスト教に基づく歴史を原因・結果の無限連鎖と捉え、過去と現在の根底的分離を理解することとはまったく無縁だったという。第二章でのべた王朝史(あるいは第五章でのべる西欧王朝史)は、こうした王朝のあり方を反映したものといえよう。

アンダーソンのユニークなところは、こうした状況を革命的に変えたのは、**出版資本主義**だったとしていることだ。本・新聞などの出版により(本は最初の近代的大量生産工業商品であり、新聞は一日だけのベストセラーだったとのべられている。また、「近代人には新聞が朝の礼拝の代わりになった」というヘーゲル〔G. Hegel 一七七〇―一八三一〕の興味深い言も紹介されている)、俗語化が革命的に推進され、出版語の普及に伴い、口語俗語が次第にラテン語よりも上位となり、交換とコミュニケーションの統一的な場が創造されていく。これに伴い、方言が抑圧され、出版語をもてなかった言語も、社会的地位を失っていく。ここに新しい想像の共同体の可能性が創出され、近代的国民登場の舞台を準備したのだという。具体的には、小説が登場人物、著者と読者、すべてを抱擁する暦の時間に沿って進んでいく単一の共同体の堅牢さを確証して記述され、かくて小説と新聞は、国民という想像の共同体の性質を表示する技術的手段を提供したとされている。

（アンダーソンによれば）ナショナリズムの生成を考察する上で一八世紀後半・一九世紀前半の新興アメリカ諸国家がもっとも示唆的である。ここでは、クレオール人（植民地生まれの西欧人）、すなわち、宗主国の言語と結びついた人びと、とりわけ下層階級の反乱に対する恐怖を抱いた大地主・商人・専門的職業者がリーダーシップを発揮し、宗主国からの差別・排斥に対抗しての独立戦争が推進されることとなる。だが、何故、クレオール人の共同体が西欧よりも早く国民という観念を発展させたのか。ここで、アンダーソンが注目するのは、それぞれの独立国民国家が、一六〜一八世紀の行政上の単位であったという事実である。近代以前の宗教共同体では巡礼が、その想像の共同体の基礎であることから、絶対主義時代の行政官の移動、人的互換性を補強する文書の互換性こそが、標準化された国家語の発達を促し、これに伴い北アメリカやスペイン領アメリカでは印刷業が著しく発達し、かくてその言語による新聞の発達、同一紙面の構成こそが、記事内容の属する想像の共同体を創造し、時間軸に沿った着実で揺るぎない同時性の観念を育むことになった。以上から遍歴のクレオール役人と地方のクレオール印刷業者こそ、ナショナリズムの生成にとって決定的な歴史的役割を演じたという結論が導きだされるのだ。

なお、アンダーソンは、西欧を基準とするとむしろナショナリズムの起源を見誤るとしている点も興味深い点だ。南北アメリカの独立運動およびそれに促されたフランス革命によって、それについての出版が行われ、これに伴い国民国家、共和制、公民権、人民主権、国旗、国歌などが「概念モデル」などとなり、そこから想像の現実が姿を現すこととなる。たとえば、ハンガリー人が国民国家に値するとすれば、そのハンガリー人とは、ハンガリー人すべてを意味し、その国民国家は、主権の究極的所在が集合体としてのハンガリー語の話者と読者にあるような国家を意味し、それは当然の帰結として、農奴制の解体、民衆教育の推進、参政権の拡大などをも意味した。それほど深く除去しえぬところに概念的モデルが据えられたのだという。ここでは俗語こそがナショナリズムの中核と捉えられ、だからこそ一九世紀には言語学が隆盛し、俗語の辞典編纂者・文法学者・言語学者・文学者が黄金時代を迎え、学校とともに大学がナショナリズムのもっとも自覚的な戦士となるにつれ、学校と大学の進歩がナショナリズムの進歩の物差しとなっていく。一国史もその中で整備されたものということになる。

なお、アンダーソンは、日本の近代ナショナリズムは、ロシア型の「公定ナショナリズム」の一変型としている。「公定ナショナリズム」とは、王朝国家がほかの国民国家と接触することに刺激され、いわば上からナショナリズム国家の形成を図った様式を指しており、ロシア語を義務化し自らロシア人化していったロマノフ王朝が典型とされている。近代天皇制国家が、上から強権的に「文明開化」「殖産興業」「富国強兵」を押し進めていったことに鑑みると、それはまさしく「公定ナショナリズム」の特徴を表しているといえよう。

注

(1) 近代史学史については、戦前来、多くの著書が著されてきた。本書で参照した主なものは以下のとおり。黒板勝美『国史の研究』(文會堂書店、一九一三年、初版は一九〇八年)、三浦周行『日本史の研究　第二輯下』(岩波書店、一九八一年、初版は一九三〇年)、「特集　明治以後に於ける歴史学の発達」(『歴史教育』七―五号、四海書房、一九三二年)、伊豆公夫『新版日本史学史』(校倉書房、一九七二年、初版は一九三六年)、『本邦史学史論叢』下巻(富山房、一九三九年)、大久保利謙「明治初年の史学界と近代歴史学の成立」(『明治史論集(1)』筑摩書房、一九六

五年、初出は一九四〇年)、清原貞雄『増訂日本史学史』(中文館書店、一九四四年)、家永三郎『日本の近代史学』(日本評論新社、一九五七年)、『日本歴史講座⑧日本史学史』(東京大学出版会、一九五七年)、岩井忠熊「日本近代史学の形成」(『岩波講座日本歴史別巻①』岩波書店、一九六三年)、日本思想史研究会編『日本における歴史思想の展開』(吉川弘文館、一九六五年)、小沢栄一『近代日本史学史の研究』(吉川弘文館、一九六八年)、『大久保利謙歴史著作集⑦日本近代史学の成立』(吉川弘文館、一九八八年)、『日本近代思想大系⑬歴史認識』(岩波書店、一九九一年)、松沢裕作『重野安繹と久米邦武』(山川出版社、二〇一二年)、マーガレット・メール(M. Mehl)『歴史と国家』(千葉功ほか訳、東京大学出版会、二〇一七年)など。

(2) 本節は主として『日本近代思想大系⑬歴史認識』(前掲)を参照した。なお、重野や久米に先立ち、福沢諭吉や田口卯吉らのイギリス・フランス文明史に影響された、いわゆる文明史学に言及することが史学史では一般的であるが、ここでこれらを割愛したのは、紙幅の都合に加え、学術知としての歴史学、制度的歴史学こそが一国史の成立にとっては決定的だと考えたからにほかならない。文明史学などについては、岩井忠熊「日本近代史学の形成」(前掲)などを参照されたい。

(3) 薩摩藩出身。郷士。昌平黌入学、安積艮斎につく。その後、罪をえて奄美大島へ。一八六三年赦免、西郷隆盛の御庭方、薩英戦争ではイギリス交渉委員として活躍。造士館助教として『皇朝世鑑』の編纂に従事。明治維新後は一八七一年文部省八等出仕、一八七五年に修史局副長、後に修史館一等編修官。一八八六年臨時修史局編修長、一八八八年東京大学臨時編年史編纂掛編纂委員長、帝国大学教授、元老院議官、一八九〇年貴族院議員。主要論文に「史学に従事する者は其心至公至平ならざるべからず」「証ニ就キテ按ヲ加フ」「事ニ拠リテ直書ス」「学問は遂に考証に帰す」など。ここでの引用は全て『重野博士史学論文集』全三巻(雄山閣、一九三八―三九年)。

(4) この間の動向は、王朝史から一国史への転換が模索されている様相が窺えて興味深いものがあるのだが、割愛せざるをえない。概要だけのべると、一八六九年に旧和学講談所内に設置された史料編輯国史校正局は三条実美を総裁として『三代実録』続修がめざされた。いわば明治政府の正統性を示す王朝史編纂として出発したわけだ。一八七三年に開始された『復古記』編修、翌年からの『大日本史』続修も同様だったと考えられる。太政官修史局を修史館に改組した一八七七年になって、総局としての第一局、南北朝以降の史料編輯に従事する第二局甲科、徳川氏史料編修に従事する第二局乙科、『復古記』『明治史要』編輯と『征西史料』『征西始末』編輯に従事する第三局甲科、そして地誌編纂にあたる第三局乙科が設置され、ようやくにして王朝史ではない様式が取り入れられつつあることが分かる。第二局全体で『日本史略』が編修され、それが後に『稿本国史眼』となるのだが、『稿本国史眼』には王朝史と一国史の折衷的な特質が認められるのも、こうした経緯からだった。一八八一年に修史館は改組され、第一局 総括、第二局 編修課（正史の編纂、『大日本編年史』編修）、第三局 南北朝以降の史料編輯、第四局図書掛、第五局 校正写字掛という構成となるが、一八八六年に結局は修史館は廃止され、一八八八年に帝国大学文科大学臨時編年史編纂掛となり、これが現在に続く東京大学史料編纂所となっていく。ちなみに、この間、儒者と近代歴史学に造詣のある者、さらに水戸学系儒者を巻き込んでの激しいヘゲモニー争いが行われている。

（5）進化論の優勝劣敗則を社会発展にも適用した理論的立場。スペンサー（H. Spencer）らが唱えたとされるが、正確にはスペンサー以後に帝国主義の正当化に利用された理論と見るべきだろう。

（6）清朝考証学との類似性で近代歴史学が捉えられたということは、いうならばドイツ歴史学の背景にある歴史哲学を捨象した技術・方法論としてのみドイツ歴史学が受けとめられがちであったことを意味している。また、その歴史観に横たわる西欧中心主義に対しても無自覚になりがちであったと考えられる。同時に、進化論・社会進化論など、自然科学主義的に捉えられた近代歴史学の性向は、過剰な「科学的歴史学」神話を生みだしたことも看過できない。これらは、日本の近代歴史学の特異な性向となっていったとわたくしは考えている。なお、家永三郎は、これを「明治の実証主義史学の無思想性」とよんでいる（前掲『日本の近代史学』）。

（7）リースについては、『史学会雑誌』に寄せた論考のほか、その滞日見聞録の抄訳『ドイツ歴史学者の天皇国家観』（原潔ほか訳、新人物往来社、一九八八年、原著は一九〇二年）などを参照した。後者は、明治期日本の政治家の人物像から日常生活上の感想に至るまで、西欧との比較で活写しており、大変興味深い内容だ。なお、リースに関する研究は少ないが、関幸彦『ミカドの国の歴史学』（新人物往来社、一九九四年）が比較的詳細に扱っている。

（8）当初はハンガリー人でイギリスへ亡命していたゼルフィー（G. Zerffi）が招聘されたが、事情により来日が実現しなかった。
(9)ちなみにリースが、前掲『ドイツ歴史学者の天皇国家観』において、留学帰りの日本の研究者たちの多くが「偏った専門家」になってしまっていることを痛切に批判し、「ものごとにとらわれぬ自由な精神」「完結した世界観」の重要性を説いていることも留意すべきだろう。
(10)この定義に関わっては、アンダーソン『想像の共同体』(白石さや・白石隆訳、NTT出版、一九八七年。増補版一九九七年、定本二〇〇七年、原著は一九八三年)、ホブズボウム(E. Hobsbawm)『創られた伝統』(前川啓治ほか訳、紀伊国屋書店、一九九二年、原著は一九八三年)、サイード(E. Said)『オリエンタリズム』(前掲)、姜尚中『ナショナリズム』(岩波書店、二〇〇一年)などを参照。

第四章 日本はどのように語られるのか
——その「作法」

井上哲治郎

異国は、天照大御神の御国にあらざるが故に、定まれる主なくして、狭蠅なす神ところを得て、あらぶるによりて、人心あしく、ならはしみだりがはしくして、国をし取つれば、賤しき奴も、たちまちに君ともなれば、上とある人は、下なる人に奪はれじとかまへ、下なるは、上のひまをうかゞひて、うばゝむとはかりて、かたみに仇みつゝ、古へより国治まりがたくなも有りける。……掛まくも可畏きや吾天皇尊はしも、然るいやしき国々の王どもと、等なみには坐まさず。此ノ御国を生成たまへりし神祖命の、御みづから授賜へる皇統にましまして、天地の始メより、大御食国と定まりたる天ノ下にして、……天地のあるきはみ、月日の照す限リは、いく万代を経ても、動き坐サぬ大君に坐せり（本居宣長『直毘霊』一七七一年成稿）。

第三章第一節でのべたように、一国史としての日本史は、「日本文化の特色」「日本の歴史の大きな特色」「日本的美」などを叙述することが特質となっている。そして、これらの「特質」というものは、何らかの比較を前提としなければ摘出できないものだ。本章では、「日本＝我が国の特質」「固有性」というものは、そもそもどのような「作法」によって摘出されているのか、草創期の日本思想史学を素材として検討していきたい。

第一節　日本思想史学と中国

1．本居宣長と日本ナショナリズム

最初に、やはり本居宣長（一七三〇―一八〇一）にふれておかなければならない。[1]というのも日本ナショナリズムにとって、本居宣長ほどその論理を鮮明にしているものはないと考えるからである。

結論からのべるならば、**宣長が日本を宣揚する際には、常に中国が自己表象のための「不可避の他者」として措定されている**。すなわち、宣長は「古昔」（古代）における言語的始源（「やまとことば」）の仮構によって「皇国」（日本）の同質性を構成しようとした（『古事記伝』一之巻）。それは実際には存在しない「皇国の正音」の仮構によって、それまで内にあった東アジア中華文明圏の表象たる漢字を「異国」（中国）の言語として排出するものだった（『漢字三音考』など）[2]。注目すべきなのは、このように「皇国の正音」が漢字とは異質なものとして仮構されることで、いまや「あだし道」（外国の道）とされた中国と対峙しての、「古昔」からの「皇国」の文化的同質性が、初めて立ち現れることになったことだ。たとえば、宣長は次のようにのべる。

凡て人のありさま心ばへは、言語のさまもて、おしはからる、物にしあれば、上代の万の事も、そのかみの言語をよく明らめさとりてこそ、知べき物なりけれ、漢文の格にかける書を、其随に訓たらむには、いかでかは古の言語を知て、其代のありさまをも知べきぞ、古き歌どもを見て、皇国の古の意言の、漢のさまと、甚く異なりけることを、おしはかり知べし（『古事記伝』一之巻）。

これを見るならば、宣長は「漢文の格にかける書」との対比で「漢のさまと、甚く異なりける」ものとしての「皇国の古の言語」を自明のものとして提示し、それを「明らめさと」るべきことをのべ、そのことによって「皇国の上代の万の事」が知られるとしている。そして何より重要なことは、この「皇国の古の意言」の仮構は、「潤色文のみをむねとして、その義理にのみかかづら」うものとしての東アジア中華文明圏の言語・漢字およびそれに基づく思想から普遍性を剥奪し、それを「異国の儒仏」とすることで、初めて可能になったことである（『古事記伝』一之巻）。こうして、「儒仏」＝東アジア中華文明圏の言説が「いさゝかもか、はるべきわざにあらず」と宣告され（『玉勝間』七の巻）、「異国の儒仏」となったわけである。それはそれまで、「礼・文」という価値の中にあって、東アジア中華文明圏での共同性（儒教など）に立脚してきた価値観が、仮構された言語共同体の同質性に立脚しつつ、外にあるとみなされた共同体（とりわけ中国）を境界外に排出する自己像・他者像へ移行することで、日本ナショナリズムが出帆していった原初的地点を鮮明に伝えている。

無論、宣長がいなかったとしても「誰かが彼の場所を埋めた」ことは間違いない（アーネスト・ゲルナー［E. Gellner］『民族とナショナリズム』加藤節監訳、岩波書店、二〇〇〇年）。したがって、宣長のみにとらわれていたのでは、その言説が、世界史的なナショナリズムの言説の一翼として、徳川日本に出現したものであることを捉えにくくすることになる。ましてや、宣長の言説は一八世紀末期には、未だ自明性を獲得する多数派の言説ではなかった。したがって、近代におけるさまざまなイデオロギー装置、ことに学術的言説こそが、宣長を「ナショナリズムの預言者」として積極的に遇し、かつその方法が学ばれていったのである。すなわち、**日本思想史学とは、（自覚的であったかどうかは別として）端的にいえば、この本居宣長の言説の後継者（オマージュ）として、中国を「不可避の他者」とする自己像を「西洋学問社会」（井上哲次郎）の地平から再編成して成立した近代学術であったと、**わたくしは考えている。

2. 日本思想史学のアポリア

とはいえ、明治前半期には、本居宣長は徳川日本の知識人としてさほど重要人物とは見なされていなかったといわれている（前田勉「解説――日本思想史学の生誕」村岡典嗣『新編日本思想史研究』平凡社東洋文庫、二〇〇四年）。だが、たとえ宣長を意識しなくとも、日本思想史学は、まさに宣長の後継として、**常に「日本思想にあらざるもの」あるいは「日本思想の源流」として、さらに「特質を共有していないもの」あるいは「特質を共有するもの」として、中国を背後の主役として措定してきたのである。**無論、このことのもう一つの背景としては、「西洋学問社会」のオリエンタリズムが深く影を落としており、東アジアや中国に対する西欧からの「蔑視」に対する対峙的・守勢的姿勢こそが、こうした構造を招来したことも看過できない。この点は、井上哲次郎が「日本人が西洋の街衢を通行すると、……全く支那人として賤めます。支那人の名を以て呼ばる、のハ、まづ軽蔑です」とのべ、それと異なる「日本の発達した進歩の程度を明らかにするには、史学を研究して、日本の歴史を欧羅巴に顕はして、彼国に知らしむるのが日本人の急務」と露骨にのべている点に明らかなとおりである（「東洋史学の価値」

前掲)。井上はこの後に『日本陽明学派之哲学』『日本古学派之哲学』『日本朱子学派之哲学』を刊行することになるが、それらは「支那」(中国)と異なる「日本の発達した進歩の程度を明らかにする」ために著されたものであった(後述)。

だが、こうした「西洋学問社会」のオリエンタリズムと同時に、(それと深く関わりながら)日本思想史学が、中国をその成立の当初から自己像のための「不可避の他者」とせざるをえなかったより本質的な背景がある。すなわち、日本思想と考えられる著作のほとんど全てが(本居宣長によってまさしく「純然」たる日本思想を顕現している著作と捉えられた『古事記』『万葉集』を含めて)、漢字によって記述され(いわゆる漢文体であるか万葉仮名体であるかを問わず)、あるいは直接に儒教・仏教を東アジア中華文明圏の言語で記述するものであったことである。この意味でも、日本思想史の叙述にとっては、漢字および近代になってその出自として意識されるようになった中国は、まさに成立の当初から自己像のための文字どおり「不可避」の存在であったといわなければならない(子安宣邦『漢字論』前掲)。先に宣長がなしたことは、漢字を「異国」の言語、「仮字」として排除し、それによって「皇国」の自明性を確保することだとのべたのは、こうした日本思想史学の近代における体験を、先験的になしたという意味からである。

3. 徳川日本知識人と漢字

逆にいえば、東アジア中華文明圏内にあった徳川日本の儒教系知識人にとっては、中国は決して異質な他者ではなかったということだ。たとえば、徳川日本の代表的儒学史書といえる河口静斎(一七〇三―一七五四)『斯文源流』(一七五〇年成立)では、「経天緯地の大業」たる儒教が「いかでか一人一家の私を以て為べけんや。先儒を蔑如して独り特見を恃む者、其量の小なる事言ずして知るべし」という観点から藤原惺窩以下の儒者の行状が簡潔に回顧される。あるいは、那波魯堂（一七二七―一七八九）『学問源流』（一七九四年刊）も同じく惺窩以降を中軸に儒教の来歴を記し、ことに仁斎学、徂徠学、闇斎学に関する紹介に紙幅をさいて、それぞれの極端な学説を批判して朱子学的な穏当な立場を主張している。そして、むしろこちらが重要であるが、これらの**徳川日本の思想史・儒学史書は、何よりも日本・思想史を叙述しようとしたものではなかった**、ということだ。そこには、「朝鮮ハ朝鮮ノ風、琉球日本ハ琉球日本ノ風有テ其口気免レ難シ、清朝ノ人ノ詩亦唐ニ倣ウテ其清人ノ句調アリ」という彼我の状況が記されてはいるが、それぞれの特殊化をはかることに眼目があるわけではなく、時代や地域の差を認めつつ「経学道理ノ要ハ言ニ不及、文章モ詩モ、信実誠ノ心ナクシテハ成就スヘカラス」というのが那波魯堂の主張したいところだった。那波がここでいう「文章、詩」は無論漢文で記述されたものであり、その「和気和習」を認識しつつも「誠」に努めるならば、その「和気和習」を払っての東アジア中華文明圏に共通する価値に到達するはずだというのが、『学問源流』の結論なのである。いうなれば、中国と日本は共時的一体的世界（東アジア中華文明圏）として捉えられていたのだ。

したがって、中国の他者化とは、東アジア中華文明圏が解体し、その紐帯が切断されたことを前提に、日本の自己像を古代以来の始源に遡って「創造＝捏造」していく上で必然化した構造であったと考えられる。その出発点の一つが宣長に認められることは最初にのべたが、福沢諭吉や田口卯吉が明治初年期に『文明論之概略』『日本開化小史』を著していた時点においても、それは直ちに直面した事態であったといえる。『文明論之概略』が「西欧の文明を目的」としたときに、その対極に中国が措定されていることはよく知られているが、『日本開化小史』もまた「我国古代の文章にして今に伝ふるものは実に漢文を以て始めとす」とし、そこから「日本の語法を以て文章を作る」過程として日本開化をたどっていることも、同じ構造を鮮明に物語っている。

4. 西村天囚『日本宋学史』

では日本思想史学の濫觴期と捉えられる明治末年には、日本と中国はどのように叙述されるようになるのか、まずは西村天囚著『日本宋学史』から見てみよう。西村は『大阪朝日新聞』主筆ともなったジャーナリストとして著名であるが、ここではすでに近代学術や「西洋学問社会」を意識した(もはや儒者ではない)漢学者としての視座が問題となる。『日本宋学史』の「叙論」において西村は次のように記す。

我が日本国民の道徳の基礎は、神代以来の固有の美徳と、応神朝に伝来せし儒学の感化と欽明朝に濫觴せし仏教の弘布と、此三者を一爐鞴の中に鎔鑄せし者是なり。…儒仏相輔けて、以て道徳の向上人文の発達に資する所の者甚だ大なり。是れ我が国体支那と異なり、万世一系、天壌と無窮なるより、神ながらの固有の美徳ありて、之が素を為し之が調和を為しつゝ、儒仏二者を包容同化せしに因らずんばあらず。故に儒学は日本的儒学と為り、仏教も亦日本的仏教と為りて三者を打ちて一丸と為して、日本魂と曰ひ武士道と曰ふ者を陶鑄し来れり(『日本宋学史』梁江堂書店、一九〇九年[3])。

ここには、明治末年の「日本宋学史」という叙述が、どのような視座とともに可能となるのかが余すことなく語られている。「固有の美徳」の設定、それと「外来思想」たる儒仏二教との交渉、「調和」「包容同化」の来歴としてそれはたどられ、その結果「日本的儒教」「日本的仏教」が、そして「日本魂」「武士道」が、やがては「国民道徳」が生まれたと西村はいうのである。つまり、日本思想史上において、「外来思想」を全て振り払ったところに日本思想の「固有の価値」が存在し、かつその「固有の価値」への「外来思想」たる儒仏二思想の「包容同化」がなされた思想が日本思想だ、というのだ。他方には、その淵源たる中国が強く意識されているが、それはたとえば、日本の儒仏二教の「調和」とは異なり「異端を排斥するを儒学の本色と為せり」「仏氏も亦儒老を指して外道と曰ひ、異端外道の両々相争ふ者久し」と対照的に捉えられている。というよりも、対照的存在として中国が措定されることで、日本思想の来歴がたどられることとなるのだ。

5. 芳賀矢一『国民性十論』

こうした言説が、いかに当時の日本思想史の叙述の骨格（＝「作法」）をなすものとしてあったか、もう少し例示してみよう。日露戦後の帝国日本の跳躍を背景とした「日本人論」のはしりともなった芳賀矢一『国民性十論』（一九〇七年刊行）は次のようにのべている。

我国は早くから支那の文化の影響を受け、支那を通じて印度の文明も受けた。しかも今日の東洋諸国は皆萎靡振はない間に、我国ばかりは世界強国の班に入つた。晩近西洋文明輸入の効果も亦著しくあらはれつ、ある。我国の文化はどんな風に印度支那の文明に影響せられたか。我国民は如何なる程度まで之を消化し、又自己を発展させたか。我等は今日の幸福を思ふと同時に、亦深く自ら今後を戒めなければならぬ。過去を知つて且将来を熟慮せねばならぬ（『国民性十論』『冨山房百科文庫⑧日本人論』冨山房、一九七七年）。

芳賀は、日露戦争に勝利し「我国ばかりは世界強国の班に入つた」ことを「今日の幸福」と自慢げに語り、そうした来歴を知るために「印度支那の文明」にどのように影響され、かつそれを「消化し、又自己を発展させたか」という課題を設定しているのだ。芳賀のいう一〇の「国民性」は、今日の目から見るならば恣意的に掲げられたものというほかはないが、その言及が常に「西洋学問社会」を意識しつつ、かつ「支那人」との比較で構成されていることはやはり看過されてはならない。たとえば、「祖先崇拝は支那人にもあるが、支那などの革命の国では、之が国家と結付いては何の意味もなさぬ」とされて「祖先崇拝」が日本の「国民性」とされている箇所など。

6. 井上哲次郎の三部作

あるいは、恐らく最初の徳川思想史に関する概括的著述と考えられる井上哲次郎のいわゆる三部作、『日本陽明学派之哲学』(一九〇〇年刊)『日本古学派之哲学』(一九〇二年刊)『日本朱子学派之哲学』(一九〇五年刊)には次のような叙述が散見される。

藤樹は先哲の「和魂漢才」と喝破せるが如く日本的精神を以て漢学を講究し、漢学の為めに併呑せられず、我邦人の取るべき立脚点を取り、厳として樹立する所ありき。……藤樹は各種の徳性中に於て最も孝を重んぜり。是れ亦吾人の顧慮すべき所なり。孝は祖先教(Ahnenkultus)の綱常なり。孝の最も重んぜらるゝ処には、必ず祖先教ありて存す。……孝は祖先と子孫とを連結する所以にして血族の運命如何は孝の強弱如何による。然るに日本民族は同一の古伝説より其遙遠なる系統を引き、建国以来他の民族の為めに攪乱せられしことなく、同一の言語、風俗、習慣、歴史等を有せるが故に、一大血族の形を成し、国家は一の家族制を成せり。……是故に孝の教は日本民族の運命上に重大の関係を有するものなり。殊に日本にありては、孝を言へば、忠は自ら其中にあり。日本の国家は一の家族制を成せるが故に、家にありて父に対するが如く、国にありては君に対するなり（『日本陽明学派之哲学』冨山房）。

中江藤樹が「日本的精神を以て漢学を講究し、漢学の為めに併呑せられず」という観点で評価され、特に「日本民族の運命上に重大の関係を有する」「祖先教の綱常」たる「孝」の体現者として描きだされているが、このほか『日本古学派之哲学』では、「日本民族特有」の「活動主義」が古学派系儒者によって主張されたと捉えられ、たとえば山鹿素行の「国体論」が称賛され、その士道論も新渡戸稲造の『武士道』を批判的に検討しつつ、「其精神は尚ほ衆多の頭脳中に存続」する武士道の「憲法」と評価されることとなる。伊藤仁斎の「活動主義」も「消極主義を取らざるものにして、寧ろ先天的に活動的発展を要する」「日本民族の性質の顕現」と見なされている。また、『日本朱子学派之哲学』では、朱子学は「徳川三百年間我邦の教育主義となりて、国民道徳の発展上に偉大の影響を及ぼしゝ」ものと位置づけられ、全編を通じて、朱子学が日本に根づく準備期、それが「開花」する藤原惺窩から寛政異学禁までの時期、「維新の暴風雨に逢ふて其之く所をしらず、然れども朱子学てふものが……其倫理説中に於ては永遠不滅の真理」を示す第三期と時代区分され、朱子学が日本における独自の展開を遂げて国民道徳論に合流する過程が描かれることとなる。ここでも、「儒教といふものは畢竟共産物、徳教として孔子を始め支那の智者の唱へた共産物」であり、「後の人が更にそれを発展さして行かなければならぬ。けれども割合に発展さして居らぬ。日本の儒者の中では山鹿素行、伊藤仁斎、物徂徠などは原始儒教に帰らうとするのであるけれども、矢張さうしたことをやつた方であるが、跡の（中国の）人は一向やらぬ」といった比較が伴われていることが特徴的である。

以上に明らかなように、どのような内容であれ、まさに日本思想の固有性が前提され、外来文化として排出された「儒仏二教」（＝中国）の受容のありように「自国文化の同一性」（子安宣邦）を見いだし、そのような外来文化（中国）との交渉（包容、同化）で日本思想の展開を捉える言説が、公然と一国史・一国思想史としてたちあがってきたことが確認できるだろう。それは、**徳川時代までの思想全体に、日本の固有性と異質な中国という二つのメスによる外科的手術を施し、東アジア・中国から自覚的に日本を摘出する作業として、やがて日本思想史学さらには日本の特色を語る「作法」となっていく**のだ。

第二節　戦中から戦後へ

1．日本思想史学の「作法」と丸山真男

以上、濫觴期・成立期の日本思想史学の「作法」を見てきた。無論、日本思想史学はこれ以降の研究者（村岡典嗣、津田左右吉、和辻哲郎、羽仁五郎、丸山真男ら）によって担われ、講座の制度化としては、一九二四年に東北帝国大学文化史学講座に日本思想史学科がおかれ、次いで一九三八年に東京帝国大学と京都帝国大学に、それぞれ日本思想史講座と日本精神史講座が設置されたことが指標と考えられている。これらを見ると、日本思想史学の講座の制度化が昭和ファシズム期と重なっていることは間違いない。だが、大正末年から昭和初年にかけての和辻や津田の言説にしても、中国文化の受容に肯定的であったか否定的であったかの別はあるにしても、外来文化と捉えられた中国文化の受容のありように「自国文化」を見いだそうとする言説であったとするならば、その

ような外来文化との関連で日本思想の来歴をたどる「作法」は、すでに明治末年頃の濫觴期・成立期に登場していたことは前節で見たとおりだ。

そして、この「作法」は、丸山真男を結節点として、それが戦後思想史学に継承されていくこととなる。丸山自身が、戦前期のどのような研究者に影響されたのか（影響されなかったのか）については、一九六一年と一九七四年に整理しているところが参考となる。すなわち、丸山は、戦前の日本思想史学の転回過程を五段階に分け、第一段階としては福沢諭吉『文明論之概略』田口卯吉『日本開化小史』などの「文明史的思想史」を、第二段階としては明治二〇年代の初頭に登場した「同時代的思想史」をとり上げた後、第三段階としては井上哲次郎に代表される「国民道徳論的思想史」を、第四段階としては村岡典嗣や和辻哲郎に代表される「文化史としての思想史」と津田左右吉の「生活史的思想史」を、第五段階としては「一九二〇年代の後半から日本のアカデミックな世界をもまきこんで、知識人を台風のように襲った」「唯物史観的思想史」を挙げている（付言するならば、戦時中のそれについては、「方法的にはなんら独自の典型に値するものを残さず、比較的に学問的な形態を具えたものも、せいぜいそれ以前の段階、とくに国民道徳論の変奏曲にとどまったので、右の五者と同じ意味での段階を構成するとは考えられない」とされている。以上は『日本政治思想史研究』「あとがき」東京大学出版会、一九五二年、「近代日本における思想史的方法の形成」『南原繁古希記念論集下』東京大学出版会、一九六一年など）。

もっとも、丸山自身は「これら過去の業績から学んだものは主として、徳川時代の個々の学者・思想家の、個々の言説についての解釈であって、それ以上を出なかった」と述懐しており、先行する諸研究に対しては消極的評価しか下していない。だが、冒頭にヘーゲルの「シナ帝国の特性」に関わる「神政的専制政の帝国」の「再生産」についての引用を掲げ、「シナ帝国の停滞性」との対比で徳川時代の朱子学から徂徠・宣長学へとたどられる『日本政治思想史研究』には、戦前期の日本思想史学が重くのしかかっていたことは否定しがたいだろう（コラム③

参照）。戦後になってこの「中国停滞論」について自己批判的に回顧していることは有名だが、それは確かに「中国の停滞性に対する日本の相対的進歩性」の「逆の対比」「歴史の弁証法」に対する自己批判ではあったとしても、そこにはなお濫觴期の「作法」が強力に作用していたことは、たとえばさまざまな意味で議論となった「歴史意識の古層」論文（一九七二年）に鮮明に看取されるだろう。すなわち、「つぎつぎになりゆくいきおひ」という「古層」「執拗な持続低音」は、「漢意・仏意・洋意に由来する永遠像に触発されるとき、それとの摩擦やきしみを通じて、こうした『古層』は、歴史的因果の認識や変動の力学を発育させる格好の土壌」となり、「日本文化のかくれたかたち」「個体性」を形成するという主張は、丸山のみならず、一貫した日本思想史学自体の構造的主張だったといえよう（丸山真男編『日本の思想⑥歴史思想集』前掲）。

2. 戦後日本思想史学

最後に丸山の圧倒的影響力の下で展開された戦後日本思想史学について、簡単に紹介しておく。まず、「何よりも儒学が外来思想であったことの正当な認識に立ち戻る必要」を説いて丸山の朱子学＝幕藩体制の思惟とする構図を批判した**尾藤正英**。尾藤は、津田左右吉の中国思想の影響を全く否定し去る論法には批判的に向き合いつつも、津田と同様に最後までその外来性については強調し、最終的に国学を帰結点において次のようにのべている。

儒学が儒学である限り、ついに免れることのできなかった外来思想としての限界性を、克服するものとして登場したのが、国学者の唱えた「古道」の思想であった（『日本封建思想史研究』青木書店、一九六一年）。

あるいは、「朱子学は中国宋代の社会において中国固有の儒教の伝統の下に発生した思想であり、わが徳川社会にとってはそれは外来思想である」と尾藤同様にのべる**田原嗣郎**。田原は古学派の思想に幕藩制的思惟との適合性を見たが、その内在化の前提として「日本的思惟」「中国的思惟」を対比させ、「中国的思惟は対象との隔離において機能するに対して、日本的思惟では対象との距離が消失し、対象に密着または没入する傾きが認められる」という「ギャップの性質には根本的変化はない」としている（『徳川思想史研究』未来社、一九六七年）。また、**守本順一郎**は「アジア的思惟」「古代的思惟」「封建的思惟」というマルクス主義的な思想段階論（第六章を参照のこと）にたちつつも、「中国的展開」「日本的展開」は、その論理の中核に強靱に存在し、次のようにのべている。

中国において朱子学のもった歴史的な意義は、古代的思惟＝仏教によって失われた自然と社会の復権であり、同時に社会（的分）と血縁（的分＝自然）とのひとつの切断であった。……日本における血縁的時間形式を断った儒教が、浸透を媒介することになり、またひとたびは否定した仏教を、その現世的側面を拡大して包摂することになる。ここに、日本における、封建的思惟の端緒があたえられた（『日本思想史の方法と課題』新日本出版社、一九七四年）。

念のためにいえば、尾藤・田原・守本らの研究は、（丸山同様に）今も参照されるべき戦後日本思想史研究上の重要文献であることは間違いない。しかしながら、これらが丸山と対峙しつつ編み上げた論理の内には、明治期以来継承されてきた中国の他者化に基づく自己像という「作法」が、まさしく「執拗な持続低音」（丸山真男）のごとく流れているように思われる。

無論、あらゆる自己像が他者像の産物であるとするならば、近代ナショナリズムの属性たる自己像（固有性）への欲望のあるところ、こうした構造・「作法」が不可避的に伴われることとなるのは当然なのかもしれない。しかしながら、かつて内にあった東アジア中華文明圏を、さらには中国を、現在に至るもきわめてアンビバレントな感情でしか捉えられないのは、少なくともそれが自己像の根幹を揺るがすものとして作用しているからにほかならない。この意味でも、それは一国史・一国思想史学の「作法」に止まらず、現代の日本像・他者像ともつながる問題だと、わたくしは考えている。

注

（1）子安宣邦『本居宣長』（岩波現代文庫、二〇〇一年、原著一九九二年）、同『漢字論』（岩波書店、二〇〇三年）を参照。

（2）『漢字三音考』の中で、宣長が「皇国」は「天照大御神ノ御生坐ル本国」であるが故に「人ノ声音言語ノ正シク美キ」「純粋正雅ノ音ノミ」であるとし、それに対して「外国ノ音」は「鳥獣万物ノ声ニ近キ者ニシテ、皆不正ノ音」であるとしている（『本居宣長全集』第五巻、筑摩書房、一九六五〜九三年。ここでの宣長の引用は全て『本居宣長全集』）。

（3）西村天囚については、後醍院良正「（正・続）若き日の天囚」（『懐徳』三六・三七号、一九六八〜九年）、梅溪昇『大阪学問史の周辺』（思文閣出版、一九九一年）、町田三郎『明治の漢学者たち』（研文出版、一九九八年）などを参照。

●コラム①

「子安宣邦」①

1．子安思想史との出会い

私事で恐縮ではあるが、わたくしにとって画期的「事件」となった子安思想史との出会いは、今から二〇年以上前に遡る。近代天皇制イデオロギーの淵源の一つと思えた国学に対する研究を志していたわたくしは、しかし国学あるいは後期水戸学から、のちの近代天皇制イデオロギーと関係のありそうな部分を摘出して、それを淵源として提示する「物語」としての戦後思想史の記述や、本居宣長の実証性を評価しながら他方でそのイデオロギーだけを切り離して批判する大方の研究に、どうしても飽き足らない思いを強めていた。そんなときに出会ったのが、子安宣邦『宣長と篤胤の世界』（中央公論社、一九七七年）だった。無論、子安先生自身がのべるように、本書（青土社初刊、一九九五年）やそれに先だって公刊された『本居宣長』（岩波書店、一九九二年）は、『宣長と篤胤の世界』に対して「みずからする批判の上になったもの」（『本居宣長』「あとがき」）であって、ここで二〇年以上前の『宣長と篤胤の世界』をもちだすのは不適当かもしれない。しかしながら、わたくしは子安思想史との出会いというと、どうしても『宣長と篤胤の世界』を想起せずにはおれ

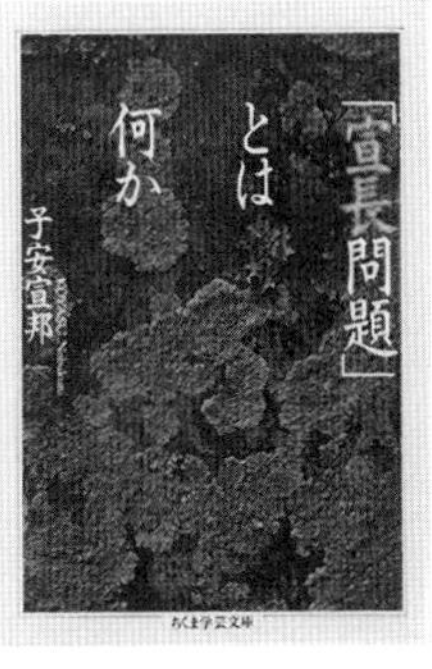

ない。端的にいえば、それは子安先生自身がどのようにして本居宣長、さらに宣長研究と出会ったかが率直に吐露された書であり、その出会いのさまが戦後国学研究と大きく異なっていたことに、わたくしは少なからぬ衝撃を受けたのだった。先生は、この書に次のように記している。

宣長の思想の実体はなにかとまず規定してかかる理解の道によっては、彼の思想の世界はただそのかたわらをよぎられるにすぎないということになるのではないか。

宣長のしんどさは、彼の思想の実体を規定してかかろうとするこちらの思惑を、彼は常にこえてしまっているところにあるように思われる。

無論、この書での先生は、「〈事〉にふれ合い、〈事〉に出会う人の心のありよう、そうした〈事〉から成る人の世界のありよう」を問う宣長をたどっていっているのであれば、『本居宣長』や本書において、「自己言及的な言説」の「再生」を見つめつつ宣長と対峙している姿勢とは、その主張の根幹が大きく相違していることは明白だ。しかしながら、今から思うと、この宣長の「思想の実体の理解」という近代学術の当然すぎると思えた方法に対する、ある種の困惑の率直な吐露こそは、先生自身にとっての「宣長問題」が公然と記述されたものであるという意味で、のちに近代学術総体の「宣長問題」が明確に対象化されるための重大な出発点であったとわたくしは考えている。当時そんな先生の「宣長問題」など知る由もないわたくしも、しかしながら宣長を、宣長の方法で「理解」せんとしてきた近代学術の危うさについての新鮮な問題提起を、この書のメッセージとして受けとめたのである。

この新鮮な問題提起は、一九七九年一一月の皇学館大学で開催された日本思想史学会で今度は多くの宣長研究者の前で行われた。「本居宣長の思想」がテーマとなっている関係で、大方が宣長讃辞的発表となっているその〈場〉でなされた報告は、今思いだしても戦慄さえ覚えるほどに衝撃的なものだった。子安先生は「宣長における『神』と『人』」と題する主題発表の中で、「宣長の神観念の意味は、『古事記伝』では探りえないようになっている」こと、つまり宣長の思想のトートロジカルな構造について問題を提起されたのである。自らの「宣長理解」を「内なる読み」を競って繰り広げるべきその〈場〉は、まさに宣長が日本思想史という学術的言説を伴って「再生」する現場そのものであり、そこでは先生の問題提起は、文字通り孤軍奮闘という感を免れてはいなかった。だが、文献学の祖として、したがって日本思想史学の祖としても捉えられる宣長の「理解」を競うことが、決して問いえない問題が提起されていることは明白であった。今でこそ、メタヒストリカルな問題が問われることはやや珍しくなくなったが、子安先生は実に二〇年以上前に経験的にその問題をわれわれに提示していたのだった。

2. 方法としての江戸

先生自らの言を借りれば、そののち先生は「ときおり宣長にふれることはあってもわたくしは宣長に正面することはなかった」という。だが、わたくしの推測では、そののちの先生の徂徠学についての研究も（『事件」としての徂徠学』［ちくま学芸文庫、二〇〇〇年］など）、実際は「宣長問題」とは切っても切れないものであったといわなければならない。というよりも、荻生徂徠に『『他者』としての古代中国への視座」を見いだしたときに、同時に「他者否定のための他者研究」としての姿を露わにした津田左右吉、近代「シナ学」とは、そのまま宣長の「自己言及的言説」や宣長を「再生」させつつ宣長とともに「自己言及」を繰り返す近代学術が醜い姿を露わにした瞬間であったとわたくしは考えている。その意味では、先生は伊藤仁斎や荻生徂徠に研究の重点を移してのちも、江戸儒学という時間・空間的に二重の意味での外部性を刻印された言説という視点から、その対極に宣長、さらに「宣長問題」を背負う近代学術のありようを見据え続けていたのである。

この一〇数年の京都・大阪における子安先生を中心とした近世思想史研究会（後に思想史・文化理論研究会と改称）での活動を振り返ると、この推測は決して間違っていなかったと思う。ほぼ毎月一度開催され、百余回に及ぶその研究会でわれわれがどの程度先生の方法を学びえたかについては、『江戸の思想』一～一〇号（ぺりかん社、一九九五年～一九九九年）の参照を願うしかないが、先生に関していえば、それは『宣長と篤胤の世界』以来、宣長および宣長研究が共同して構築してきたものに懐疑的にならざるをえなかった先生が、ついに近代学術総体に隠蔽されてきた「宣長問題」を明確に捕捉していく過程であったと思われる。すなわち宣長とともに実証性を蓄積させていく作業こそが一国思想史を実体化する当のものだという、これまでの宣長研究が宣長とともに隠蔽してきた問題が鋭くえぐりだされていく過程が、実はこの研究会の前半の時期と重なっているのである。先生自身、今はそれを簡明に「方法としての江戸」と名づけ、「視座『江戸』の設定が既存の江戸像を構成している近代の読み直しを指示し、それを可能にし、そして近代の読み直しが今度は江戸の新たな読み直しを課題として指示してくるという思想史的作業」を提唱するに至っているが（『江戸思想史講義』岩波書店、一九九八年）、それは『宣長と篤胤の世界』以来の、先生自身も内にとらえられかねなかった「宣長問題」への一つの解答となっているとわたくしは考えている。

3.「宣長問題」

ここで『宣長と篤胤の世界』以来ということを強調しているのは、近代宣長研究や戦後思想史研究がついに問うことができなかった問題を、子安先生が何故に問いえたのかといえば、それは先生の積年の『古事記伝』研究があってこそ初めて可能となるものであったということに注意を喚起したいからである。研究会のみならず、大阪大学やわたくしの勤務する立命館大学での大学院の講義・演習でも、先生はしばしば『古事記伝』をテクストとしてとり上げられた。本書の読者からすると意外に思われるかもしれないが、そこでは、それこそ一言一句の細部にわたる文献学的ともいえる厳密な読みが全編にわたって実践された。無論、コンテクストや一言一句の解釈の底に横たわる宣長のイデオロギーは、最後には大きくクローズアップされることとなるが、それでもまずは宣長が『古事記』をどのように読んだかを、丁寧にたどっていくのが先生のやり方であった。すごいと思ったのは、「宣長問題」が、こうした緻密な学問実践において捕捉されるものであって、決して宣長のイデオロギー暴露では捉えられないことが、こうして示されていたことである。宣長のイデオロギー暴露ということであれば、その妥当性はともかくとして、すでにわれわれは羽仁五郎らの研究を知っている（『日本における近代思想の前提』岩波書店、一九四八年）。それは、テクストの外部を問うことができても、決して言説内部を切り裂いて問題を析出することはできないことは、羽仁も本書で批判的にとり上げられている加藤周一と驚くほど同じような「国学の清新」「国学の限界」という枠で国学を捉えていることに明らかである（もっとも、羽仁は自らのイデオロギーについて自覚していたことは無視してはならないだろう）。これに対して、先生は近代の学術的言説が、宣長の『古事記伝』などを「正しい言説」としながら、「直毘霊」などのイデオロギーのみを問題とすることで、実は「正しい言説」と捉える中で共有し隠蔽するイデオロギーをこそえぐりだしていこうとする。それは、『古事記伝』の語りに何度も耳を傾けなければとうてい不可能なことであろう。しかも大方が『古事記伝』の実証的と思われる部分に目を奪われ、その故に宣長の語りを共有してしまっていることを思うならば、本書の重大な意義とはこの宣長の語りに何度も耳を傾け、しかしついに『古事記伝』全体のイデオロギー性が示されていった点にあるとわたくしは考えている。この点がことに鮮明に示されていると思われるのは、本書の「やまとことば」を析出している部分で（「『やまとことば』成立の語り」など）、宣長以降のわれわれは、宣長以降の国語学者とともに「漢字文化」の「介入」以前の「口誦」の「やまとことば」を前提としながら、『古事記伝』とともにその復元の実証性のいかんという問題群に立ち向かうこととなるが、上田秋成がそれを「私説」と一蹴したのとは対照的に、近代の学術的言説はこうした作業によって、宣長とともに「やまとことば」の成立をさらに増幅して語っていくことになることが明らかにされている。まさに『古事記伝』および近代の宣長研究に精通しなければ、とうていなしえない分析だということができよう。

4. 近代学術を内部から切り裂く

ところで、構成からもただちに判明するように、本書は宣長と並んで平田篤胤についても詳細に論じている。実は『宣長と篤胤の世界』以来、先生の国学へのアプローチは、常に宣長と篤胤を同時に論じていくというスタイルを採っている。それは、宣長を評価し篤胤を忌避する近代学術の視座に対峙せんとする先生の姿勢が、意図的に選びとっているスタイルであり、そこには両者を同時に論じないことで隠蔽される問題に対する先生の冷徹なまなざしがあるのは明らかである。この点については、本書では次のようにのべられている。

近代の「国学研究」はこの篤胤国学の出現に事件性を見ることはない。むしろその事件性を国学概念の新たな展開過程の叙述のうちに解消してしまうか、あるいは己れの国学史の叙述から篤胤国学ともどもに排除してしまうかの何れかであった。

この篤胤が近代学術から忌避されがちであったのは、実は篤胤が宣長のイデオロギー性を捉え、それを神学として再構成していったからだと本書は説いている。近代宣長研究は、篤胤を忌避することによって、換言するならば篤胤が宣長から赤裸々に受けとめ展開させた部分を隠蔽することで、初めて宣長を近代学術的言説の先駆として位置づけることをなしえたのである。この意味では、篤胤の忌避という「篤胤問題」は、「宣長問題」を構成する重要な要件なのである。

それにしても、篤胤に対してはやや子安先生の評価が優しくなっていると感じるのは、はたしてわたくしだけであろうか。実はそこに特権的な言説と対峙しようとする先生の気概のようなものをわたくしは感じとっている。宣長あるいは宣長を高く評価してきた近代学術の特権性に対する先生の憎悪にも近い感覚がそこにある。他方で、篤胤や佐藤信淵、さらにはそれらに連なる在野の異端的言説に対して、先生のまなざしは暖かい。対照的に、それらを特権的立場から論じる民俗学、民衆史などについても冷ややかなものがあるようだ。この点は、やや古いものだが、先生が佐藤信淵について次のようにのべて以来、比較的一貫したものがあるように思える。そこには、先生の近代を立ち上げてきた特権的知をこそ、自戒の念も込めて痛烈に批判しようとする強い企図を感じとることができるのではなかろうか。

その大言壮語のうちに、文政から天保へといよいよ手づまり的状況を見せてくる時代に対する、あるいはその時代をこえ出ていく非特権的知識人の観念の作業の跡をわれわれは見出すのである(『日本の名著　平田篤胤』中央公論社、一九七六年)。

最後に本書が、まさに近代学術の言遂行が問題視され始めた時期に出版される意義について言及しておきたい。先生は本書の初版の「あとがき」で次のようにのべている。

本書によって新たな宣長像の提示を期待する読者が、むしろ宣長像の再構築といったことを〈かっこ〉にくくりこむことによって開かれる「宣長問題」という暸野が、いかに広く、また重大であるかを本書によって理解されることを切望する。

ここでの訴えは、本書が決して今までの宣長研究書に収まらないものであるのみならず、本書および先生の思想史研究の全体が、「近代以後をいわれる現在の日本」に発信された、すぐれて実践的なものであることをも物語っている。そして、この点こそが、本書の意義としてとくに強調されるべきことなのだと思う。なるほど、ポスト冷戦が叫ばれている中で、戦後の学術の多くが転換を迫られ、あるいはその間隙をぬって今また歴史修正主義ともいうべき国民史の書き換えが公然と主張されるに至っている。それはそれとして重大な問題といわざるをえないが、それらの動向と対峙していくためにも問題なのは、状況と無関係といわんばかりの実証的思想史研究だろう。近代学術の内部を切り裂く本書の攻撃性が発揮されるのは、そうした〈場〉においてである。本書が明らかにしているのは、状況と無関係といわんばかりの学術的言説こそが、まさにその特権性をかざしながら行ってきた言遂行の歴史性なのだから。

本書や先に文庫におさめられた『「事件」としての徂徠学』によって、確かに戦後の思想史研究は新しい局面を迎えたといってよいだろう。ようやくにして、思想史研究が国民史としてあった局面を食い破ることができるのかが射程に入ってきたようだ。そして、子安先生はいつものごとくに、その実践の先頭をきって走り出している。

注

（1）子安宣邦『「宣長問題」とは何か』（筑摩書房、二〇〇〇年）に付載されたわたくしの「解説」（したがって表記は当時のものである。以下、コラムは全て同じ）。本書収録にあたり、小見出しを付した。子安宣邦は、徳川思想史・近代思想史研究者。ポストモダン的議論を縦横に駆使し、現代批判を鋭く行っていることで著名だ。主な著書は、『伊藤仁斎』（東京大学出版会、一九八二年）、『「事件」としての徂徠学』（青土社、一九九〇年、ちくま学芸文庫、二〇〇一年）、『鬼神論』（福武書店、一九九二年）、『近代知のアルケオロジー』（岩波書店、一九九六年、岩波現代文庫、二〇〇三年）、『江戸思想史講義』（岩波書店、一九九八年、岩波現代文庫、二〇一〇年）、『方法としての江戸』（ぺりかん社、二〇〇〇年）、『「アジア」はどう語られてきたか』（藤原書店、二〇〇三年）、『国家と祭祀』（青土社、二〇〇四年）、『日本ナショナリズムの解読』（白澤社、二〇〇七年）、『昭和とは何であったか』藤原書店、二〇〇八年）、『日本人は中国をどう語ってきたか』（青土社、二〇一二年）、『「大正」を読み直す』（藤原書店、二〇一六年）など。

第五章

「世界史」という言説

ランケ

われわれは、昔の学者や今の学者、あるいは東洋の歴史家や西洋の歴史家などが、人類生活の歩みやあり方はこうであると説いていることを、そのまま《う》のみにしようとするのではなくて、それらをわれわれ自身の眼で見きわめようとしているのである。これが「世界史を学ぶ」ということの本来の意味である。……われわれ自身の眼で人類生活の歩みとあり方を見きわめるということは、現代の日本国民として、われわれ自身の生活意識にがっしりと立脚し、過去の人類生活の歩みやあり方の中から、われわれの生活意識にとって意味があると考えられ、判断されただけの事件や状態を選び取り、意味があると考えられたその内容と関連に従って、一幅の歴史像へとそれらを創造的に組みあげていくことを意味する（上原専禄編『日本国民の世界史』岩波書店、一九六〇年）。

ここでは、「一国史」と対極にあると考えられてきた「世界史」について、その特色について考えてみたい（以下、煩雑を避けるために括弧は省略する）。最初に検証しなければならないのは、われわれは世界史を一国史の「寄せ集め」として理解しているのではないか、ということだ（高校の世界史教科書を想起せよ）。第一節では、まずはわれわれの世界史理解をこの点から反省的に捉え返し、次いで第二節では一九世紀に至る世界史叙述の西欧における来歴について（個人的興味に傾っているが）あらましを紹介していきたい。

第一節　われわれの世界史の捉え方

1. 世界史は一国史の寄せ集めなのか

まず、われわれが、どのように世界史を捉えているのか、簡単に整理しておこう。第一に、われわれは、どうしても現代の分割され尽くした国民国家を前提に、「世界」を捉えているので、それら諸国家のそれぞれの歴史として世界史を捉えていること。身近なところで考えると、韓国・朝鮮史、中国史、ロシア史、アメリカ史、イギリス史、フランス史、ドイツ史など。だが、年表を見るまでもなく、これら諸国家は有史以来存在してきたのではなく、幾度かの王朝交替や領域の変遷をへて、現代国家に至ったものであることは自明のことである。そして、そのように捉えている限り、確かにわれわれは現代の諸国家にのみとらわれて世界史を見ているわけではない、といえなくもない。だが、それら有史以来の諸王朝・諸帝国を現代国家に至る系譜、一貫した「民族」の来歴として捉えがちであることは注意したいところである。しかも、厄介なのは、現代の諸国家がそのようなものとして自らの一国史を描きだしていることが多いので、どうしてもそのようなものとして世界を眺めてしまうのである。

2. 世界史理解の偏り

第二に、われわれが、一定詳しく「理解」している国家群と、その歴史をほとんど知らない国家群が存在していること。近隣諸国の歴史についてある程度詳細な「理解」を有していることは当然としても、欧米諸国の歴史について突出して詳細な「理解」があることと比して、アフリカや南アメリカ、さらには東南アジア・西南アジア諸地域の歴史については、あまり知らないというのが実情ではないだろうか。無論、これらの地域で興隆した諸帝国・諸王朝については、ある程度の「理解」はあるだろうが、それが衰亡した後のことは、ほとんど知らない、ということになる。やや、極端にいえば、現代の諸国家の政治力学によって、世界史に対する「理解度」が左右されていることについては、十分に反省してみる必要がある（遡れば、実は近代歴史学が世界史をそのように捉えていたことに起因するのだが後述する）。

3. 発展史観による世界史理解

第三に、わたくしはこれが一番問題だと考えているのだが、われわれは、「発展した」諸国家を基準に世界を眺め、したがって世界には「先に進んだ歴史」を有した諸国家（「先進資本主義国家群」）と、それよりも「遅れた」諸国家（「発展途上国家群」）が存在しているように、世界史を「知る」ことによって思うようになるのだ。これこそが、世界史の孕んでいるもっとも厄介な問題点だとわたくしは考えている。世界史によって、いわば「世界の差別的眺め方」を知らずわれわれは「知る」こととなるのだ。

確かに、学界ではこれらの見方は欧米中心史観・近代主義的歴史観として今日では厳しく批判されている。[1] だが、現代世界が、熾烈な国際資本主義の競争によって、「先進資本主義国家群」と「発展途上国」あるいは植民地的状況にある諸国家・地域に「分割」されている以上、この歴史観・世界史観はなかなか超克できないのが現実である。

それでは、何故こうした世界史理解になっているのか。その理由は明確である。そもそも、近代歴史学が誕生したときに、同時に世界史が誕生したということ。および、そこでは、明確に西欧のみが世界史を有していると捉えられたこと。歴史学や近代学問の普及によって、この見方は不動の理解となっていったこと。だが結論を急ぐ前に、比較のために王朝時代西欧における歴史叙述から見ていきたい（なお、わたくしは西欧史学史についての専門家ではない。学習を重ねたとはいえ、かなり個人的興味に偏っていることはお断りしておく）。

図　世界史理解による世界「分割」

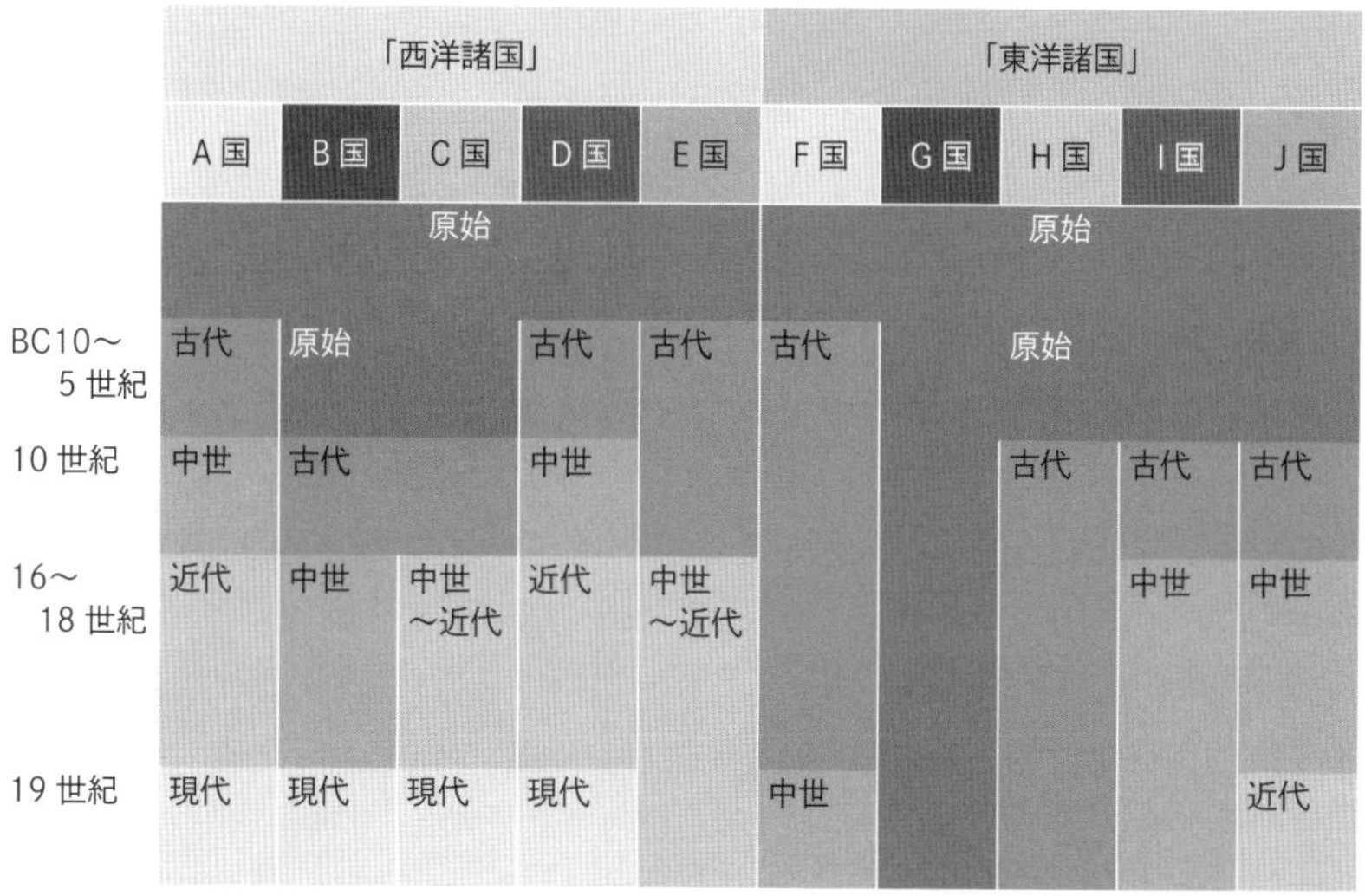

第二節　王朝時代西欧における歴史叙述——一七世紀以前

1．王朝時代の世界史

まず、長い王朝時代の世界史叙述の来歴について見てみよう。ヘロドトス（Herodotus［英語表記　以下同］BC四八四—四二五）の『歴史』九巻、ポリュビオス（Polybius BC二〇一—一二〇）の『歴史』四〇巻などが古代西欧（ギリシャ・ローマ）の歴史書としては著名であり、中国の二四史（『史記』『漢書』『後漢書』『三国志』『晋書』『宋書』『南斉書』『梁書』『陳書』『魏書』『北斉書』『周書』『隋書』『南史』『北史』『旧唐書』『唐書』『旧五代史』『新五代史』『宋史』『遼史』『金史』『元史』『明史』）については第二章でふれたとおりだ。中世西欧では、キリスト教（旧教）の普及に伴って、『（旧約・新約）聖書』やそれに基づいたアウグスティヌス（A. Augustinus 三五四—四三〇）『神の国』なども、聖書年代記に沿った歴史書と捉えることも可能である。重要なことは、これらの書物は、第二章でふれた王朝史の特徴をほぼ有しているということである。すなわち、王家やそれに関係した人びと、さらに諸王朝（都市国家）の戦争の歴史を中心に、「国境」が不分明な宗教的価値観に基づいた普遍主義的な書物だったということである。東アジア・中国の歴史書と違うとすれば、キリスト教的時間意識（天地創造［創世記］—終末［ヨハネ黙示録］が明確な線分的時間意識）や終末での救済思想が中世西欧・中東地域では影響力を有するようになっていくことだが、近代の時間意識（第一章参照）と異なっているという意味では、第二章でのべた東アジア・日本の王朝史と同様と見てよい。中華帝国の言語＝漢文体にそれぞれヘブライ語・ギリシャ語・ラテン語などが相当し、儒教・仏教に対してはギリシャ・ローマの宗教観やキリスト教（旧教）・イスラム教が相当するのは見やすいところだろう。なお、これらの歴史書、とりわけキリスト教系歴史書にはすでにアジア蔑視思想が胚胎していたという指摘もあり（ただし、この場合のアジアは現在の小アジア＝西南アジアと北アフリカを主として指している）、それは近代以降のオリエンタリズムの出発となったとする指摘もあるが（岡崎勝世『世界史とヨーロッパ』講談社、二〇〇三年）、（首肯しうる部分があるとはいえ）それらは自王朝（帝国）中心主義的思想で東アジアにおける中華思想と同様のものではなかったかとわたくしは考えている。

いずれにしても、これらの書物でとり扱われているのは、自王朝（帝国）とその周辺部だったとしても、当該期の世界・宇宙の全体であり、この意味では世界史を描いているといえなくもない。だが、そこでの世界とは、あくまで神の下にある世界であったことに注意しておきたい。

2.『旧約聖書』の世界史

ここでは『旧約聖書』を例にこの点に簡単にふれておきたい。まず**『旧約聖書』全三九書**は、ユダヤ王朝（ヘブライ王朝）とヤーヴェ神の関係を天地創世に遡って記した歴史書として読める。現在の歴史神学などでは、ダビデの確立した統一王国（BC一〇〇〇年頃）が分裂をへて最終的にバビロニア帝国によって滅亡させられ（BC五八七～五八六年）、多くのユダヤ人がバビロニアに移住させられた「バビロン捕囚」期に、それを反省的に捉えた祭司らによって『旧約聖書』の最初の部分（『創世記』『出エジプト記』『レビ記』『民数記』『申命記』、これらをモーゼ五書という）は編纂されたと考えられている。[2] 無論、伝承や記録の断簡などはそれ以前から存在していたとされるが、それらが書かれた言語であるヘブライ語の成立時期も考慮するとダビデ王以前に遡るものは少ないという。

また、『旧約聖書』の次の部分、「預言書」や「諸書」（詩歌や黙示文学など）もこの「バビロン捕囚」期からパレスチナに帰還して以後（BC五三九年）に徐々に編纂され、ギリシャ語への翻訳（七〇人訳といわれる）が始まった前三世紀頃にほぼ原型が定まったようだ。前置きが長くなったが、内容を見ると天地創造神話、大洪水とノアの箱舟の物語、バベルの塔と諸言語・諸「民族」の成立、ユダヤ人の祖とされるアブラハムとその子孫の物語、エジプトでの奴隷生活と「出エジプト」、モーゼと律法、ダビデ王とソロモン王、イスラエルの分裂と「バビロン捕囚」、預言者たちの警鐘（イザヤ、エレミヤなど）となっており、主題がヤーヴェ神とユダヤ人（王朝）との関係であることは明白である。そこに貫かれているのは、一言で天地万物を創造したヤーヴェ神の命に背くユダヤ人は罰を受け、反対にそれに従うならば救済と恩寵を受けるという考え方である。ちなみに、現代ではこれらの多くはユダヤ人を人間全体に置き換えた宗教的「正典」として読まれ、いわば超歴史的書物として位置づけられることとなるが（キリスト教やイスラム教）、元はユダヤ人の父祖物語・王権の来歴を語る王朝史の類いであったと考えられる。

3. キリスト教の世界史

ところで、紀元後になると、先にのべたように『聖書』は宗教的「正典」となっていくが、しかしながら長らく宇宙史・世界史の書物としてもとり扱われることとなる。たとえば、一七世紀まで強い影響力を有した**アウグスティヌス『神の国』**（四一三年—四二六年成立）は、この『聖書』は文字どおり世界史そのものであり、それはヤーヴェ神の計画の下に展開されていくものとされる（岩波文庫版全五冊、服部英次郎訳、一九八二～一九九一年）。大著である『神の国』の内容を簡単に紹介することはできないが、第一一巻～第一八巻（岩波文庫版では㈢㈣）では

「神の国」と並んで「人間の国」の来歴が、『旧約聖書』(およびローマ帝国でのキリスト教の実質的国教化〔三一三年〕に伴ってほぼ成立していた『新約聖書』)を引用しながら、次のように描きだされている。

七日間の天地創造(第一一巻、最終巻の第二二巻で「第一の時代」とアウグスティヌスは時代区分している)↓アダムとイヴの楽園追放(第一三・一四巻)↓大洪水とノアの箱舟(ここまでが「第二の時代」)、アブラハムと族長たち(第一五巻・第一六巻、「第三の時代」)↓ダビデ王とイスラエルの分裂(第一七巻、「第四の時代」)。

第一八巻は、これまでの小括が行われ「バビロン捕囚」とイエスの誕生へと向かっていく巻で(第五の時代)、『神の国』全体を俯瞰するのに好適な巻である。ちなみに、アウグスティヌスが生きた四世紀は、やがて「神の国」が実現に向かう「第六の時代」とされている。また、このアウグスティヌスの時代区分は中世を通じて西欧では長らく影響を与え続けていくこととなった。

以上、『(旧約)聖書』や『神の国』などについては、わたくしは専門家ではない。しかしながら、補論でものべるように、わたくしは牧師の息子として生まれ育ってきたこともあり、長らく『聖書』やキリスト教史関係書には関心を有してきたし、今も可能な限りキリスト教歴史神学の書物には親しむようにしている。何故なら、西欧地域でも近代歴史学成立以前には第二章でのべた王朝史が一種の普遍史として絶大な影響力を有しており、それに影響を与えたキリスト教思想について大要を知ることも近代歴史学の思惟様式・構造の歴史性を理解するためには重要だと考えているからである。

第三節　近代歴史学・世界史の成立

1．啓蒙主義時代の世界史叙述──一六〜一八世紀

西欧における歴史観・歴史叙述に深刻な動揺をもたらしたものが、一六世紀の大航海時代にもたらされた世界の「拡大」と一七世紀に開始された「科学革命」による時空観の革命であったことは、今日の通説である[3]。前者が球体としての地球の「発見」および実際の見聞に基づく世界像の「拡大」に寄与したことは、それまで西欧とその周辺部しか世界ではないと考えられてきた思惟に大きな変容をもたらした。とりわけ、西欧をも凌ぐ文明化を遂げていた中国、および聖書年代記と異なる（あるいは時間的にそれ以前にはるかに遡る）中国歴史書の存在、アメリカ大陸の「発見」などは、西欧中心主義にも大きな動揺を与えたといわれている（岡崎勝世『世界史とヨーロッパ』前掲）。

また、一七世紀西欧の「科学革命」の展開によって生じた人間観・世界観の変換も確かに歴史観に大きな変容をもたらした。力学的宇宙観、自然学的人間観、絶対時間の観念、進歩の観念などが「科学革命」によってもたらされ、一八世紀啓蒙主義の時代になると自然科学以外の領域にも徐々に影響を与えていくこととなる。歴史叙述に関していえば、進歩主義的発展史観、自然法則的人間観、直線的時間意識などが浸透し、それ以前のキリスト教系普遍史・年代記は大きな動揺にさらされることとなる。

もっとも、この時代には、依然としてキリスト教の影響力は強大であり、それは宗教改革によるプロテスタン

トの登場後においても基本的には揺らぐことはなかったといわれている。聖書中心主義を掲げるプロテスタントにおいても、それまでのギリシャ語版からヘブライ語版を基本に据え、それはさまざまな年代学に影響を与えたもののアウグスティヌスの枠組みは、なお継承されたと見ることができる。

2. 一九世紀歴史主義とランケ

近代歴史学が本格的に確立するのは、一九世紀の歴史主義（ロマン主義）の時代であった。それは資本主義・国民国家の成立・展開と相まって、**国民国家を単位とした過去の歴史的事象を有機体として捉え、その生成・発展・死滅の運動を、個性（個別）に注目しつつ実証的・科学的に認識しようとする歴史学**、すなわち近代歴史学の成立に帰結することとなる。そこでは、啓蒙主義時代に与えられた進歩主義的発展史観、自然法則的人間観、直線的時間意識などの認識も基本的に継承されているものの、歴史の担い手は個別の国民とされ、何よりも経験科学的に歴史学が捉えられたことが特色だった。また、一八五九年にダーウィン（C. Darwin 一八〇九―一八八九）の『種の起源』が出版され、進化論が登場するに及んで（スペンサーの社会進化論とも相まって）、近代歴史学の成立を「科学的」に後押ししたことも看過されないところである。

一九世紀の近代歴史学の典型的な確立者とされるのは、第三章でふれたリースの師レオポルト・フォン・ランケである。そこでは、第一に啓蒙主義時代までは存在していた歴史の実用的・教訓的性格が一掃され、歴史は「単にそれがいかにあったのかを示す」ものとされ、第二に「史料批判」に基づく「客観的事実」による歴史的事実の記述、そして第三に西欧の諸国民のみが歴史の担い手であり進歩の体現者であることが「実証的に示されている」という歴史主義＝近代歴史学が確立することになる。

3. ランケ『世界史概観』

以上の点を、ランケの『世界史概観』（鈴木成高ほか訳、岩波文庫、一九四一年、原著は一八五四年）から抜きだしておこう。

人生の事柄を識るためには二つの道があるだけである。一は哲学の道であり、一は歴史の道である。その他の道は存しない。……真の歴史家となるためには、私の考えるところによれば、一つの資格が必要である。**第一には個別にたいし、ただ個別自身のために、興味と悦びとを抱くということである**。……歴史家はまたその眼を普遍にむかってみひらいていなければならない。しかも彼はその普遍を、哲学者のようにあらかじめ考案するのではなく、個別を考察しているうちに、世界の一般的発展が歩んだ軌道がおのずから現前してくるであろう。……それゆえにわれわれの目標は、若干のひとびとが支配的とみなしたようなもろもろの概念にむけられるべきではなく、**歴史においてずばぬけた活躍を示した諸民族そのものにむけられなければならない**。……ひとが歴史を学ぶのは、決して学校のためではない。およそ人類の歴史の認識は、人類の共同財産であるべきであると同時に、わけても国民のために裨益することがあらねばならない。**われわれは国民に属するものであり、国民がなければわれわれの研究そのものも存しないからである**。

……ラテン風ゲルマン風民族の中に内在化された偉大なる史的発展の諸要素が存在する。彼等にはたしかに段階から段階へと発展する精神力が存在している。いなすべての歴史を通じて、人間精神がもついわば歴史力ともいうべきものがあることを否認することができない。それは原始時代に樹立せられ、ある恒常性をもってたえず継続している一つの運動である。しかるにこの世界史的な運動に参加するものは、人類全体の中において、わずかに一つの住民体系があるだけにすぎない。これにたいし、それに含まれないほかの住人が存在しているのである。しかもわれわれは、さらにこの歴史の運動に加わっている諸民族なるものが、また一般に不断に進歩しつつあるとみなすことができない。たとえばアジアに眼をむけてみよう。われわれはそこに文化が発生していたこと、またこの大陸がいくつかの文化段階をもっていたということを、知っている。しかるにそこでは、**歴史の動きは、全体としてむしろ退行的であった。**アジア文化においては、最古の時期がかえって全盛期であって、ギリシャ的要素やローマ的要素の盛期にあたる第二第三の時期には、すでにそれは大したものではなくなっていた。

ちなみに、ランケの『世界史概観』の目次は、以下のようになっている。

序説　出発点及び主要概念／第一節　ローマ帝国の諸基礎／第二節　ゲルマン人侵入およびアラビア人来征によるローマ帝国の変化／第三節　カロリング期およびドイツ帝政時代／第四節　教権時代／第五節　第五期／第六節　宗教改革および宗教戦争の時代／第七節　列強の成立発展の時代／第八節　革命の時代

見るごとく、それが世界史とされているにも拘わらず、ローマ帝国に淵源する西欧史のみが世界史とされていることが注目される。「序説」において、「ラテン風ゲルマン風民族」にのみ「進歩」を認め、アジアでは「退行」「まったく終末を告げた」としたランケにとってそれは何ら不思議なことではない。近代歴史学とは、その当初から実証主義とともに、この西欧中心主義が表裏の関係にあったことに注意したい。

4. グーチの要約

最後に、西欧史学史の名著といわれるG・グーチ(G. Gooch)『近代史学史(上下)』(林健太郎ほか訳、吉川弘文館、一九五五年、原著は一九一三年)が、ランケについてまとめている部分を紹介する。ランケがどのように位置づけられているのかが理解されるだろう。(4)

ランケの歴史への貢献は速やかに要約し得る。その第一は過去の研究を人間として出来る限り現在の感情から引離し、事物がいかにあったのか——Wie es eigentlich gewesen——を記述したことである。……彼の第二の貢献は歴史を厳密に同時代の史料の上に構成する必要を確立したことである。彼は記録を利用した最初の人間ではないが、それを正しく利用した最初の人間である。……第三に彼は、同時代のものであれその他のものであれ、典拠を筆者の気質、親近関係、それを知る機会に照して分析することによって、又他の筆者の証言と比較することによって、証拠に基づく科学の基礎を定めた。……近代ヨーロッパの歴史をより完全に知り得るものとし、その統一性を把握し、劇の指導的俳優を描いたことはランケの輝かしい名誉である。……彼は歴史におけるゲーテであり、ドイツの学問をヨーロッパに冠たらしめたものは彼であった。彼は今日に至るまで我々すべての師である。

注

(1)巻間で行われている世界史を批判し、「日本国民の生活感覚」から世界史を叙述しようとした先駆的業績として、冒頭に引用した上原専禄編『日本国民の世界史』（前掲）が挙げられよう。この書物は、高校世界史教科書として編まれたものだったが、文部省の検定で不合格となった。その理由を上原は「構造と内容」に関わるものと捉え、変改は不可能として敢えて一般書として世に問うたのである。今日の眼から見ると、違和感を覚える部分もあるが、西欧中心史観に替わる世界史を企図した、随所にトランスナショナルな視点が窺える、当時としては画期的な書だったといえる。なお、上原のこの教科書編輯に至る共同研究会などについては、吉田悟郎『世界史の方法』（青木書店、一九八三年）に詳しい。

（2）大貫隆『聖書の読み方』（岩波新書、二〇一〇年）、加藤隆『旧約聖書の誕生』（ちくま学芸文庫、二〇一一年）、長谷川修一『聖書考古学』（中公新書、二〇一三年）などを参照。

（3）以下の叙述については、岡崎勝世『世界史とヨーロッパ』（前掲）、秋田茂ほか編『「世界史」の世界史』（ミネルヴァ書房、二〇一六年）などを参照。

（4）なお、このグーチの説明は、そのまま日本史学史でも用いられることが多い。つまり、第三章でもふれたように、ランケの実証史学はリースを介して帝国大学に移植され、それが日本における学術的な歴史学の基礎をつくったと一般的には説明されてきたのである。だが、管見の限りでは、ランケの著書の多くは、なるほど史料考証（個別実証）を基礎としているものの、ヘーゲルないしヘーゲル左派に対する対抗も関係しているのか、グーチの言葉を借りれば、「近代ヨーロッパの統一性」というヨーロッパ的普遍への強い志向を有している。帝国大学国史科などでは、ランケを継ぐという意識があったことは否定できないものの（ランケ祭の存在など）、はたしてこのヘーゲル流の西欧像の色濃いランケはどのように受けとめられ、またそれはどの程度浸透していたのか、リースの役割も含めて興味深いところである。また、この後の久米邦武事件・喜田貞吉事件などの筆禍事件を見るならば、ランケ流実証主義だけでその後の日本のアカデミズム史学を説明することは到底できないだろう。なお検討すべき課題である。

第六章　マルクス主義歴史学

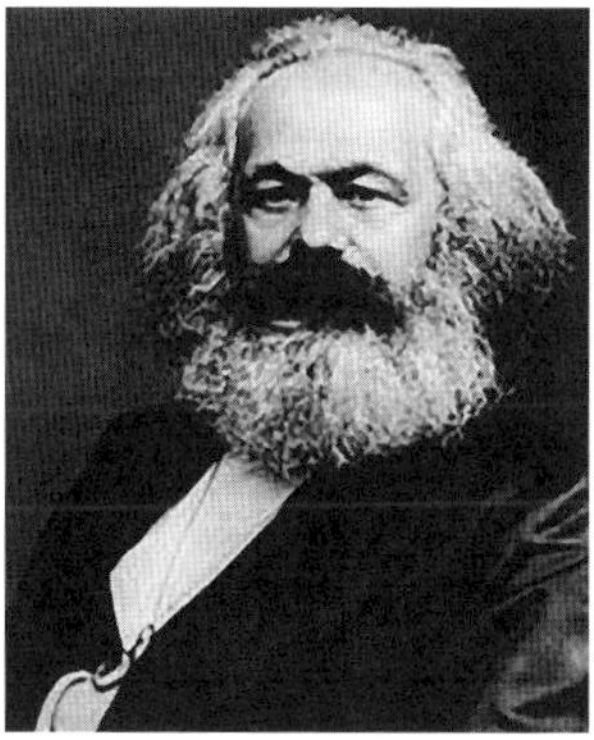

マルクス

社会の物質的生産諸力は、その発展がある段階にたっすると、いままでそれがそのなかで動いてきた既存の生産諸関係、あるいはその法的表現にすぎない所有諸関係と矛盾するようになる。これらの諸関係は、生産諸力の発展諸形態からその桎梏へと一変する。このとき社会革命の時代がはじまるのである（マルクス・エンゲルス『ドイツ・イデオロギー』一八四五～一八四六年成立）。

第一節　マルクス主義歴史学をとり上げる理由

さて、ざっと駆け足で（専門外とはいえ）一九世紀歴史学まで概略をたどってきたが、本章では二〇世紀以降の歴史学について紹介していきたい。二〇世紀にもっとも影響のあった歴史学といえば、何といってもマルクス主義歴史学を挙げなければならないとわたくしは考えている。

ところで、マルクス主義と聞くと、一九八九年の冷戦の終結と「東側陣営」（マルクス・レーニン主義を掲げた「共産主義」陣営）の崩壊に伴って、すでに「過去の思想」となってしまったと見られがちである。だが、以下の三点の理由から史学概論の世界史理解に不可欠なものだとわたくしは考えている。第一に、**二〇世紀以降の歴史学界において、もっとも強い影響力を有した思想の一つであった**こと。正確にいえば、歴史学に止まらず学問全体において、また実践的な政治イデオロギーとして、とりわけ二〇世紀に入ってマルクス主義ほど影響力を発揮した思想・イデオロギーはなかったといっても過言ではない。したがって、マルクス主義を「東側陣営」とのみ結びつけて捉えるのは正確ではない。マルクス主義は、「西側陣営」「第三世界」を含む全世界において、体系的な世界観・人間観として存在し、二〇世紀全体を通じて、世界史の捉え方としても大きな影響力を与え続けてきたといわなければならない。

第二に、二〇世紀後期になると、次章で言及するようにアナール派歴史学、ウォーラーステインの世界システム論、ポストモダン思想など、歴史理論上も無視しえない新しい動向が生まれてくるが、これらのほとんどがマルクス主義から強い影響を受けており、したがって**現代の歴史理論もマルクス主義に対するある程度の理解がな**

いとその特質が捉えられないことになる。無論、ここにはマルクス主義に対する反発や修正という面も含まれるが、いずれにしてもマルクス主義の影響を受けて生まれてきたという性格は否定できないだろう。

第三に、**マルクス主義は今も資本主義に対する批判理論としては、影響力を保持している**ことを挙げなければならない。冷戦終結後、グローバル資本主義が猛威を振るい、必ずしも新しい問題ではないとはいえ、「非正規雇用、格差、Working-Poor」といった言葉が世上を賑わし、このこともあって、アントニオ・ネグリ（A. Negri）らの『帝国』（水嶋一憲ほか訳、以文社、二〇〇三年、原著は二〇〇〇年）、トマ・ピケティ（T. Piketty）『二一世紀の資本』（山形浩生ほか訳、みすず書房、二〇一四年、原著は二〇一三年）、ヴォルフガング・シュトレーク（W. Streeck）『時間かせぎの資本主義』（鈴木直訳、みすず書房、二〇一六年、原著は二〇一三年）などが注目を集めている。とりわけ、ピケティの『二一世紀の資本』はマルクス『資本論』（後述）の「二一世紀版」といわれているが、これらのこともあって欧米などではマルクス主義が再度注目されているようだ。いずれにしても、マルクス主義は史学史上未だ無視できないばかりか、今後の世界を見とおす体系的な歴史理論の一つとして、その概要を理解しておくべきだとわたくしは考えている。

以下では、マルクス主義歴史学について、その概要を紹介していくが、あらかじめ断っておくならば、ここではマルクスの思想やマルクス主義そのものを検証することが目的ではない（それはわたくしの到底なしうるところではない）。あくまで、日本の歴史学界に影響力を有したマルクス主義はどのようなものであったのか、その理解の概要をわたくしなりに整理して紹介することに主眼が置かれている。いうまでもなく、全世界で大きな影響力を有してきたマルクス主義は、その内容も多岐にわたっており、イデオロギー的にも多くの対立や論争を生んできた（第一インターナショナル内の論争、第三インターナショナル＝コミンテルン内の論争、中ソ論争など）。また、日本においても一九二〇～三〇年代の講座派・労農派の論争（後述）、戦後の社会党・共産党・新左翼の諸理論や相互の論争・対立などもあった。だが、ここでは（個人的な見解はできるだけ抑制して）一九二〇年代から一九八〇年代まで歴史学界で大きな影響力を有したマルクス主義歴史理論に限って、その世界史理解の概要をのべるに止めたい[1]。また、わたくしの説明よりは理解を助けると考え、以下ではマルクス（K. Marx 一八一八―一八八三）・エンゲルス（F. Engels 一八二〇―一八九五）（以下「マルクスら」と表記する）の引用が多くなっているが、できれば直接マルクスらの著作にあたることを薦めたい。

第二節　マルクスらの歴史観（史的唯物論）

マルクスらの歴史観（史的唯物論）については、しばしば史学科では、マルクス・エンゲルスの初期の共著の一つ『ドイツ・イデオロギー』（一八四五年）[2]の一節が紹介されることが多かったので、最初にそれに従って史的唯物論の概要を見ていきたい（経済学部などでは、さしずめ主著たる『資本論』から言及されるのだろうが）。

歴史は二つの側面から考察され得、自然の歴史と人間の歴史へ分けられうる。しかし両側面は切り離すことはできない。人間が存在するかぎり、自然の歴史と人間の歴史は相互に制約し合う。……あらゆる人間歴史の第一の前提はいうまでもなく生きた人間的諸個体の現存である。……人間自身は彼らの生活手段を生産しはじめるやいなや動物とは別のものになりはじめる。……諸個体の何たるかは彼らの生産の物質的諸条件のいかんによってきまる……最初の歴史的行為はこれらの必要の充足のための諸手段の産出、物質的生活そのものの生産であり、しかもこれは……あらゆる歴史の一つの根本条件である。

つまり、人間の歴史は、自然の一部として、かつ自然への働きかけとしての「生産の物質的諸条件によって」動いてきたということだ。この前後では、ヘーゲルやヘーゲル左派などによる歴史の「宗教史的叙述」などが厳しく批判されていることからすると、ここでは自然から切り離された「人間なるもの」の主体的営み、ましてや神の営みとして歴史が捉えられることが拒否されていることに注目しておきたい。このことは、「そもそもの初めから人間相互間の一つの唯物論的つながり」によって歴史を捉えることを意味している。そして、この捉え方こそが史的唯物論のもっとも重要な特徴である。

こうした「物質的生活そのものの生産」のために、人間は家族さらに「増加した諸必要」に応じた社会的関係をつくりだし、さらに人口増加に応じた社会的関係や「一つの生産力」としての「幾人かの諸個人の協働」をつくりだす。このときに「われわれは人間が『意識』をもっていることを見いだす」。それは言語と不可分のもので、「言語は実践的な意識であり、他の人間たちにたいしても現存するところの、現実的な意識であり、そして言語は意識と同じく他の人間たちとの交通の必要、必須ということから成立する」。つまりは、「意識はそもそものはじめからすでに一つの社会的産物」であり、宗教やそれに基づく歴史書・歴史観は、すべて「現実的諸条件を捨象する顚倒」に陥っているというわけだ。

『ドイツ・イデオロギー』におけるマルクスらの結論部は、以下のようにのべている。

かくてこの**歴史観の基本は、現実的生産過程を、それも直接的生の物質的生産から出発しながら、展開し、この生産様式と連関しそれによって産出された交通形態、すなわち、さまざまな段階における市民社会を全歴史の基礎としてつかみ、そしてそれを国家としてのそれの行動において明らかにしてみせる**とともに、また宗教、哲学、道徳等々、意識のありとあらゆるさまざまな観想的な産物と形態を市民社会から釈きあかし、そしてそれらからのそれの成立過程を跡づけるところにあるのであり、その場合にはおのずから事柄もそれの全体性において明らかにされることができる。この歴史観はどの時代のうちにも観念論的史観がやるようになにか範疇のようなものを求めることはしないで、現実的な歴史地盤のうえにずっととどまりつづけ、実践を理念から説明することはせず、観念的形成物を物質的実践から説明する。

なお、ここでいう「生産様式」とは、特定の生産力に照応する生産関係（「交通形態」）の、生産力と生産関係の両者を包括する概念で、歴史はこの生産様式の変遷から説明され、かつ重要なことは社会変革（＝革命）も「思想の仕業」ではなく、「生産力の或る総量、或る歴史的につくられた対自然の関係と諸個人相互間の関係」（＝生産様式）が「土台をくつがえすに足るほどの強さ」に至っているときに実現されるとのべられていることである。

第三節　世界史の発展段階

では具体的に「そもそもの初めから人間相互間の一つの唯物論的つながり」として存在してきた世界史はどのように展開してきたのか。最初にしばしば引用される『経済学批判』（一八五九年）の序文を見てみよう（大内力ほか訳、岩波文庫版、一九五六年）。

人間は、その生活の社会的生産において、一定の、必然的な、かれらの意志から独立した諸関係を、つまりかれらの物質的生産諸力の一定の発展段階に対応する生産諸関係を、とりむすぶ。この生産諸関係の総体は社会の経済的機構を形づくっており、これが現実の土台となって、そのうえに、法律的、政治的上部構造がそびえたち、また、一定の社会的意識諸形態は、この現実に対応している。物質的生活の生産様式は、社会的、政治的、精神的生活諸過程一般を制約する。人間の意識がその存在を規定するのではなくて、逆に、人間の社会的存在がその意識を規定するのである。……一つの社会構成は、すべての生産諸力がそのなかではもう発展の余地がないほどに発展しないうちは崩壊することはけっしてなく、また新しいより高度な生産諸関係は、その物質的な存在諸条件が古い社会の胎内で孵化しおわるまでは、古いものにとってかわることはけっしてない。……大ざっぱにいって、**経済的社会構成が進歩してゆく段階として、アジア的、古代的、封建的、および近代ブルジョア的生産様式をあげることができる**。ブルジョア的生産諸関係は、社会的生産過程の敵対的な、といっても個人的な敵対の意味ではなく、諸個人の社会的生活諸条件から生じてくる敵対という意味での敵対的な、形態の最後のものである。しかし、**ブルジョア社会の胎内で発展しつつある生産諸力は、同時にこの敵対関係の解決のための物質的諸条件をもつくりだす。だからこの社会構成をもって、人間社会の前史はおわりをつげるのである**。

以下では、具体的な「経済的社会構成が進歩してゆく段階」について、ほかのマルクスらの著書も参照しつつ要点だけ整理しておこう。

1. 原始共産社会

上記の『経済学批判』序文には登場しないが、人類が発生した始源の段階について、エンゲルス『家族・私有財産および国家の起源』(戸原四郎訳、岩波文庫版、一九六五年。原著は一八八四年。以下『起源』)は次のように描きだしている。「生産は、本質的に共同の生産であり、同様に消費もまた、大小の共産制的共同体の内部で、生産物の直接的な分配のもとにおこなわれていた。この生産の共同性は、きわめて狭い限界の内部でおこなわれていたが、しかしそれは、その生産過程とその生産物とにたいする生産者たちの支配をともなっていた。彼らは、生産物がどうなるかを知っている。すなわち、彼らがそれを消費するのであって、それが彼らの手を離れることはない」。したがって、生産手段も共有で私有財産もほとんど存在せず、余剰、階級、国家も存在しなかった。付言するならば、『起源』は、その名のとおり家族の歴史が中心的テーマの一つとなっており、「血縁家族→プナルア家族→対偶婚家族→単婚家族」という家族の歴史が、生産様式および氏族・国家の歴史と関連づけられながら分析されている。今日では、エンゲルスの描いた家族の歴史にはさまざまな疑問が出されているようだが、古典的名著の一つであることには変わりはないと思う。

2. 第一段階としてのアジア的形態

生産力の向上、社会的分業の発生、規則的交換の進展とともに私的所有が増大し、個々の家父長制大家族によって個別的に行われる農業共同体が発展し、かくて階級・国家が発生して原始共産制は解体していくが、階級社会の初発の段階はアジア的形態といわれている。アジア的と名づけられ、かつ『資本主義的生産に先行する諸形態』(手島正毅訳、国民文庫版、一九六三年。原著は一八五八年。以下『諸形態』)などにおいて、具体的なアジア(インド・中国など)を舞台に「アジア的専制」「アジア的共同体」の詳細な検討が行われ、「アジアは都市と農村の差別なき一体の歴史」などとのべられていることもあって、この概念はアジアにのみ限定された「地域的な」生産形態なのか、それともアジアに典型的に見られたことに借りた便宜的名称で世界史の一般的発展段階と捉えるべきか、中国革命の進展とも相まって一九二〇年代以来マルクス主義者の間で激しい論争が行われることとなったが(「アジア的生産様式論争」)、ここでは歴史学界での大方の理解と考えられる後者としてとり扱う(3)。アジア的形態では、自然条件と灌漑農業の必要などから土地の共同所有、共同労働が支配的生産関係であり、神性を体現した大首長(「最高統一体」)が専制的・家父長的に支配し、奴隷のみならず多くの農民もその所有物として人格的奴隷状態に置かれ(『諸形態』では「東洋の全般的奴隷制」とよばれているが、芝原拓自は『所有と生産様式の歴史理論』[前掲]で「国家的奴隷制」と再定義した)、剰余生産物の一切は大首長および共同体に帰属した。マルクスは、この社会を私的所有が発生しにくい持続性の強い社会とした。

3. 第二段階としての(古典)古代的形態

次の発展段階とされているのが、ギリシャ・ローマを典型とする生産形態である。この名称もアジア的形態および次のゲルマン的形態と並んで、ギリシャ・ローマに限定的なものなのか、段階に対して便宜的に名づけられたのかが問題となるが、アジア的形態と同様に便宜的に名づけられた第二の発展段階と捉えておく。ここでの共同体成員は、分割地の私的所有を行うが、同時に共同体の土地所有も併存する「一筆の土地の占有者として、またその資格で共同体の一員として自分自身を再生産することが目的であるような」段階とされている。共同体の維持が主たる目的であるという意味では、アジア的形態を内在させている段階でもある（共同所有は土地所有の「本源的形態」とされる）。私的土地所有者たる成員は大家族の家父長としての小首長となるが、他の人びとは人格的奴隷状態に置かれており、「奴隷制は全生産の土台でありつづけた」（『起源』でエンゲルスはこれを「労働奴隷制」とよんだ）。『諸形態』によれば、「土地をその基礎とするのではなく、農耕者（土地所有者）の既成の定住地（中心地）としての都市」が基礎として想定され、また共同体間の衝突が激化することに伴い、共同体は軍事的に編制されていると指摘されている。

4．第三段階としてのゲルマン的形態

この概念も『経済学批判』には登場しないが、『諸形態』では三番目に位置づけられている。まさに封建制社会の入り口に到達した段階と考えられる。ゲルマン人の大移動に伴い、耕地が森林地帯に点在した自然条件とも相まって土地は共同体所有よりも個人所有が主流となり、各成員の個人所有は共同体を媒介としないで実現され、共同体は「血統、言語、共通の過去と歴史」「現実の集会のかたちだけ」に存在するようになった（『諸形態』）。共同体成員である土地の個人的所有者は自立的農民として成長し、家族住居が経済的単位となり、農業以外の手工業も副業として発展していく。この生産形態では奴隷制はもはや桎梏となり、むしろ奴隷を「解放」して小作料などの「経済外強制」（後述）による地代徴収などが採用されるようになっていく。封建制（農奴制）は目前まで来ている古代社会最後の段階と捉えられる。

5. 封建社会(農奴制社会)

ほぼ九～一一世紀頃、西欧では、領主が直接生産者である農民(農奴)を「経済外強制」に基づいて封建地代を徴収する封建制が発展していく(領主裁判権と武力を背景に、身分的支配と土地への縛りつけによって、強制的に地代を徴収することを「経済外強制」とよぶ)。ゲルマン的形態下での土地の個人的所有者や隷属農民は、この過程で位階的に結集した諸領主とその下に隷属する農奴に身分編制されていくこととなった。この背景には、もはや奴隷制が桎梏となるほどの土地の私的所有の拡大、人口の増大、生産力の拡大、商業的交換の発展にともなう副業の展開などがあった。ところで、封建地代は、賦役などの**労働地代**、**生産物地代**、**貨幣地代**と展開していくが、これがそのまま封建社会の確立・安定(展開)・解体に照合している(『資本論』第三部第六篇)[4]。労働地代は、賦役＝強制労働・剰余生産に基づく「最も簡単で最も本源的な地代形態」とされるが、徐々に農民(農奴)はその合間に農業生産力を発展させ、市場のための生産(家内工業)を行っていく可能性も存在する。次いで登場する生産物地代の場合は、「剰余労働は……もはや領主やその代理人の直接の監視や強制のもとで行われる必要はなくて、むしろ直接生産者は直接的強制に代わる諸関係の力に追い立てられ……自分自身の責任で剰余労働をしなければならない。……このような関係のなかでは、直接生産者は自分の全労働時間を多かれ少なかれ自由に使用することができる。……個々の直接的生産者たちの経済的状態のあいだのより大きな差異も現れる」と説明されている。貨幣地代は、生産物地代の「単なる形態転化」ではあるものの「今では彼の生産物の一部分は商品に転化させられなければならず、商品として生産されなければならない。そこで、生産様式全体の性格が多かれ少なかれ変えられる。……生産物地代の貨幣地代への転化は、商業や都市工業や商品生産一般が、したがってまた貨幣流通が、すでにかなりの発展をとげていることを前提とする。……（貨幣地代は）地代の最後の形態であると同時にその解消の形態でもある」。

6. 資本制社会

いうまでもなく、資本制社会は現代世界をほぼ覆い尽くした、自由な市場経済を基本とする、資本の支配の下での商品経済社会のことである。直接的生産者はその労働力を商品として販売し、その代価によって生活手段を全て商品として購入しなければならない[5]。そこでは、資本の下で営まれる生産活動において生産手段も商品として購入され、その生産物は全て商品として販売される。こうした社会ができあがるためには、自由な労働力と資本が前提となる[6]。マルクスはこの過程を「資本の本源的蓄積」とよび以下のように描きだしている。

貨幣も商品も最初から資本ではないのであって、……二つの非常に種類の違った種類の商品所持者が対面し接触しなければならない……その一方に立つのは、貨幣や生産手段や生活手段の所有者であって、彼らにとっては自分がもっている価値額を他人の労働力の買い入れによって増殖することこそが必要なのである。他方に立つのは、自由な労働者、つまり自分の労働力の売り手であり、したがってまた労働の売り手である。自由な労働者というのは、奴隷や農奴などのように彼ら自身が直接に生産手段の一部分であるのでもなければ、自営農民などの場合のように生産手段が彼らのものであるのでもなく、彼らは生産手段から自由であり離れており免れているという二重の意味で、そうなのである。

……直接生産者、労働者は、彼が土地に縛りつけられていて他人の農奴または隷農になっていることをやめてから、はじめて自分の一身を自由に処分できるようになった。……しかし、他面では、この新たに解放された人々は、彼らからすべての生産手段が奪い取られ、古い封建的な諸制度によって与えられていた彼らの生存の保証がことごとく奪い取られてしまってから、はじめて自分自身の売り手になる。……産業資本家たち、この新たな主権者たち自身としては、同職組合の手工業親方だけではなく、富の源泉を握っている封建領主をも駆逐しなければならなかった。……資本主義時代が始まるのは、やっと一六世紀からのことである。資本主義時代が出現するところでは、農奴制の廃止はとっくにすんでおり、中世の頂点をなす独立都市の存立もずっと以前から色あせてきているのである（以上『資本論』第一部第二四章23b）。

かくて**資本制社会は、労働力の商品化を前提に、資本が生産過程を商品関係により編制し支配する経済秩序をつくりだす**。資本の人格化としての資本家は、資本の所有者・代理人として資本の自己増殖のための活動、剰余労働の成果としての剰余価値を利潤として取得する活動を行っていく。だが、この資本制社会は、その無政府性、貨幣価値の不安定な動向、過剰生産、利潤率の低下などによって、定期的な恐慌をもたらし、相対的過剰人口や労働力に投じられる可変資本の不変資本（生産手段などに投じられる資本）に対する減少傾向によって、労働者は窮乏していくというのが（「窮乏化法則」）、マルクスの見通しであった。

7．資本制社会の最期

「窮乏化法則」などによって、マルクスはそう遠くないうちに資本主義は最期を迎えると考えていたようだ。マルクスは、その終焉過程を次のようにのべている。

いつでも一人の資本家が多くの資本家を打ち倒す。この集中、すなわち少数の資本家による多数の資本家の収奪と手を携えて、ますます大きくなる規模での労働過程の協業的形態、科学の意識的な技術的応用、土地の計画的利用、共同的にしか使えない労働手段への労働手段の転化、結合的社会的労働の生産手段としての使用によるすべての生産手段の節約、世界市場の網のなかへの世界各国民の組入れが発展し、したがってまた資本主義体制の国際的性格が発展する。この転化過程のいっさいの利益を横領し独占する大資本家の数が絶えず減ってゆくのにつれて、貧困、抑圧、隷属、堕落、搾取はますます増大してゆくが、しかしまた、絶えず膨張しながら**資本主義的生産過程そのものの機構によって訓練され結合され組織される労働者階級の反抗もまた増大してゆく**。資本独占は、それとともに開花しそれのもとで開花したこの生産様式の桎梏となる。生産手段の集中も労働の社会化も、それがその資本主義的な外皮とは調和できなくなる一点に到達する。そこで外皮は爆破される。資本主義的私有の最期を告げる鐘が鳴る（同前）。

つまり、独占資本主義の展開に伴い、「貧困、抑圧、隷属、堕落、搾取はますます増大し」「労働者階級の反抗も増大」することで、それは「爆破」されると考えたわけだ。

8．社会主義・共産主義社会

ロシア革命の指導者レーニン（V. Lenin）以後には、社会主義・共産主義はポスト資本制社会の過渡期・完成期を示す発展段階と捉えられるようになったが、マルクスは社会主義と共産主義を厳密に区分していなかったようだ。いずれにしてもその具体像が明確であったわけではない。だが、それはマルクスが某かの目標を提示するのではなく、現実の資本制社会の矛盾の揚棄から世界史の方向性を捉える思考法を採っていたことと関係しているのだろう。そんな中で、『共産党宣言』はやや具体的に次のような要求を掲げている（大内兵衛ほか訳、岩波文庫版、一九五一年、原著は一八四八年）。

土地所有の収奪、強度の累進税、相続権の廃止、反逆者などの財産の没収、国立銀行などへの信用の集中、運輸機関の国家への集中、国有工場、共同計画による土地の耕作化と改良、平等な労働、産業群の編成、農業と工業の経営の結合、公共的無償教育、児童労働の撤廃。

こののち「階級差別が消滅し、すべての生産が結合された個人の手に集中されると、公的権力は政治的性格を失い」、労働者階級も「階級としての自分自身の支配を廃止する」。

最後に『ドイツ・イデオロギー』の描く未来像を紹介しておこう。

共産主義が従来のあらゆる運動と異なるところは、それが従来のあらゆる生産関係と交通関係の基礎をくつがえし、あらゆる自然発生的前提をはじめて意識的に従来の人間たちの産物として取り扱い、それらの自然発生性を剥いで、一体となった諸個人の力に屈せしめるところにある。それゆえに共産主義の仕組みは本質的に経済的であり、この一体化の諸条件の物質的創出である。

第四節　マルクス主義と日本の歴史学

1．日本におけるマルクス主義歴史学の成立

日本におけるもっとも早いマルクス主義からの影響は、幸徳秋水『社会主義神髄』（一九〇三年）、片山潜『我社会主義』（一九〇三年）の刊行などから知ることができるが、本格的にその影響を拡大していくのはロシア革命（一九一七年）以後とするのが妥当であろう。堺利彦訳レーニン『ロシアの革命』（一九一七年）を始め、一九一八年以降にはマルクス、カウツキー、レーニン、トロツキーの著書が相次いで翻訳され、一九二六年には『レーニン著作集』が、一九二八年には『マルクス・エンゲルス全集』『スターリン・ブハーリン著作集』の刊行が開始された。一方で河上肇、山川均、福本和夫らによって『資本論』研究も本格化していく。また、佐野学によって日本資本主義研究が開始されたことも特筆されるが、ここでは措く。このほか、経済学分野におけるマルクス主義の影響、コミンテルンの成立とその日本支部としての日本共産党の成立（一九二二年）などのマルクス主義政治運動の展開と路線変転（山川イズムと福本イズムなど）も重要な動向だが、ここでは割愛する。以下では、北山茂夫が「敗戦前のマルクス主義史学のいわば究極的な達成であったし、戦後の今日にいたっても、史学はいうまでもなく諸社会科学の広い領域に最大の影響力を残している(7)」とのべた講座派マルクス主義の歴史理論について一瞥しておきたい。

2. 講座派マルクス主義

講座派とは、一九三二年から三三年に刊行された『日本資本主義発達史講座』（岩波書店、以下『講座』）に結集した研究者グループにちなんで名づけられたもので、その主導者野呂栄太郎など、一九二〇〜三〇年代の日本共産党の理論から強い影響を受けていた研究者グループを指す（服部之総、平野義太郎、山田盛太郎、風早八十二、小林良正、大塚金之助、羽仁五郎ら）。その主張は、『講座』所収の諸論文、野呂『日本資本主義発達史』（一九三〇年）、山田『日本資本主義分析』（一九三四年）、平野『日本資本主義社会の機構』（一九三四年）などから窺える。それらによれば、この学派は細部まで意見が一致していたわけではないが、**明治維新を直ちにブルジョア革命と規定することに反対し、近代日本社会における封建的残存を強調。ことに地主制を半封建的なものとして農業革命の必要性を説き、こうした半封建的な物質基盤に立つ近代天皇制の特質を絶対主義と見なす**点で共通していた。この主張はコミンテルンが作成した日本革命の綱領である二七年テーゼやことに三二年テーゼの見解と一致するものであり、講座派が必ずしもコミンテルンの見解にのみ左右されていたわけではないとしても、そこにコミンテルンの強力な指導力があったことは否定できない。

コミンテルン二七年テーゼは、一九二二年に創設された日本共産党が路線対立もあって解党的状況にあったことを克服するために提示されたものであったが、そこでは日本の国家権力は資本家のヘゲモニーの下での資本家・地主のブロック的権力と規定されていた。このため、明治維新＝ブルジョア革命論を唱えていた労農派とも対立は鮮明ではなかった。しかしながら、三二年テーゼは天皇制を絶対君主制と明確に定式化したため、ここにコミンテルンと労農派との分岐は鮮明になった。『講座』はこの三二年テーゼに先立って刊行が開始されていたが、三二年テーゼによって「御墨付」をうる形となり、山田の「軍事的半農奴制的資本主義」論、平野の「国家農奴制」論などの明治維新＝再編封建制論が相次いで提示されるに至った。当初は明治維新＝ブルジョア革命論に立っていた羽仁も、農民運動のブルジョア革命的性格を強調しつつも、下層士族による明治維新は「反革命的防塞」であったと自説を転回させた。服部は絶対主義内部でのブルジョア的発展を重視する立場であったが、三二年テーゼ以降は対外契機よりも国内における「厳密なる意味でのマニュファクチュア」の成立（厳マニュ論）を重視、それは明治維新＝ブルジョア革命論と接近する主張でもあったが、服部自身は「地主＝ブルジョア」論によってコミンテルンの主張との整合性を図った。こうした『講座』の主張に対して、猪俣津南雄や櫛田民蔵、向坂逸郎、土屋喬雄らの労農派は小作料のブルジョア地代的性格を強調するなどして激しく対立、無産政党の政治方針をめぐる対立や講座派側の労農派＝社会ファシスト論もあって、論争は激烈なものとなった。しかしながら、コム・アカデミー事件（一九三六年）や人民戦線事件（一九三七・三八年）などによって当事者のほとんどが逮捕され、論争はいわば権力の弾圧によって強圧的に封じ込められる形で終了せざるをえなかった。

3．野呂栄太郎と猪俣津南雄

ここでは、激しく論争した講座派を代表する野呂栄太郎と労農派の猪俣津南雄の論点を紹介しよう。野呂栄太郎は『日本資本主義発達史』において、「明治維新は、封建的土地領有関係を一応廃除せしめる変革ではあった」が、「地租改正は、封建的地代を廃止するものではなかった」とする。したがって、**明治国家は「絶対主義的専制国家」として、最高地主は高価な地租の収奪によって資本の「原始的蓄積」を敢行した**。「農民が彼の生産物を商品として生産し得る条件がないまま、産業家となる事態」となり、「解放されたのは、地主のみで、農耕者は依然として封建的小生産様式の下に存在」せしめられた。つまり、土地は地価を有した商品となり、農業生産物も商品となるのだが、小作料は封建的地代としての生産物地代のままで、地主は経済外強制によって小作農の全余剰価値を搾取する。地主は資本化された土地価格の利子として小作料を計算し、農作物を商品として投機の対象とする。かく蓄積された資本は、農業の資本主義的発達のために投下されず、それは資本主義的農業経営や市場の形成を促さなかった。かくて、急速かつ徹底した収奪とその再生産性を奪う構造によって、農地はますます細分化された零細な経営を軸とする地主制を生みだし、農業生産力が異常に低位なまま、狭隘な農業市場・原料市場を形成しているのが、天皇制を頂く日本資本主義の特質と捉えられている。

一方、猪俣津南雄は一九二七年に発表した「現代日本ブルジョアジーの政治的地位」において、現在の日本資本主義は独占段階に入っており、銀行資本の支配・カルテルの支配・寡頭金融支配の成立が見られるとする。とりわけ、帝国議会確立以降は、政治支配においても資本家階級の覇権が確立し、地主自体も貨幣資本家化していった。したがって、小作人も準プロレタリア化して、直接には資本家と敵対している。封建的絶対主義の残存は認められるものの、それは主としてイデオロギー的残存である。維新変革は、封建的絶対主義の物質的基盤たる封建的農業の土地制度を撤廃したものの、確かに日清戦争前は、資本家は反革命の鎮圧や新制度の急速なる整備のために専制政府や封建的絶対主義勢力を必要とし、日露戦争後にも、帝国主義の遂行のために封建的絶対主義との妥協が必要であった。だが、地主階級は政治的には資本家の従属下にあり、資本家は絶対主義勢力を変質させつつ、その金融独占資本化の道具として利用しており、当面の敵は、断じて封建的絶対主義勢力ではない。

これらの論争は、マルクス主義歴史学を日本に定着させる意味では、大きな役割を果したといってよい。だが、先にのべたように論争は権力の弾圧で封じ込められ、マルクス主義歴史学は学界からはほぼ完全に一掃されることとなる。以後の歴史学界では、防衛機制からか殊更に「没思想的」にならざるをえなかったアカデミズム史学と、いわゆる皇国史観が跋扈していくこととなった[8]。

4. 戦後の継承と転回

戦後直後、マルクス主義歴史学はかえって大きな影響力を有し、とりわけ講座派の議論は歴史学・政治学・経済学などの諸分野で一九七〇年頃まで、それが持続的パラダイムとなっていく[9]。のみならず、丸山真男の「超国家主義」としての近代天皇制論や、大塚久雄の「ヴェーバー的問題」の提起など戦後をリードする知識人にも、講座派の影響が及んでいたことはしばしば指摘されるところである。

また、戦時中にもマルクス主義的視点から行われていた歴史研究が、戦後に続々と刊行され始めたこともマルクス主義歴史学の影響を大きなものとした（藤間正大『日本古代国家』、石母田正『中世的世界の形成』、北山茂夫『奈良朝の政治と民衆』、松本新八郎『封建的土地所有の成立過程』、古島敏雄『近世日本農業の構造』、藤田五郎『日本近代産業の生成』、信夫清三郎『近代日本産業史序説』など）。ここでは、戦前に活動休止に追い込まれていたマルクス主義系学会ともいえる歴史学研究会の歩みによって、戦後歴史学へのマルクス主義の影響を簡単に見ておこう（厳密にはアカデミズム歴史学とマルクス主義歴史学の連合といわれてはいるが）。歴史学研究会は、一九四六年には再建大会を開催し、以下のような綱領を決定している。

第一　われわれは、科学的真理以外のどのような権威をもみとめないで、つねに、学問の完全な独立と研究の自由とを主張する。

第二　われわれは、歴史学の自由と発展とが、歴史学と人民との、正しいむすびつきのうちにのみあることを主張する。

第三　われわれは、国家的な民族的な、そのほかすべての古い偏見をうち破り、民主的な、世界史的な立場を主張する。

第四　われわれは、これまでの学問上の成果を正しくうけつぎ、これを一そう発展させ、科学的な歴史学の伝統をきづきあげようとする。

第五　われわれは、国の内外を問わず、すべての進歩的な学徒や団体と力を合わせ、祖国と人民との文化を高めようとする。

以後、月刊誌として『歴史学研究』が復刊され、「各社会構成における基本的矛盾について」を統一テーマとする大会を開催し（一九四九年）、それは後には『世界史の基本法則』（岩波書店、一九五一年）として刊行されている。以後の大会テーマは以下のとおり。

「国家権力の諸段階」（一九五〇年）、「歴史における民族の問題」（一九五一年）、「民族の文化について」（一九五二年）、「世界史におけるアジア」（一九五三年）、「歴史と現代」（一九五四年）、「歴史と民衆」（一九五五年）、「時代区分上の理論的諸問題」（一九五六年）、「戦後歴史学の方法的反省」（一九五七年）[10]。

歴史学研究会が統一テーマを掲げたのは一九五七年までであり、以後マルクス主義歴史学は一九八〇代までなお無視しえない影響力を誇っていたとはいえ（そして幾つかの重要な論争が行われたものの）、日本の高度成長とともに漸次衰退していったことは否定できない。キャロル・グラッグは次のようにのべることで、戦後歴史学およびマルクス主義歴史学を総括している。

戦後の進歩的歴史家は、理論的な枠組みと文献データと政治的コミットメントを結合し、ダイナミックな歴史学の領域を生み出した。……(だが)マルクス主義歴史学は概念的固定化の道をたどり、その結果、封建制や明治維新、絶対主義的天皇制などについての論争はどんどん不毛なものとなっていき、そしておそらくより重要なことには、戦後の理想がすり減っていくにつれて現実からずれていった。……進歩的歴史学は戦後の日本の学問上きわめて広い空間を占めていたがゆえに、「戦後歴史学の終焉」は大きな穴を残した。多すぎる個別研究、総合の欠如、少なすぎる政治、社会史の氾濫、そして知的ダイナミズムの欠落(『歴史で考える』梅﨑透訳、岩波書店、二〇〇七年)。

このほか、「戦後歴史学の流れのなかで育ち、その考え方を今日まで大切にしている」と自ら語っている**永原慶二**は、日本の近代歴史学全体を概観した『二〇世紀日本の歴史学』という史学史の好著を著している(吉川弘文館、二〇〇三年)。多岐にわたる戦後歴史学をここでのべることはできないので、この書の戦後部分の目次を紹介することで、その概要に替えさせて頂く。

現代歴史学の展開

一、「戦後歴史学」の発想(敗戦と歴史学・歴史教育/戦後歴史学の初花――石母田正『中世的世界の形成』と遠山茂樹『明治維新』/占領政策・戦後改革と講座派理論/「近代主義」の日本社会認識と歴史学/マルクス歴史学の社会構成体論と「移行」論/安良城盛昭の家父長的奴隷制社会論/人民闘争史の構想/実証主義歴史学との交流)

二、マルクス歴史学への批判のなかから（『昭和史』論争／「単線発展段階論」批判／「西欧モデルの近代」認識への批判／東アジア史・世界史のなかの日本史／「地方」・民俗・女性・少数者の視角／歴史における断絶と連続）

三、高度経済成長と日本史学の転換（実証主義歴史学の発展と変容／「日本近世史の自立」――朝尾直弘の提言／「近代化論」の登場と「日本文化論」「日本社会論」／家永三郎の教科書検定訴訟・日本歴史見直し論／民俗への目と異文化への目／色川大吉・鹿野政直の民衆思想史／安丸良夫の民衆史における通俗道徳論）

四、「近代」への批判と社会史研究（高度経済成長の終わりと「近代」批判／「社会史」の目指すもの／網野善彦の中世社会史像／「進歩」への懐疑と浪漫主義的傾斜／民族・社会・国家における「統合」の意味／都市史研究の新視角）

五、歴史の全体的把握を目指して（問題と方法の革新／生活史・技術史への関心／女性史研究の飛躍／身分制論・「卑賤」身分論／前近代の国家史・国家論／天皇・天皇制論の新段階／水林彪の国制史論／琉球・沖縄史と北方史／「日本国」の内と外）

以下省略。

この章の最初にのべたように、マルクス主義自体は今も資本主義に対する批判理論としては、一定の影響力を保持している。だが、歴史学に関していえば、その影響力はきわめて小さいものなってしまったといわざるをえない。なるほど、マルクス主義の影響も受けたその後の世界史理論（第七章）という視点で見るならば、その「遺伝子」は現代歴史学にも継承されているという見方もできる。だが、少なくとも、かつて学界を席巻した、『資本論』『諸形態』などで註が埋め尽くされていた論文・著書を今は見ることはほとんどない（全くない状態といってよいだろう）。また、マルクス主義歴史学が過剰なまでにそれを掲げていたこともあって、「科学的歴史学」「発展法則」「ウクラード」などという概念も、ほとんど死語となっていることも否定できない。

そして、確かにマルクス主義にも存在していた西欧中心史観、単線的発展史観、一国史的性格、経済還元論的傾向などは、現代の歴史理論から批判されてしかるべきものといえよう。

だが、それを行うためにも、恐らくは近代歴史学が確立して以降、特定のイデオロギーとしてはもっとも影響力を誇ったマルクス主義歴史学について、それを一九〜二〇世紀の歴史的存在として位置づけた上で、そのメタヒストリーを析出していく作業が、二一世紀の今こそなされなければならない。とりわけ日本では、一九九〇年以降に、こうした検証もなされないまま、マルクス主義歴史学があまりに素早く退潮していった状況をわたくしは目撃してきた。それによって現代の歴史学が、「多すぎる個別研究、総合の欠如、少なすぎる政治、社会史の氾濫、そして知的ダイナミズムの欠落」(キャロル・グラッグ)という事態を招いたことも。

この意味では、マルクス主義歴史学は、なお検証されるべき大きな課題をわれわれに残しているように思う。

注

(1) 以下、主として参照したものはマルクスらの著書のほかに、芝原拓自『所有と生産様式の歴史理論』(青木書店、一九七一年)、江口朴郎『歴史学とマルクス主義』(青木書店、一九七二年)など。これらを参照したのは、わたくしの修学当初の一九七〇年代、マルクス主義歴史学の入門書として多くの学生に薦められ読まれていたことに基づいている。

(2)『ドイツ・イデオロギー』は史的唯物論の誕生を告げる文献として著名だが、断簡の草稿として残されたもので、その編纂者によって内容・構造が異なることが指摘されてきた(廣松渉編訳『ドイツ・イデオロギー』河出書房新社、一九七四年)。だが、ここでは大学などでしばしば用いられてきた国民文庫版(真下信一訳、アドラツキー版、一九六五年)に敢えてよることとしたい。なお、『ドイツ・イデオロギー』も含めマルクスとエンゲルスの共著も数多く存在しているが、ここでは便宜上マルクスらの思想として統一している(マルクス、エンゲルスの思想を区分することなど、かつては想定されていなかった！）。

（3）このように理解するにしても、マルクスもヘーゲル同様に一九世紀当時のオリエンタリズムの影響を受けていたことは否定できない。小谷汪之『マルクスとアジア』（青木書店、一九七九年）、福冨正美『アジア的生産様式と国家的封建制』（創樹社、一九八一年）などを参照。

（4）『資本論』は『マルクス・エンゲルス全集』二三巻b（以下25bのように記す）（大内兵衛ほか監訳、大月書店、一九六七年、原著の第一部初版は一八六五年）による。いうまでもなくマルクスの主著であるが、第一部のみマルクスの生前に刊行され、第二部・第三部はエンゲルスがマルクス没後に草稿に基づいて編集したものである。以下の引用はとくに断らない限り全て大月書店版『資本論』である。

（5）直接的生産者の剰余労働と技術革新などによる必要労働の縮減により剰余価値が生みだされ（絶対的剰余価値と相対的剰余価値）、それを搾取することで資本が増殖していくことを示すことが、『資本論』の根本的主張の一つであるがここではふれない（「マルクスの基本定理」とよばれている）。

（6）資本制社会の生成過程については、戦後直後に大塚久雄がマルクスの本源的蓄積論とマックス・ヴェーバー（M. Weber）の理念型概念を結びつけ、商業資本などの「前期的資本」ではなく、イギリスなどの農村の「中産的生産者層」（ヨーマンなど）から産業資本が勃興してくる過程を巧みに描いて大きな反響をよんだ（『近代欧州経済史序説』［時潮社、一九四四年］など。大塚史学）。この「中産的生産者層」の発展が未成熟な日本などでは、「前期的資本」から産業資本が生成され、それが「資本主義ではあるけど……資本主義ではない」戦前期日本の特徴であったとする主張も含め、史学史上は重要な文献である。

（7）北山茂夫「日本近代史学の展開」『岩波講座日本歴史』別巻Ⅰ（岩波書店、一九六三年）を参照。

（8）史学史では、一九三〇年代以降の日本の歴史学については、マルクス主義歴史学以外に、第三章で紹介したアカデミズムを中心とした近代歴史学の潮流、および一九三〇年代から急速に台頭する国粋的ナショナリズム史学（皇国史観とよばれる）をとり上げるのが一般的である。前者については、黒板勝美や東大史料編纂所の歴史家などが、後者については平泉澄などが代表的にとり上げられることになる。これらについては、斉藤孝『昭和史学史ノート』（小学館、一九八四年）などの好著に譲り、ここではふれない。一つだけ付言するならば、マルクス主義歴史学も含めたこれら三潮流には、意外に類似点もあったということである。たとえば、すでに国民や国家を中心に歴史を捉えることは三潮流ともに自明化していること、さらにはめざす方向が相異しているにせよ、一九三〇年代を世界史的な画期と捉えていることなど。そして、これらの潮流は戦後も基本的には継承されていっていることを思えば、こうした類似点には近代歴史学が内在させている枠組みが鮮やかに刻印されているといえよう。このことについては、成田龍一『歴史学のスタイル』（校倉書房、二〇〇一年）を参照。

（9）とりわけ歴史学界では、講座派が圧倒的影響力を誇ったことは否定できないが、マルクス主義全体で見るならば、労農派も軽視できない。とりわけ、宇野派経済学は一時期マルクス主義経済学では大きな影響力を有していた。宇野派経済学とは、マルクス主義経済学者の宇野弘蔵が、日本資本主義論争における講座派と労農派の対立の止揚を試みるためにその基礎を打ち立てたもので、宇野は経済学の研究を原理論・段階論・現状分析という三つの段階に分けた。原理論は論理的に構成された純粋な形での資本主義経済の法則を解明し、段階論は資本の蓄積様式に注目して資本主義経済の歴史的な発展段階を把握し、現状分析では原理論や段階論の研究成果を前提として現実の資本主義経済を分析するものとした。この三段階論により、マルクスの『資本論』は原理論、レーニンの『帝国主義論』は段階論に属する著作として位置づけられ、資本主義経済が一九世紀の自由主義段階から二〇世紀の帝国主義段階に移行しても『資本論』は原理論としての有効性を失わないとされた。なお、次章で紹介する柄谷行人も、この宇野派から影響を受けている。

（10）これらについては、遠山茂樹『戦後の歴史学と歴史意識』（岩波書店、一九六八年）に詳しい。

●コラム②

「安丸良夫」[1]

1．日本思想史学という学術

現在も日本思想史学という学問分野に関わる研究者の数はさほど多くはない。だが、この学問分野に関わる研究者の研究来歴は、意外と多様なものであるように思う。試みに日本思想史学会の名簿を眺めてみても、恐らく「本流」と考えられる村岡典嗣が確立してきた文献学的な学風に連なる研究者のほかにも、和辻哲郎などの倫理学・日本倫理思想史の系譜にたつと思われる研究者、あるいは丸山真男以降の日本政治思想史の方法にたつ研究者、さらに歴史学・日本史学、宗教学・宗教思想史（仏教学・仏教思想史や神道学・神道思想史）、また教育学・教育思想史や日本民俗学の領域から日本思想史学に関わってきた研究者などが確認できよう。

　無論、研究来歴が多様であったとしても、それは日本思想史学という学問が全くバラバラに個別に展開されてきたということを意味しない。戦後の日本思想史学は、こうした多様な出自・方法にたつ研究者が、互いの動向に気を配りながら、実は戦後のそれぞれの時代性を映し出しつつ、意外と同じ「物語」を紡ぎだしてきたともいえる。換言するならば、どのような出自・方法にたとうが、そこには共時的に見て共通する問

題意識があり、何らかの共通する方法や性格が刻印されているのではないか、ということだ。

たとえば、マルクス主義や近代主義、あるいは「日本文化」論の問題、そして最近であれば国民国家論の問題などが、共通した問題意識を象徴するテーマとして立ち現れてくる。そして、それぞれの研究者において、扱う素材や各テーマに関する見解が相違するにしても、そうしたテーマをめぐる議論が、実は総体として同じ「物語」を紡ぎだす場合も多かったことに気づかされる。そのような「物語」としてあった近代主義やマルクス主義などが解体的危機に瀕し、一九世紀以降の〈学知〉自体の根底的検討が俎上に乗せられている現在、われわれはその共通する問題意識・方法・性格にこそ目を注ぎ、そこに醸しだされてきた「物語」を対自化する作業に迫られているのではないか。

こうした思いを漠然と抱いていたときに、まさにこうした作業を行う絶好の〈導きの書〉として本書が現れた。著者の安丸良夫氏は、いうまでもなく戦後日本史学の動向をリードしてきた代表的研究者の一人であり、日本近世思想史研究のなかに民衆思想史研究という新しいジャンルを構築してきた研究者である。その安丸氏が日本思想史学に方法的にどのように向き合ってきたのか、本書はその来歴を克明に語るものとなっている。安丸氏よりもかなり後にこの学問分野に関わった筆者としても、本書に収められた論文が初めて発表された時点での時代の雰囲気、学問方法の有していた性格などが、なつかしく思いだされる。無論、本書は単なる回顧の意味で一九六二年に遡る初出論文をそのままの姿で収めたのではない。表象として現れる歴史的「事実」、それを「解釈」する際に作用する現実世界の全体性、それと向き合う「私」という個の内面性の三者が紡ぎだす「物語」として歴史認識を捉える安丸氏は、それぞれの時代動向の中で、内面においてどのような問題意識が生まれ、その上で歴史的「事実」とどのように向き合い「解釈」してきたのかという「舞台裏」の問題について、それを正面から見据えた論考のみを敢えて集め、現段階における方法的検討の作業に供しようというのだ。その三者のありようを提示することは、それがいかに過去のものであったとしても、現在も同様な構造で歴史認識が行われているのであってみれば、そこに通時的なものがあるはずだという積極的主張が行われているのである。もっとも、この点に関して安丸氏自身は「三〇年以上にわたっておなじような問題のまわりをぐるぐる廻っていただけだ」と謙遜の語を添えるが、実はそこにも重い意味が込められているような気がしてならない。戦後を貫き、今も作用している問題に目を凝らせというメッセージがそこには存在しているのではないか。そうした意味で、一九六二年に遡る初出論文がそのままの姿でわれわれの前に突きつけられているように、わたくしには感じられる。

それにしても、自らの研究の節目節目でこのような方法論に関わる論考を積み上げてきた安丸氏には頭が下がる思いである。善かれ悪しかれ、日本思想史学の帰趨が根底から問われている現在にあって、こうした書物が刊行された意義はまことに大きいといわなければならない。今度こそ、真摯な方法的議論が行われればという切迫した思いが込められた書の登場である。

まず初めに本書の主要目次と初出年を掲げておく。「第Ⅰ部　方法への模索」は以下の九章からなる。「一、日本マルクス主義と歴史学（一九七九年）／二、方法規定としての思想史（一九八二年）／三、『明治精神史』の構想力（一九六五年）／四、「民衆思想史」の立場（一九七七年）／五、思想史研究の立場（一九七二年）／六、前近代の民衆像（一九八〇年）／七、民衆史の課題について（一九七七年）／八、史料に問われて（一九九二年）／九、文化の戦場としての民俗（一九八九年）」。続く「第Ⅱ部　状況への発言」は次の五章からなる。「一〇、日本史研究にもっと論争を！（一九九三年）／一一、歴史研究と現代日本との対話（一九九四年）／一二、日本の近代化についての帝国主義的歴史観（一九六二年）／一三、反動イデオロギーの現段階（一九六八年）／一四、近世思想史研究と教科書裁判（一九七三年）」。以下、紙幅の関係もあるので、第Ⅰ部を中心に筆者の析出した問題に応じて内容を紹介し、若干の私見をのべていくこととしたい。

2. 安丸良夫が格闘してきたもの

第I部を通読してみると、安丸氏の民衆思想史研究が主に四つの問題との格闘によって生みだされたものであることが理解される。第一は、戦後の歴史学・日本史学に絶大な影響力を誇った正統派マルクス主義（講座派マルクス主義）であり、第二は丸山真男氏の『日本政治思想史研究』（東京大学出版会、一九五二年）、そして第三は六〇年代から盛んになる近代化論、第四は色川大吉氏の民衆思想史研究である。もっとも、これら四者は安丸氏にとっては相互に密接に関連した問題であって、わたくしなりに一言でまとめるならば、思想を社会性との関連でどのように捉えるのか、という問題こそが安丸氏の格闘してきた最大の問題であったといえるのではなかろうか。正統派マルクス主義は、ことに戦後の社会経済史主導のそれは、この問題に対して「土台」に規定づけられた「上部構造」と応えたであろうし、極言するならば「土台」の解明で思想は二次的に説明できると応えたであろう。わたくしが、七〇年代後半に日本思想史学の研究を開始した当時においても、歴史学界では未だそのような雰囲気が漂っていたことが想起される。そうしたときに、わたくしには、本書の第四章（初出一九七七年、以下同）で展開されている安丸氏の（山之内靖氏に依拠しての）「現実の土台に対応するいわば日常的状態においてとらえられた『社会的意識諸形態』」という考え方（九五頁）は、大変魅力的なものであったし、「上部構造」たる「イデオロギー諸形態」と区分された領域に及ぶ思想史の構想は、大変斬新なものであった。安丸氏の『日本の近代化と民衆思想』（青木書店、一九七四年）で展開されたいわゆる「通俗道徳」論は、この領域を問題化したものであることも明らかであった。今から見ると、「土台―上部構造」論という問題など笑い種に過ぎないとする向きもあろうが、安丸氏よりはるか後進にあたるわたくしですら、それほど正統派マルクス主義のテーゼは思想史の前に立ちはだかっていた。それ以上に重要なことは、このテーゼとの格闘によって安丸氏は、実は現代歴史学に大きな影響力を有することになるアナール派歴史学やフーコーなどの掘り当てた「日常性」「日常意識」の問題を提示していたことである。アナール派やフーコーなどの構造主義の議論にも、無論マルクス主義の影響・格闘が窺えるが、マルクス主義の影響力が著しく低下した現在にあっても、いやそうであればこそ、この格闘は示唆的である。時代の流行思潮に便乗して、新たな方法(と映じる方法)のみを結論だけ盗用するやり方とは明確に異なった学問的姿勢が、そこには看取される。しかも、本書第一章(一九七九年)をあらためて読んでみて、実は安丸氏が日本のマルクス主義のもう一つの発展方向とでもいうべき、三木清のごとき認識論的展開を早くから見据えていたことを知った(三五頁以下)。正統派マルクス主義でマルクス主義全てを裁断するのではなく、その経済主義的・機械的理解とは異なったマルクス主義の方向を探ることに安丸氏の視点は定められていたのである。安丸氏の研究に、フランクフルト学派などの西欧マルクス主義と並んで宗教社会学やアナール派歴史学、あるいは最近ではフーコーの影響などが顕著に認められる背景には、思想(意識・イデオロギー)の問題を理論的に織り込んだマルクス主義の方法の模索があったと見られる。

思想を社会性との関連でどのように捉えるのかという問題は、安丸氏にとっては丸山真男批判とも密接に関わる問題であった。戦後の日本思想史学の研究者の例外にもれず、安丸氏も丸山氏の思惟構造論には多大の影響を受けたとのべている。第五章(一九七二年)にそのことは詳しく論じられているが、「狭い意味の政治イデオロギーの分析だけではなくて、人間としての存在構造の分析、人間の主体としての生き方の表現として思想をとらえる」点に丸山氏の方法の積極的意義を認めている(一一〇頁)。にも拘わらず「丸山氏は、独自に確保された分析の次元を再度『土台』にかかわらせようとはしなかった」（九頁）というのが、安丸氏の批判点である。別の言葉でいえば「支配イデオロギーの内在的分析が、それをつきくずしていく契機を措定しないまま行われてきた」ということであるが（一〇九頁）、いずれにしても思想を社会性との関連で捉えることにおいて不十分な丸山氏への批判と見ることができる。そしてここには、正統派マルクス主義に疑問を抱きつつも、やはりマルクス主義的方法に立脚しつつ丸山氏の成果に対せんとする安丸氏の姿勢があることは明白だろう。今日では、近代国民国家論からする丸山批判、近代を再生産してきた言説批判としての丸山批判が目につくが、丸山氏の支配イデオロギー論を、抽象的な構造論のレベルではない次元で再検討するためには、やはり「社会的意識諸形態」との関連を問う必要があるとする安丸氏の論点は、今も生彩を失っていないとわたくしは考える。

3．近代化論との対決

さて、六〇代の近代化論との対決が民衆思想史研究の登場の背景にはあることは、しばしば指摘されてきたとおりである。本書での近代化論批判は、主に第一二章（一九六二年）で行われている。この章を見るならば、「近代化＝産業化」論批判、その推進者としての武士エリート論批判が、安丸氏の民衆思想史研究の背景にあったことは首肯されてよいことだと思う。そして、ここにも再三のべてきたような、思想を一部のエリートに見る視点への批判が貫かれており、思想を社会性との関連で捉える安丸氏の方法は一貫している。だが、本書にこの一九六二年の論考がそのまま収められている意味はもっと重いところにあるようだ。この点は、安丸氏自身が次のように語る。「この小論も戦後日本の進歩主義が残した累々たる残屍の一片ということになろう。だが……近代化論が一方的に勝利すれば、それは人類にとってもっとも悲惨な結果をもたらすだろうと考える点では、いまの私もたいして変りばえしていない」と（二四三頁）。この安丸氏の現在からする補足説明の結論的部分には、わたくしも賛意を表する。ただ、あらためて、この章を読み返してみると、恐らく六〇年代当時のロストウ（W. Rostow）やライシャワー（E. Reischauer）の近代化論に対する批判には、現在の安丸氏がのべたような観点が明確になっていなかったことも明らかだろう。もっとも、このことをここであげつらっても意味はない。多くのかつての進歩的と自認してきたマルクス主義者が転向（?・）、あるいは沈黙するほどに、この四〇年弱の世界の変容は大きかったなかで、敢えて安丸氏がここで、この問題を問うていることが注目されるべきだろう。ポストモダンが叫ばれて久しいが、安丸氏のごとくに従前の議論の批判的検討の上でそれが提示されるべきだと本章は語りかけているのではなかろうか。

4．色川大吉『明治精神史』批判

ところで、安丸氏の民衆思想史研究の立場・方法は、色川大吉氏の『明治精神史』（黄河書房、一九六四年）の批判の部分において、より鮮明になっている。もっとも、安丸氏は、色川氏の研究がシェーマ的な理論に拘泥しているかに見えるマルクス主義歴史家の自由民権運動の叙述に痛烈な批判を投げかけ、「主体の体験のなかに生きている意味や価値の混沌とした生の姿態をとりだそうとする立場」（四九頁）にたった「ドラマや詩の領域に近づく」叙述（七三頁）を行って、「歴史を生きた人びとの内的体験についていきいきとした歴史叙述をし」たことについては高い評価を与えている（第二章［一九八二年］、第三章［一九六五年］）。だが、色川は「個人の体験の分析」においては優れていても、「思想史の全体像」を分析し、「社会イデオロギーとしての支配的思想や民衆意識を究明する方法」としては成功していないとし、その分析が「一種の現象論であり折衷論」であるとのべている（一一七頁以下）。恐らく、当時の安丸氏には、民衆思想史研究の「先達」である色川氏に対する遠慮があってやや遠回りな表現になったと推測するが、安丸氏には色川氏のごときマルクス主義からの「逸脱」が、思想の社会性との関連での分析からも「逸脱」していることに対する危惧が働いていたのであろう。

いずれにしても、安丸氏の「社会的意識諸形態」論としての民衆思想史という立場は、この色川氏の「個人の体験」のロマンティシズム的歴史叙述に対置して構築されたものであったことは、本書が明白に語っているとおりである。しかも今日の目から見ても興味深いのは、色川氏の議論が、叙述において新鮮なものであったとしても、こうした叙述が前提している枠組み自体は、旧態依然たる正統派マルクス主義の枠組みなのではないかという示唆がなされている点である（五一一頁以下）。その後の色川氏がマルクス主義自体に懐疑的な立場になったことも含めて（それは昨今では珍しいことではないが）、現段階において色川氏の『明治精神史』は方法的にはどのようなものであったと見るべきなのか、現在の安丸氏の見解が是非お聞きしたいところだと思った。

以上、安丸氏が格闘してきたと思われる四つの問題に限って紹介してみた。このほかにも、「自己抑圧的な規範」としてもあった「通俗道徳」論（一三八頁）について言及している第六章、マルクス主義が急速に影響力を衰退しつつある中での民衆史の役割についてのべている第七章、のちに『近代天皇像の形成』（岩波書店、一九九二年）に結実する構想が最初に（?）明らかにされた第九章など、ふれておきたい問題もあるが今は割愛する。この四つの問題は、戦後の日本思想史学全体の「物語」を考えるためには、どれも欠かせない問題であると、わたくしは思う。まとめるならば、マルクス主義、丸山政治思想史学、近代化論（日本文化論）、民衆思想史研究の登場ということになるが、最初に掲げたさまざまな学問領域においても、これらの問題をめぐって、一体どのような「物語」が紡ぎだされていたのか、丸山政治思想史学の問題を除いてはあまり議論がなされているとは思われないだけに、今後の検討が期待されるところである。

5．「社会的意識諸形態」論

本書は、これまでのべてきたところに明らかなように、正統派マルクス主義の影響が顕著であった歴史学・日本史学に身を置いてきた、優れた日本思想史学研究者による方法をめぐる格闘の書である。こうした格闘の末、安丸氏が到達した理論的立場は、「社会的意識諸形態」論としての「通俗道徳」論であり、その後の研究をも射程に入れるならば、「社会的意識諸形態」を先鋭に示す宗教意識や「民俗」の分析、その思想空間内部での争闘の分析であったことは周知のとおりである。さらに、最近の安丸氏の研究は、こうした争闘をへて形成される国民国家や国民の問題、あるいは国民意識の形成がどのような新たな排除・隠蔽・抑圧をもたらすのかという問題に向かっている。「社会的意識諸形態」論を宗教社会学や構造主義哲学などと突き合わせつつ練り上げられた強靱な理論的立場が、そこには表明されている。思想を社会性との関連で問う、という当初の姿勢は無論現在も貫かれていると見てよい。そして、マルクス主義が急速に衰退に向かっている現在なればこそ、そこで問われた問題の何を継承すべきかという思いも、最近の研究には込められているように思われる。本書の刊行も、その思いの現れとわたくしは見る。

本書を読みつつ、あらためて問題化したいと思ったのは、安丸氏の歴史認識の構図である。最初にのべたように、安丸氏は、「史料」に表象化された歴史的「事実」、自らが生きる現実世界の全体性、これと向き合う「私」という個の内面性の三者の次元の上に歴史認識が生まれるという。「はじめに」で記述されているのであれば、これは現在の安丸氏の見解と考えてよい。だが、こうした構図は、理解の容易さを助けるものであるにしても、やはり単純化からくる誤解を免れないように思う。いうまでもなく、これら三者の全てに「社会的意識諸形態」が「張られている」のであれば、われわれはそれら三者のそれぞれに「社会的意識諸形態」を析出する方法を有さなければならない。たとえば、「史料」のテクスト性の問題であるが、そのテクストを当該思想空間（「社会的意識諸形態」）内での外部的な言説として位置づける作業を、現在の思想史学は問うている。この作業を抜きに、直ちに現在の「私」が「解釈」する「内在的読み」を行う立場と、それは鋭く対立する方法を要請しているのである。色川氏の『明治精神史』は、こうした視点から見ると、まさに「内在的読み」が叙述と結合した最高傑作ということになるが、実はそれは六〇代の色川氏自身に宿っていた悲劇的ロマンティシズムの吐露であったということになる。民衆思想史研究には、しばしばこうした過剰な思い入れや、あらかじめ読み込まれた「物語」があるという批判（子安宣邦「民衆宗教観の転換」『思想』八一九号など）に応えるためには、民衆思想史研究は、その史料のテクスト性を分析する方法をもたなければならないと思う。あるいは、現実世界と「私」という個の内面性という構図も、古典的な〈主観・客観〉二元論という図式に基づいているものに見えてならない。正統派マルクス主義やスターリン主義などにも継承されてきたこの図式自体が、実は近代哲学の「社会的意識諸形態」のパラダイム自体であったことは、今日では明らかである。それは、容易に客観主義と実存主義の二極分解をもたらし、かくて思想史学の古典的対立（「下部構造還元」論と「実存的」思想史のそれ）に帰結することになりはしないだろうか。

わたくしは、「社会的意識諸形態」論には、こうした歴史認識のシェーマ化を解体する方法的立場であったと受けとめている。したがって、以上のことは安丸氏の議論で安丸氏を批判したようなバツの悪さもある。

恐らく安丸氏にはすでに折り込みずみの問題をのべているのかもしれない。いずれにしても、安丸氏の格闘に学びながら、そしてマルクス主義などをめぐる従前の議論を踏まえながら、思想史学の根底的な理論的検討を行うべきことを要請されているのは、むしろわれわれの側である。そのためにも、本書が一人でも多くの方々に読まれることを願ってやまない。

注

（1）安丸良夫『〈方法〉としての思想史』（校倉書房、一九九六年）に対するわたくしの書評（『日本思想史学』三〇号、日本思想史学会、一九九八年所載）。本書収録にあたり、小見出しを付した。安丸良夫は、民衆思想史研究のジャンルを確立した研究者。宗教思想のほか、近代天皇制、国家神道などにも多くの業績を残してきたことで著名だ。主な著書に、『日本の近代化と民衆思想』（青木書店、一九七四年、平凡社、一九九九年、平凡社ライブラリー、一九九九年）、『出口なお』（朝日新聞社、一九七七年、岩波現代文庫、二〇一三年）、『日本ナショナリズムの前夜』（朝日選書、一九七七年）、『神々の明治維新』（岩波新書、一九七九年）、『近代天皇像の形成』（岩波書店、一九九二年、岩波現代文庫、二〇〇七年）、『一揆・監獄・コスモロジー』（朝日新聞社、一九九九年）、『現代日本思想論』（岩波書店、二〇〇四年、岩波現代文庫、二〇一二年）、『戦後歴史学という経験』（岩波書店、二〇一六年）など。

第七章 現代の世界史理論

ウォーラーステイン

一国の経済を世界システムから離れて見ることができないように、国家もまた、世界システムを離れて単独で見ることはできない。近代国家は主権国家であるが、それは単独に一国内部であらわれたのではない。西ヨーロッパにおいて、主権国家は、相互に主権を承認することで成立するインターステート・システムの下で成立したのである。それを強いたのは世界＝経済である。だが、それはまた、ヨーロッパによる支配を通して、それ以外の世界に変容を強いた。旧世界＝帝国は、インカやアステカのように部族社会の緩やかな連合体である場合、部族社会に解体されて植民地化された。また、旧世界＝帝国の周辺にあった多くの部族社会はヨーロッパ諸国によって植民地化された。一方、旧世界＝帝国は簡単に植民地化されなかった。しかし、最終的に、オスマン帝国のように多くのネーション＝ステイトに分節された。それを免れたのは、ロシアや中国のように、社会主義革命によって、世界＝経済から離脱するような新たな世界システムを形成した場合である（柄谷行人『世界史の構造』岩波書店、二〇一〇年、岩波現代文庫、二〇一五年）。

この章では、近代歴史学、マルクス主義歴史学の展開を受け、それらと批判的に向き合ってきた二〇世紀の歴史理論の中で、わたくしがとくに重要と考えているアナール派歴史学と世界システム論を紹介しよう。両者ともに、とりわけ一国史の総合に帰結してしまった世界史像を強く批判し、国境を越えた世界の全体像を提示したことで、今に至るまで大きな影響力を有している。現在では、いずれも西欧中心主義的であったことが批判されているが、そのスケールの大きい視角や方法からは学ぶところも多いはずだ。なお、最後に最近の世界史理論に一石を投じた柄谷行人『世界史の構造』についてもふれていきたい。

第一節　アナール派歴史学[1]

1. リュシアン・フェーブルとマルク・ブロック

一九世紀に制度的に確立した近代歴史学が、国民単位の政治史や事件史、さらに事件に関わる個人が中心の年代記となり、やがて史料考証に基づく個別実証主義に陥っていることを全面的に批判して登場し、以後二〇世紀の歴史学・世界史理解に多大な影響を与えることになったのは、フランスを中心とするアナール派歴史学であった。アナールとは一九二九年に創刊された『社会経済史年報』の「年報」に由来する名称であるが、その中心となった歴史家が**リュシアン・フェーブル**（L. Febvre　主著として『大地と人類の進化』『十六世紀における不信仰の問題』など）と**マルク・ブロック**（M. Bloch　主著として『奇跡を行う王』『フランス農村史の基本性格』『封建社会』など）である。かれらは第一次世界大戦が西欧世界に甚大な被害をもたらしたことに衝撃を受け、既成の歴史学がそれを阻止しえなかったばかりか、むしろ化学（爆薬と毒ガス）と並んで戦争に積極的に荷担することになってしまったこと（ナショナリズムの鼓舞と弁明に貢献したこと）に強い危機感を懐いていたようだ。ここでは、マルク・ブロックが一九二八年に次のようにのべていたことを紹介しておく。

われわれが社会的事実を閉じこめようとしている、もはや古くさくなった地誌的仕切りを今や破壊すべき時だということである。……いつの時代であれ、社会的諸現象がその発展を、ひとしく同一の境界線――正確に言えば、政治的支配あるいは国家の境界線――で停止した、などということは今までどこでもおこったことがない（『比較史の方法』高橋清徳訳、講談社学術文庫、二〇一七年）。

それにも拘わらず、それまでの実証主義的歴史学は、事実を羅列的に確定し（専門分化と断片化）、それを年代順に並べて叙述する様式に陥ってしまい、かくてそれが国家さらにはナショナリズムに果たしている役割に無自覚的になってしまったのだ、とも。

かれらの専門分野は異なっていたものの、アナール派歴史学が当時の歴史学と異なっていたのは、何よりも現在に対する緊張感と（リュシアン・フェーブルは「歴史には現在の歴史しかない」と再三のべている）、それと関連しての歴史学の方法論に対する一貫した関心だった（『社会経済史年報』が書評を何よりも重視していたのはそのためだったといわれている）。とりわけ方法論の省察によって強調されるに至ったのは、（個別を重んじるドイツ近代歴史学とは対照的に）**「全体性」**であった。つまり、歴史は、生起しつつある「生きている」現在を規定づけるものであるが、それは地理的環境やその下で積み重ねられてきた生活など、長期にわたる持続的時間を刻む「全体性」から捉えられるべきものとされたのだ。「全体性」を分析するためには、政治を中心としてきた歴史史料のみならず、社会学、心理学、地理学、経済学なども積極的に援用される必要がある。また、(浅薄と捉えられた)国家・行政・制度よりも、**長期的に持続してきた社会(「人間の生」「生活」「環境」「風土」「情念」「心性」)を対象に、その社会の構造的連関が分析・比較されなければならない**。こうした方法に立った場合、それまでの「すっかり用意のできている」政治史中心の史料では全く不十分であり、かくてマルク・ブロックとリュシアン・フェーブルは新たな共同調査を次世代の歴史家も交えて次々と実施していく。そして、この共同調査もアナール派歴史学の特色となっていくのである。かれらの耕地制度に関わる共同調査の特徴について、ビュルギエール(A. Burguiere)は次のように紹介している(『叢書　アナール』I)。

(一)学際的な問いかけ。耕地制度の研究は、農業技術の歴史を農村社会の社会経済史に結びつける。また耕地制度の研究は田舎の歴史と地理とも結びつく。
(二)西欧という規模での地域的、国家的な対比を浮かび上がらせるために比較研究の見通しを立てること。
(三)書かれた痕跡と物質的な痕跡を組み合わせた新しいタイプの資料を探索することと、現在の形態の下に埋もれてしまった昔の形態を探り出す方法を検討すること。

ここには、過去の史料と現在の日常とを交錯させつつ、何よりも現在に蓄積されているものとして過去を捉え、それを全体化していこうとするアナール派歴史学の方法が鮮やかに示されている。最後にマルク・ブロック『封建社会』序説から一箇所だけ紹介しておこう(新村猛ほか訳、みすず書房、一九七三年、原著は一九三九年)。

ここで試みようと期しているのは、一つの社会構造の分析と説明、並びにこの両者の結びつきである。

……このように構想された研究の企ては広範囲にわたるもので、諸成果を別個に提示することが必要となった。第一巻では、まず**社会環境の一般的諸条件**を、ついで何にもまして封建的構造に固有の色調を与えたある個人と他の一個人との従属関係のあの諸紐帯を記述しよう。第二巻では、諸階級の発展と統治の組織とを専ら説明しよう。生きているものを料理することは常に難しい。少なくとも、古い諸階級が輪郭を鮮明にして行き、新しい階級すなわちブルジョアジーが独自性を確立し、公権力が長い衰微状態から脱却した時期は、西ヨーロッパ文明において最も特殊な意味で封建的な諸特徴が消滅し始めた時期でもあったので、……前者は発生に関する研究となり、後者は最終的状態と諸遺制に関する研究となるだろう。しかし、歴史家は全く自由な人ではない。過去について、過去自身が常に打明けようと望むものだけを知るにすぎないのである。……歴史書は、渇望を、すなわち、学ぶことへの、特に、探求することへの渇望を起させなければならない。

2. フェルナン・ブローデル

アナール派歴史学の第二世代といわれ、かつアナールの名を不動にしたといわれるのは、『地中海』『日常性の構造』『交換のはたらき』などで知られる**フェルナン・ブローデル**(F. Braudel)だ。とりわけ、一六・一七世紀の地中海世界を素材に、長期的に持続する時間、地理的な時間(環境の時間)を基に、「水の動き」としての集団の運命と全体の動き、「波立ち」としての事件(個人の時間)を描いた『地中海』は、グローバルな世界史叙述の幕開けを告げる名著として知られている。何よりも目次を見れば、その特徴の一端が分かるので、その目次を掲げておこう。

第一部　環境の役割　第一章　諸半島　山地、高原、平野〔(1)まず初めに山地　(2)高原、台地、丘陵　(3)平

野　(4)放牧あるいは遊牧生活　これはすでに二つの地中海である」　第二章　地中海の心臓部　海と沿岸地帯［(1)海岸　(2)大陸の沿岸地帯　(3)島］　第三章　地中海の境界、あるいは最大規模の地中海［(1)サハラ砂漠　地中海の第二の顔　(2)ヨーロッパと地中海　(3)大西洋］　第四章　自然の単位　気候と歴史［(1)気候の同質性　(2)季節　(3)気候は一六世紀以来変化したか］　第五章　人間の単位　交通路と都市、都市と交通路［(1)陸路と海路　(2)航海　積載量と経済情勢　(3)都市の諸機能　(4)時代の証人としての都市］

第二部　集団の運命と全体の動き　第一章　経済　この世紀の尺度［(1)第一の敵としての空間　(2)人間の数　(3)地中海型経済の「モデル」をつくることができるか？］　第二章　経済　貴金属、貨幣、物価［(1)地中海とスーダンの金　(2)アメリカ大陸の銀　(3)物価の上昇］　第三章　経済　商業と運輸［(1)胡椒貿易　(2)地中海小麦の均衡と危機　(3)商業と運輸　大西洋の帆船（Ⅰ一五五〇年以前　Ⅱ一五五〇年から一五七三年まで）］　第四章　帝国［(1)諸帝国の起源　(2)国家の資本の弱さ］　第五章　社会［(1)領主の反応　(2)ブルジョワ階級の裏切り　(3)窮乏と山賊行為］　第六章　文明［(1)諸文明の流動性と安定性　(2)文明の回復　(3)他のあらゆる文明に逆らう文明――ユダヤ人の運命　(4)外部の威光］　第七章　戦争の諸形態［(1)艦隊による戦争と要塞国境の戦争　(2)大戦争の補充形態としての海賊行為］　第八章　結論にかえて　変動局面および経済情勢

第三部　出来事、政治、人間　第一章　一五五〇年〜一五五九年。世界戦争の再開と終結［(1)戦争の始まり　(2)地中海の戦争と地中海外の戦争　(3)戦争の再発。決定はまたもや北からやって来た　(4)世紀半ばのスペイン］　第二章　トルコの覇権の最後の六年（一五五九〜一五六五年）［(1)トルコとの戦争、スペイン人の狂気？　(2)スペインの復興　(3)マルタ島、力試し（一五六四年五月一八日〜九月八日）］　第三章　神聖同盟の始まり、一五六六年〜一五七〇年［(1)オランダか地中海か？　(2)グラナダ戦争の転換期］　第四章　レパ

ントの海戦［(1)一五七一年一〇月七日の戦い　(2)一五七二年、悲劇的な年　(3)ヴェネツィアの「裏切り」と二回にわたるチェニス占領（一五七三〜一五七四年）］　第五章　スペイン・トルコ休戦協定（一五七八〜一五八四年）［(1)マルニアニの使命、一五七八〜一五八一年　(2)戦争は地中海の中心を見捨てる］　第六章　大きな歴史の外の地中海［(1)トルコの苦境と混乱　(2)フランスの内戦から反スペイン戦争まで（一五八九〜一五九八年）　(3)海上では戦争は起こらない］

結論

この中でも、とりわけ重要なのは第一部「環境の役割」だ。「ほとんど動かない歴史。……ゆっくりと流れ、ゆっくりと変化し、しばしば回帰が繰り返され、たえず循環しているような歴史」。これはブローデルによって「地理的歴史学」とよばれ、あらゆる歴史の地盤ともいうべき背景をなす。人間の歴史が実はこうした「ほとんど動かない歴史」としての地理・環境に規定づけられており、第二部「集団の運命と全体の動き」としての経済システム、国家、社会、文明が展開する第二層の時間（社会的時間）、数世代・数世紀単位で動く時間を深部から規定づけている。そして第三部で扱われる事件史（従来の歴史学でとり扱われているもの！）は、急展開はするがその分全く近視眼的な時間で動くもので（個人の時間）、それは第一部・第二部という層をなす異なる時間から捉えられるときに初めてその意義が捉えられるものであり、それ自体だけ見るならば、全く皮相的な理解にしかならないことになる。

この『地中海』はスケールの大きさ、周到に配置された時間、空間・環境の叙述など、一九四九年に公刊されるや、大きな反響を巻き起こした。環境決定論に陥っているといった批判もあったようだが、それまでの政治史・事件史・国民史を根底から批判する画期的な大著だとわたくしは考えている。『地中海』ならぬ『太平洋』あるいは『東シナ海』といった日本列島・諸島嶼・朝鮮半島・中国大陸を俯瞰した歴史書の登場はいつになるのか。ブローデルの『地中海』を読むたびに嘆息せざるをえない。

3. 第三世代

なお、（ピーター・バーク『フランス歴史学革命』に従い）第三世代といわれるアナール学派の現在については、列挙に止めておく。

エルネスト・ラブルース（E. Labrousse）『旧制度末期と大革命初期におけるフランス経済の危機』（数量史の勃興、長期的経済動向と短期的循環の解明、景況。マルクス主義的視点）

ピエール・グベール（P. Goubert）『ボーヴェとボーヴェ地方』（歴史人口学、人口史）

フィリップ・アリエス（P. Aries）『〈子供〉の誕生』（子供期という観念は近代が創作したもの）『死を前にした人間』（中世の死から近代の死へ、心性史の復活）

ジャック・ル・ゴフ（J. Goff）『煉獄の誕生』（死後の世界に関する表象の変遷をたどる）

ミシェル・ヴォヴェル（M. Vovelle）『バロック的敬虔と脱キリスト教化』（遺言の言葉づかいの数量化・統計化による集合表象の分析）

アンリ・ジャン・マルタン（A. Martin）『書物の出現』（書物取引と一般読者の数量史的研究）

ダニエル・ロッシュ（D. Roche）『パリの民衆』（死後目録などを分析し、民衆の日常生活にアプローチ、歴史人類学への関心）

エマニュアル・ル・ロワ・ラデュリー（E. Ladurie）『モンタイユー』（歴史的な共同体を人類学的に記述、微視的歴史学への接近）
ロジェ・シャルチェ（R. Chartier）『書物と読者』（客観的構造として仮定してきたものを、文化的に構成されたもの、構築されたものと把握。民衆的なものは「文化的産物の利用方法」の内に存在、流用と変形に着目）
モーリス・アギュロン（M. Agulhon）『村の共和国』（「謝肉祭」などでの社会的結合への注目、政治史と文化史の相互浸透）

第二節　ウォーラーステインの世界システム論

1．近代世界システム論

ブローデルの『地中海』およびマルクスからも影響を受けて、現代の資本主義世界成立の歴史過程を一六世紀以降の一体的世界史の展開から捉えたのが、ウォーラーステイン（I. Wallerstein）の世界システム論だ。(2) 一言でいうならば、一六世紀以降の世界を一つの構造体として捉え、中核部西欧における資本主義の（幾度かの収縮と拡大をへての）勃興と、「辺境・半辺境部」（ウォーラーステインの概念だが、以後括弧は省略する）における収奪・差別・格差が実は構造的には一体のものであり、前者は後者を伴うことで発展してきたと捉えたところに大きな特質がある。前近代までは、世界には複数の世界システムが存在していたが、それらは政治的にも統合された世界帝国の形態をとってきたことに対して、資本主義世界システムは政治的には統合されない世界経済の形態をとったためにコストもかからない柔軟な構造を有し、一六世紀以降現代まで持続・発展してきたと説かれている。この議論は、世界を資本主義に到達した「先進国」と未だ到達していない「遅れた諸国」に分割し、「遅れた諸国」は「先進国」を後ろから追いかけているという従来の世界史理解、発展段階論的な一国史の集合体としての世界史像を打破するものとして大きな反響を呼び起こした。

近代世界システムは、「長期の一六世紀」(ブローデルに倣った一四五〇年から一六四〇年)に「封建制の危機」に直面した西欧で誕生した。西欧を中核部とし、東ヨーロッパやラテンアメリカを辺境化・半辺境化してこのシステムは展開していく。当初は政治的統合もめざされて西欧内部では戦争が繰り返されたが(一六世紀)、やがてそれは挫折する。だが、政治的な統合を断念し、経済システムだけが世界化することによって、資本主義=近代世界システムはむしろ起動力を増していく。このシステムの吸引力によって、辺境化した地域ではそれに制約され、食料や原材料を生産する奴隷制・農奴制的労働はかえって固定され、収奪や差別が繰り返されることとなる。これらの諸地域が「遅れた諸国」さらには植民地となったのは、こうした作用によるものなのだ。一方、こうした辺境・半辺境部からの収奪・搾取によって、中核部では「自由な労働力」、賃金労働者に基づく資本主義を発展させていく。すなわち、資本主義とは、中核部の「資本・賃労働」のみならず、農奴制・奴隷制に依拠したままの辺境・半辺境部の様態とも一体のシステムとして登場し、かつ現代に至るまでこれらの植民地(「新植民地」)の「低開発」によって支えられているのである。著者自身の「理論的総括」から要点を抜きだしておこう。

これまでの世界システムといえるものには二種類しかなかった……すなわち、ひとつは世界帝国である。世界帝国にあっては、いかに実効的支配というには程遠かろうと、とにかくその領域全体にいちおう単一の政治システムが作用している。これに対して、もうひとつの世界システムでは、全空間(ないしほとんどの空間）を覆う単一の政治システムが欠落している。ほかに適当な言葉がないので、便宜上これを「世界経済」とよぶ。近代以前の「世界経済」はどれも構造的にきわめて不安定で、まもなく世界帝国に転化してしまうか、まったく分解してしまうか、いずれかの道を辿った。ひとつの「世界経済」が五〇〇年も生きながらえながら、世界帝国に転化しなかったというのは、まさに近代世界システムの特性であった。……「世界経済」がその内部に単一のではなく、多数の政治システムを含んでいたからこそ、資本主義は繁栄しえたのである。……「世界経済」は中核諸国家と辺境地域に分けられる。……さらに経済活動の複雑さ、国家機構の強弱、文化の統合度等々の点で、中核諸国と辺境の中間に位置するものとして、半辺境地域とでもいうべきものが考えられる。この範疇に属する地域のなかには、前の時代の「世界経済」では中核地域にあたっていたというところもある。逆に、もとは辺境だったのが、「世界経済」が拡大するにつれて地政学的環境が変化したために、昇格して半辺境の地位をえたところもある（『近代世界システム』原著第一巻）。

なお、ウォーラーステインの世界システムの中核諸国の中で、圧倒的なヘゲモニーを握るに至った国家として、重商主義に基づいて生産・流通・金融を支配した一七世紀のオランダ、一八世紀にフランスと覇を争って工業化によって優位にたった一九世紀のイギリス、そして二〇世紀のアメリカが挙げられている。こうしたヘゲモニー国家の出現によって、インド・西アフリカ・ロシア・トルコが辺境化されていくこととなる。(3)

2. アブー・ルゴトの『ヨーロッパ覇権以前』

ウォーラーステインの世界システム論の影響の上に、近代世界システムが成立する以前にも世界システムは存在したと主張したのが、アブー・ルゴト（A. Lughod）『ヨーロッパ覇権以前』（佐藤次高ほか訳、岩波書店、二〇〇一年、原著は一九八九年）である。（ウォーラーステイン同様の）西欧中心主義的傾向が未だ色濃く残っている感があるものの、近代以前の理解にも世界システム論が有効であることを示そうとした点は示唆的である。この書でルゴトは、一二五〇年から一三五〇年には八つの回路が世界システムを構成していたとのべている（一つはヨーロッパ・サブシステム。フランドルの商工業がシャンパーニュの大市を介して地中海と結ばれる第一の回路と、第二の回路である東方と結ばれた地中海世界。一つは中東心臓部。北方の道、バクダードとペルシア湾、カイロという三つの回路。一つはアジア。インド洋のシステムの三つの回路。ホルムズ、アデンからインドへ。インドからマラッカへ。マラッカから中国へ）。一三世紀世界システムの下では多様な文化、経済システムが共存・協力し「各地で次々と文化や芸術の成果が花開いた。旧世界のこれほど多くの地域で、文化の成熟が同時期に達成されたことはなかったにちがいない」とされている。

だが、これら世界システムの中で「一三世紀ヨーロッパは東洋の後塵を拝していた」とルゴトはのべ、やがて一六世紀には優位にたつことになった背景の考察を試みて、次のようにのべている。

> 一四世紀半ばに生じた最も重要なシステム変容のひとつは、人口の著しい減少であった。……腺ペストやその他の疫病の蔓延によってもたらされたものである。……一四世紀半ばまでには、チンギス・ハーンによって統合され、ついで多くの後継者に譲られた中央アジア帝国の、誰しもが認めるあの御しにくい統一は乱れてしまった。これは、海上ルートへの代替路を提供していた中央アジア・ルートを閉ざす結果をもたらした。……「東洋の没落」が「西洋の興隆」に先行したことは決定的な重要性を帯びている。ヨーロッパの征服を容易にしたのは、先行するシステムのこの退化であった。……一三世紀までに発達した巡回路や通商路は、

一連のヨーロッパ列強によって「征服」され、利用された。

第三節　柄谷行人『世界史の構造』

本章の最後に、マルクス主義、ウォーラーステインなどを援用しつつ、世界史全体を見通そうとした労作として、柄谷行人『世界史の構造』（前掲）にふれておきたい。

柄谷は、政治＝上部構造、経済（生産様式）＝下部構造とする従来のマルクス主義の図式的理解は、国家・ネーションなどを上部構造として棚上げし軽視することにつながったと批判する。経済さえ変革すれば、上部構造は自然に死滅していくという理解の誤りは、強力な国家・ネーションとともにあったソ連・東欧の帰趨が何よりもよく物語っているし、二一世紀を迎えた現在の資本主義が国家・ネーションと分かちがたく結びついて存立していることから明らかだ、とも。資本・国家・ネーションが三位一体の構造をなしていることを世界史の構造から説明すること、これが柄谷の掲げた課題である。

そのために柄谷が用いたのは、経済＝下部構造の視点は維持しつつ、マルクスがそれを生産様式の発展過程としたことに対して、それを交換様式の発展過程に置き換えるという方法である。ここで結論だけまとめていえば、交換様式としては互酬（贈与と返礼）、略奪と再分配（支配と保護）、商品交換（貨幣と商品）が歴史上存在してきた。これらは歴史過程の出発時点からすでに何らかのかたちで存在していたが、原始社会では互酬が、国家形成後の世界＝帝国（ウォーラーステイン）では略奪と再分配が、世界＝経済（同じくウォーラーステイン）では商品交換が圧倒的に優位な交換様式だった。そして、現代の世界は、商品交換が圧倒的に優位であるとはいえ、交換様式の互酬はネーションとして、交換様式の略奪と再分配は国家として継承されている、というのが柄谷の説明である。

ほかに幾つか興味深い柄谷の理解を紹介しておこう。(1)定住が農耕をもたらした。逆ではない。(2)氏族社会は互酬原理に基づくもので、それは階級・国家の発生を妨げるものだった。(3)国家の起源としての都市。とりわけ大規模灌漑を必要とする農耕は都市で開始された。共同体連合としての都市から国家へ。一つの国家が存在したとき、それと対峙した共同体は服属するか国家化せざるをえない。(4)アジア的専制国家は遅れているのではなく、むしろ先鋭に国家の成立・特質を示している。(5)国家は世界帝国内存在である。世界貨幣・国際法・世界宗教・世界言語を有した世界帝国。世界帝国の四類型(灌漑型・海洋型・遊牧民型・商人型)。(6)マルクスのいうアジア的形態は世界帝国の中枢、古典古代型は周辺、封建制は亜周辺(西欧と日本など)で展開。(7)宗教も交換様式である。互酬への回復運動は各時代に宗教として存在。普遍宗教は国家に浸透するとそれに吸収された。(8)世界帝国の亜周辺部で、市場経済が発展し、ついに帝国を否定した国家群=絶対主義国家が成立。市民革命によって国民国家が誕生すると曖昧にされた近代国家の性格は、むしろ絶対主義国家に鮮明に刻印されている。近代国家の本質はほかの国家への戦争体制(常備軍と官僚制)。資本と国家の結合(国債・銀行・インフラ整備・福祉……)(9)商業は古代から存在したが、共同体や国家に包摂された。それを突破した産業資本はいかにして可能となったのか。労働力商品の重要性(生産手段と経済外強制から自由な労働力、自ら生産し、消費者でもある存在)。イギリスは、その後進性故に、農村近郊でのマニュファクチュアの展開から産業資本が生成、ほかの諸国は国家が上から育成。(10)ネーションとは、資本=国家の支配の下で解体されつつあった共同体の交換様式の互酬を創造的に回復する形で現れたもの。絶対主義王権は世界帝国の世界貨幣・国際法・世界宗教・世界言語を解体し、その結果、ネーションに途を開いた。

以上は、無論わたくしの興味で抜きだしたもので、体系的に世界史の構造を論じる柄谷の論旨を損なってしまっているかもしれない。あるいは、柄谷の意図が、最終的に資本・国家・ネーションを、より高次のレベルで揚棄した未来（互酬が回復された世界共和国）への展望を、交換様式のレベルから切り開いていくことにあるとするならば、世界史の理論としてのみとり扱うことには、わたくしも躊躇を感じる（事実、柄谷は「私がここで書こうとするのは、歴史学者が扱うような世界史ではない」と明言している）。

だが、この章の最後で敢えて柄谷に言及したのは、『世界史の構造』では、二〇世紀までに影響を与えてきた世界史に関する諸理論が活用され、かつそれらの見直しや再検討の提言が随所に見られるからだ。今後の世界史理論を考える上では、大いに知的刺激を受ける一書であると思う(4)。

注

（1）アナール派歴史学に関しては、『叢書　アナール』Ⅰ（浜名優美監訳、藤原書店、二〇一〇年）所収のアンドレ・ビュルギエールの序文が、明快に解説している。ビュルギエールは現代のアナール派歴史学を代表する歴史家の一人だ。なお、アナール派歴史学については、このほかに以下の文献を参照した。阿部謹也『社会史とは何か』（筑摩書房、一九八九年）、増田四郎『社会史への道』（日本エディタースクール出版部、一九八一年）、二宮宏之『歴史学再考』（日本エディタースクール出版部、一九九四年）、ピーター・バーク『フランス歴史学革命』（大津真作訳、岩波書店、一九九二年）、ピーター・バーク編『ニュー・ヒストリーの現在』（人文書院、一九九六年）。

（2）『近代世界システム二分冊』（川北稔訳、名古屋大学出版会、一九九三年、原著第二巻［一九八〇年］の翻訳）、『近代世界システムⅠⅡ』（川北稔訳、岩波書店、一九八一年、原著第一巻［一九七四年］の翻訳）を参照した。

（3）なお、ウォーラーステインも影響を受けた理論の一つに、一九六〇年代後半にラテンアメリカの社会科学において登場したサミール・アミン（S. Amin）やアンドレ・フランク（A. Frank）らの従属理論が挙げられる。当時の世界で第三世界とよばれていた、いわゆる発展途上国が何故低開発のまま収奪されるのかを、当時の世界システムから説き明かし、その変革の方向性を探ろうとした実践的な理論として反響を巻き起こした。かれらは、世界システムとしての資本主義は生来的に独占性を有しており、周辺従属衛星地域の「経済余剰の収奪・領有」によってシステムの中枢部に発展をもたらし、同時に周辺部に低開発をもたらしたが、第三世界の貧困の起源は、一次産品供給の単位として世界システムに組み込まれた植民地の歴史にまで遡るとし、西欧中心型世界システムの発展と一対のプロセスとして非西欧世界の周辺経済化が進んだと論じた。植民地独立によって帝国の支配からは解放されても、単一栽培を強化するアグリビジネスや資源開発型多国籍企業の浸透により、同様の垂直的分業と収奪体制が維持されたと指摘し、低発展が構造化されたことをラテンアメリカの事例研究によって示した。このような「低開発の発展 development of underdevelopment」関係＝構造は、商業資本主義、産業資本主義、帝国主義という資本主義の発展段階上の変化にも拘わらず一貫して連続しているとした（アミン『帝国主義と不均等発展』北沢正雄訳、第三書館、一九八一年。フランク『世界資本主義と低開発』大崎正治ほか訳、柘植書房、一九七六年など参照）。ウォーラーステインの理論もこの従属理論から影響を受けていることが指摘されている。

（4）柄谷は、『世界史の構造』を上梓後、『帝国の構造』（前掲）を出版している。この書では、主として、アジアを中心とした旧帝国を対象に、『世界史の構造』の見地から分析しており、日本史に関しても興味深い論点が幾つか提示されている。とりわけ、モンゴル帝国を世界史的な折り目に位置づけ、ポストモンゴル帝国から近世の展開、世界＝帝国の衰退の様態を捉えていること、日本史は帝国の亜周辺という特質から捉えられることなどの指摘は大変示唆的である。

第八章

トランスナショナル・ヒストリーという視座

藤原惺窩

人類の歴史とりわけ近代世界体制の歴史は、一国を単位とするのを前提としてのみ理解されてきたし、それがまさしく近代歴史学の重要な属性であった。ところが、国家を乗り越え国家の間を横断できる視角を持たない限り、人類の歴史を正しく把握することはできない、という自覚から提起されたのがトランスナショナル・ヒストリーの試みである（尹海東「トランスナショナル・ヒストリーの可能性」『植民地がつくった近代』沈熙燦・原祐介訳、三元社、二〇一七年）。

この章では、近年にわかに注目を集めているグローバル・ヒストリー(トランスナショナル・ヒストリー)について考えてみたい。グローバル・ヒストリーとは、(論者によって定義はさまざまだが)「従来の世界史の多くが、自国や自文化の外延に『世界』を措定することによって成立しており、しばしばナショナルな枠組みや、あるいは近代においてヘゲモニックな地位にあった西洋中心主義的な枠組みをもっていたことへの批判」の上に、「人類の歴史を巨視的なパースペクティヴから、気候や自然条件などの環境や他の生物・生命体との関係から捉え」「多元的な視点、……ネットワーク論的な視点から地域、……モノとヒト、さらに情報などの交錯といった問題に着目」して登場した、現代の世界史叙述の新しい「枠組み」のことを指している(岡本充弘「グローバル・ヒストリーの可能性と問題点」『思想』一一二七号、二〇一八年)。すでに、妹尾達彦『グローバル・ヒストリー』(中央大学出版部、二〇一八年)などの優れた理論的教科書もあり、『シリーズ　グローバル・ヒストリー』といったシリーズも刊行されている(第一巻は羽田正が執筆、東大出版会、二〇一八年)。

だが、いうまでもなく、歴史をグローバルな視点から捉え叙述し直すためには、自らの専門的な分野(大方は一国史の枠組みに閉じ込められている場合が多いのだが)に加え、文字どおり同時代的・共時的事象への幅広い洞察も求められており、なかなか歴史叙述として結実していないのが実情だ。

したがって、ここではまずはその視角について、韓国の議論を中心に紹介し、その上で(第七章でのべた現代の世界史理論に加え)わたくしの専門の徳川思想史を素材として、それをグローバルに広げていく方途を探ってみたい。なお、グローバル・ヒストリー(全球史・地球史)は、管見の限りではこの概念に関するもっとも一般的な呼称のようだが、ほかにもワールド・ヒストリーなどとよばれている。だが、わたくしは敢えてトランスナショナル・ヒストリーという概念を用いることにする。というのも、最初に紹介する韓国の尹海東がこの概念を積極的に用いていることに加え、グローバル・ヒストリーやワールド・ヒストリーという概念では(元来の意図は別のものであったとしても）どうしても付着しがちな国民史の総合という誤解を回避し、今やさまざまの国民国家に分岐したものの、かつては共有されていた共時的構造から帝国＝領域の歴史にアプローチし、近代に至る互換的歴史構造を捉える概念として、トランスナショナル・ヒストリーはきわめて有効な概念であると思われるからだ。ここでいうトランスとは、across（横断）、beyond（超）、through（通）といった意味を包括する接頭語であり、「トランスナショナルという用語は、横断国家的、超国家的、通国家的という意味を含んでいる」（尹海東『植民地がつくった近代』前掲）。したがって、トランスナショナル・ヒストリーとは、「横断国家的・超国家的・通国家的」歴史のことであり、一国史批判としての意味合いがより鮮明になると思われる。[1]

第一節　トランスナショナル・ヒストリーとは何か

1．韓国からの問題提起

先にのべたように、トランスナショナル・ヒストリーについて、わたくしが今もっとも注目しているのが、韓国近現代史研究者の**尹海東**がのべている議論である。尹自身の説明を以下に掲げる。

人類の歴史、とりわけ近代世界体制の歴史は、一国を単位とするのを前提としてのみ理解されてきたが、それはまさしく近代歴史学の重要な属性でもあった。ところが、国家を乗り越え、国家のあいだを横断し貫通しうる視角をもたないかぎり人類の歴史を正しく把握することはできない、という自覚から提起されたのが「トランスナショナル・ヒストリー」のこころみである。要するに「トランスナショナル・ヒストリー」とは、一国史を乗り越えようとする代案的な歴史として提起されたのである。……地球史（＝トランスナショナル・ヒストリー）には、次のような問題意識がふくまれていると思われる。第一に、ヨーロッパ中心主義を乗り越えようとするこころみ、第二に、中心に対する周縁の問題提起、第三に、国史（national history）の二分法的な視座を乗り越えようとするこころみ、第四に、地域史（regional history）の閉鎖性に対する懸念である。地球史は、近代歴史学の基礎である一国史を乗り越え、ヨーロッパ中心主義を克服し、周縁とマイノリティーを中心に、全地球的な次元から歴史を新たに理解しようとする問題意識をふくんでいるといえる。さらに、人間中心の歴史を相対化することにより、生態史的な問題意識を強化させる点においても地球史研究の意義を高く評価がすることができるだろう。トランスナショナル・ヒストリーが地球史の問題意識と混在して使用される場合もあるが、……トランスナショナル・ヒストリーは、ナショナルな状況を乗り越えたり横断したりするが、ナショナルな状況そのものを無視することはない[2]。

具体的な歴史学的実践の困難性を措くとすれば、概念に関わってはきわめて明快な説明でこれ以上付け加える必要はない。尹はこの概念を具体的には帝国日本の植民地支配の時代を捉える視座として提示しているが、尹の問題提起は無論近現代史に止まるものではない。

2．豊臣秀吉朝鮮侵略に関するトランスナショナルな研究の登場

事実、こうしたトランスナショナルな視点からの新しい東アジア研究が、韓国において前近代史研究において

も開始されている。たとえば、豊臣秀吉の朝鮮侵略に関わって、近年韓国では従来の視点とは全く異なる新しい研究が登場している（鄭杜熙・李璟珣編『壬申戦争』金文子監訳、小幡倫裕訳、明石書店、二〇〇八年）。秀吉の朝鮮侵略（文禄・慶長の役）は、韓国では「壬辰倭乱」「丁酉倭乱」として文字どおり帝国日本の侵略に先んじる日本国（場合によっては日本人）の歴史的暴力性（野蛮性）を証明する事態として捉えられてきた。つまり、韓国では過去の「遠い」事件として捉えられていないことは無論のこと、それを近代日本と結びつけて捉える見方が長い間支配的であったのである（この意味では植民地支配の問題以上に日韓間の認識差の大きい事件といえよう）。だが、鄭杜熙、李璟珣ら東アジア戦争史研究会のメンバーは、この朝鮮侵略を敢えて「壬辰戦争」とよび、それを一六世紀末の東アジアの動乱、女真族（のちの満州族＝清）の台頭にも象徴される東アジア秩序の大きな動乱の中に位置づけようとしている。とりわけ注目されるのは金翰奎の研究で（「壬辰倭乱の国際的環境」）、それによれば「一〇世紀初めに伝統国家が消滅するまで、一〇世紀以後の東アジア世界では遼東で出現した一連の統合国家が東アジア世界秩序を主導」したと捉えられ、明代に遼東に「力の空白状態」が発生したことこそが、女真族や秀吉らがそこに侵入してくる事態を生みだした背景とされている。まさしく、秀吉の侵略を日韓関係という二国間関係のみの事件として捉えない、「国家の境界を越えて東アジアの国際舞台の中で新たに省察」するトランスナショナルな研究が登場してきたと受けとめられよう。

このように、トランスナショナル・ヒストリーは、かつてはむしろ民族主義的一国歴史学が圧倒的影響力を誇っていた韓国から主として発信されている感がある。それは何故なのか。さまざまな要因が考えられるが、わたくしとしては現代に続く植民地支配の「清算」（ポストコロニアル問題）に関わる一九九〇年代後半以降の議論から、日韓二国間関係に止まらない視点が提示され、それをめぐって激しい論争が起きていることに注目している。すなわち、ポストモダニズム研究、アナール派歴史学を始めとする新しい歴史方法論が一九九〇年代以降に韓国でも顕著となり、ことに「植民地近代」「近代性」に関しては日韓二国関係に止まらない問題が次々と提示されるようになったことが、韓国歴史学の状況を劇的に変えていくこととなったのである（庵逧由香「植民地期朝鮮史像をめぐって」『歴史学研究』八六八号、二〇一〇年）。こうした動向に対して、われわれはどのように応えていくべきなのか。国民史からトランスナショナル・ヒストリーへという課題は、理論的作業に止まらず、こうした実践的課題と関わらせて初めて意義を有するものだという点が重要である。韓国（朝鮮）の人びと、さらには中国、東アジアの人びとと歴史学（思想史学）を媒介として共同の研究活動を発展させていくためにこそ、トランスナショナル・ヒストリーへの転換は緊要かつ必至の課題として突きつけられている問題なのである。このことは、銘記しておかなければならない。

すなわち、帝国日本の崩壊後（朝鮮の植民地支配からの解放後）、すでに七〇年以上が経過しているにも拘わらず、植民地支配が朝鮮半島の人びとに残した傷は現在に至るまで未だ癒えることなく、多くの負の遺産が積み残されたままであることは、きわめて深刻に受けとめられなければならない。のみならず、こうした事態と真摯に向き合うことなく、むしろ植民地支配についてそれに開き直る発言が日本国内で繰り返されてきたことは、歴史学（思想史学）に身を置いてきた者としては、まことに憂慮すべき事態であるといわなければならない。こうした事態と向き合い、韓国、および朝鮮半島全体の人びとと真摯な学問的応答関係を築いていくためにも、トランスナショナル・ヒストリーという視座は重要なのである。次節では、未だ模索段階にあるとはいえ、徳川思想史を中心に、韓国学界との共同研究を射程に入れての問題提起を行っていきたい。

第二節　「鎖国」日本像からの脱却と近世帝国論

1.「鎖国」日本像からの脱却

日本史を東アジアに「開いていく」試みは、（近現代史は無論のこと）古代史・中世史研究においてはこれまでも何度か行われてきた[3]。この意味では、それがもっとも阻まれていたのが、「鎖国」像にたった徳川日本史研究の分野であったといえる。だが、朝尾直弘、荒野泰典、藤田覚、ロナルド・トビ（R. Toby）、池内敏らの政治史・外交史研究の進展によって、一九九〇年代以降ようやくにして徳川日本の「鎖国」像的理解は打破されつつあるといってよい[4]。もっとも、このことに関わっては、「鎖国」がたとえば志筑忠雄（一七六〇―一八〇六）が一八〇一年にケンペル（E. Kaempfer 一六五一―一七一六）『日本史』の抄訳において用いた概念であることが明らかにされた、いわば一つのエピソードとしてのみ理解し、あるいは徳川幕府が一八世紀以降に用いた「海禁」という用語への転換として、つまり「鎖国」的実態を所与のものとしつつ「海禁」という用語に単にスライドする問題として受けとめる傾向も依然として強いようである。しかしながら、端的にいって「鎖国」像で徳川日本を捉えることの問題性は、何よりも近代世界システム（世界＝経済）（第七章で紹介したウォーラーステインの概念だ）に統合されて以降の、西欧からする日本像で徳川日本を理解してしまう問題である。つまり、近代日本の脱亜的なまなざしで徳川日本を捉えることで、中華帝国（東アジア文明圏）の周縁・外縁に存在していた徳川日本の国際性が後景に退き、もっぱらオランダ・イギリス・ポルトガル・スペインなど西欧との関係において「閉ざされた」徳川日本の一国性・孤立性が語られてしまうことが問題なのである。

しかも、そのことが自然に定着する上では、近代国史学（国史教育）が大きく預かってきたことも明らかである。すなわち、近代日本における国史学が、経験科学としてのドイツ歴史学の影響下で成立したことは第三章でのべたとおりだが、近代実証主義という「無思想」的に見える方法（それをそのように見たのは、正確には戦後の歴史学者とすべきだが）を学問的方法として採用した時期に、国民史（民族史）、社会進化論的発展史観に基づく時期区分、西欧中心史観（オリエンタリズム）、さらには政治史的事件を中心に制度・社会・経済・文化・風俗などを記述する様式が同時に「密輸」されたことが、徳川日本の「鎖国」像を決定的なものとしたのであった。一国思想史学としての日本思想史学確立の立役者の一人といえる和辻哲郎の『鎖国』（一九五〇年刊）が、長い間定説の位置を占めてきたことも、この意味では偶然とはいえない。

2．山下範久の近世帝国論

いずれにしても、近年の「鎖国」日本像からの脱却とは、こうした近代国史学のまさに脱亜的歴史像を相対化・対自化する上で、さらには先にのべたトランスナショナルな徳川日本の捉え返しの上で重要な意味を有するものなのだといえよう。「鎖国」日本像からの脱却を考える上で、わたくしが有効な提言の一つと考えているものとして、山下範久の近世帝国論がある（『世界システム論で読む日本』講談社メチエ、二〇〇三年）。ウォーラーステインの「世界＝帝国から資本主義世界・経済」へと見通されている近代世界システムの形成過程を、単線的な西欧中心史観にほかならないと批判する山下は、「長期の一六世紀」の後半期以降に世界的な**近世帝国**（ヨーロッパ、ロシア帝国、オスマン帝国、ムガール帝国、清帝国）の時代という段階を設定している。すなわち、一三～一五世紀のグローバルな規模での帝国の収縮・解体をへた後に、一六世紀の前半期、一般的には「大航海時代」として知られる空間的拡大の時代をへて、一六世紀の後半期にはそれらを管理・制度化する段階、「世界＝帝国と世界・経済の中間的過渡的段階」＝近世帝国を挿入すべきだとしている。そこでは、「（かつての）帝国は、各地域で空間秩序の凝集の求心力として作用し、理念的な『世界』がパラレルに形成されることとなった」。いわば、実態的というよりも理念的な帝国の求心性を共有しつつも、域内ではその求心力の普遍性を争う在地性が登場し、帝国的＝在地的ダブルスタンダードが確立するのが近世帝国であったということとなる。山下自身の説明を以下に掲げる。

「長期の一六世紀」の後半期においては、交通空間の整理と序列化が進んで、抽象的な次元での「中華」理念を共有しつつ、実態的なレベルでは、それぞれに地域的な普遍性の中心としての求心力を追求する諸王朝間の相互依存的（ないしは共謀的）緊張関係が、交通関係を域内で閉じさせる傾向を生ぜしめた。

山下の近世帝国論は、現在の近世東アジア史研究がのべるところとも概ね合致しているように思われる。たとえば、岸本美緒は、一六世紀前後の変動期から一七・一八世紀は、「全世界的にみていくつかの大きな特徴を共有する時期である」とし、内陸アジア史家ジョセフ・フレッチャー（J. Fletcher）の議論に従ってその共時的特徴を、「**(1)人口の増加、(2)歴史的テンポの加速化、(3)経済活動の中心としての『地方』都市の成長、(4)都市商業階層の勃興、(5)宗教の再興と宣教活動、(6)農村の騒擾、(7)遊牧民の没落**」にあるとしている。そして、この時代を「今日にも繋がる国家の地理的・民族的枠組をつくり出した」画期として、「それぞれの国の特徴をもつ制度や慣行の成立が、近代ナショナリズムとは違う形であれ、他国との対比における自意識の強化を伴」い、「華夷観の多元化」

とも交錯しながら、いわばのちの近代が克服の対象とした「伝統社会」が形成された時代なのだ、としている。徳川日本に関しても、その統一政権の成立をこうした「多文化状況への危機感と表裏して進行していった」ものと捉えられており、東アジアから東南アジアに至る広域圏の動態と共時的に捉える視座を提示している（「東アジア・東南アジア伝統社会の形成」『岩波講座世界歴史⑬』岩波書店、一九九八年）。この岸本の指摘は、山下のいう「近世帝国」概念と符合するものであり、両者はトランスナショナル・ヒストリーを考える上でも多くの示唆に富んだ指摘であると、わたくしは考えている。

第三節　トランスナショナルな思想史のために

1．丸山真男『日本政治思想史研究』

徳川思想史（あるいは明清思想史、朝鮮思想史）の世界は、こうした近世帝国の共時的世界性を鮮明かつ理念的に提示するものとして、あらためて再検討されるべきだろう。無論、理念がとり扱われる思想世界では、必ずしも実態と相即的に事態は進展せず、たとえば一五世紀までの明の冊封体制の隆盛が実態的な明中華主義を体現していたとするならば、それが朱子学的理念として受容されていくのは、ことに「東辺」の徳川日本ではむしろ一七世紀前半期であったとしなければならない。だが、実はテクスト上に世界像を記述する思想家＝知識人においてこそ、既述した「鎖国」像とは大きく異なった（トランスナショナルな）「生きられた世界」が顕著に認められることは、もっと留意されてもよいことがらだろう。このように考えると、徳川思想史研究は、トランスナショナル・ヒストリーの可能性を考えるためには、きわめて有効な立ち位置にある。以下では、この点について簡単に紹介していこう。

戦後の徳川思想史研究において圧倒的な影響力を誇ってきたのは、丸山真男『日本政治思想史研究』であった(コラム③参照)。一言でその研究を、中世自然法から近代的思惟へという展開過程を、徳川思想史に即して内在的に描きだすものであったとするならば、確かにその近代主義、さらには(丸山自身も自己批判した)脱亜性は明らかである。この点は、姜尚中が「地政学的な言説は明らかに、〈西洋〉という仮想された中心との比較によって同質的な〈他者〉としてのアジアを表象し、同時に西洋的な秩序観念に適合した日本の国民文化的な特質を他のアジアとの比較によって浮かび上がらせようとする二重の操作を意味している」とのべ(「丸山真男における〈国家理性〉の問題」『歴史学研究』七〇一号、一九九七年)、子安宣邦が「公・私の分岐による私的内面的領域の自由なり、作為的な国家観の確立という『世界史的な課題』をもった『近代』についてのストーリーが読みこまれて、徂徠による『解体』の作業は『分解過程』とみなされ、かくて『思想史』的叙述がそこに成立するということになる」とのべているとおりである(『「事件」としての徂徠学』前掲、コラム①も参照のこと)。そして、ヘーゲルを引用しての「持続の帝国」としての中国観をはじめ、「われわれは欧州の中世から近世にかけての哲学史において、後期スコラ哲学の演じた役割を想起する」「朱子学はほぼ純粋かつ全面的にゲマインシャフト的思惟を具備している……」とする議論については、井上哲次郎以来の戦前期日本思想史学の「作法」が見事に継承されていることは、第四章で指摘した。

だが、丸山が徳川思想史という一国思想史に主たる関心を寄せていたことは間違いないとしても、朱子学的思惟が「儒教という本来的に実用的な性格を担った思想が持ちえた空前にして恐らく絶後の大規模な理論体系」としての共時的な東アジア世界=近世帝国の思惟であったことはやはり認められていた。つまり、たとえ丸山の立場が西欧中心主義的な立場であったとしても、そこで前提とされている東アジア全域で共有されていた朱子学・儒教的思惟という設定自体は、もう一度見直されてよいように思われる。

2．藤原惺窩と姜沆

たとえば、丸山は朱子学の一般的理解を「道学的合理主義、リゴリズムを内包せる自然主義、連続的思惟、静的＝観照的傾向」とした上で、「朱子の言説の忠実な紹介以上に一歩も出ていない」と評した藤原惺窩（一五六一―一六一九）。そこでは、東アジア的思惟の単純な「紹介者」として惺窩が位置づけられているに過ぎないが、それは惺窩の明・朝鮮・安南への「文化力」（近世帝国＝中華世界の）共時的世界に対する強い信頼として捉え直されるべきだろう。たとえば、惺窩の次の言が注目される（『日本思想大系㉘』岩波書店、一九七五年）。

五方ノ皆殊ナラザル所以ハ、コノ性ナル者カ。コレニ由リテコレヲ見レバ、則チソノ同ジカラザル者ハ、タダ衣服言語ノ末ナルノミ（「致書安南国代人」）。

異域ノ我ガ国ニオケルハ、風俗言語異ナリトイヘドモ、ソノ天賦ノ理ハ、未ダ嘗テ同ジカラズンバアラズ（「舟中規約」）。

理ノアルコト、天ノ幬ハザルナキガ如ク、地ノ載セザル無キニ似タリ。コノ邦モマタ然リ。朝鮮モマタ然リ。安南モマタ然リ。中国モマタ然リ。東海ノ東、西海ノ西、コノ言ハ合ヒ、コノ理ハ同ジ。南北モマタ然ルガ如シ。コレ豈至公至大至正至明ニアラズヤ（「羅山先生文集」中の「惺窩答問」）。

これらには「性」「天賦ノ理」の普遍性に対する揺るぎない惺窩の確信がみなぎっている。そして、豊臣秀吉の朝鮮侵略の俘虜人として来日した姜沆（一五六七―一六一八）に対して「惜シイカナ。吾レ大唐ニ生ル能ハズシテ、又朝鮮ニ生ヲ得ズ、日本ノ此ノ時ニ生トハ」（『看羊録』一六五六年刊）とのべ、弟子の林羅山（一五八三―一六五七）に対して「ああ、中国に生れず、またこの邦の上世に生れずして当世に生る。時に遇はずと謂ふべし」とのべたと伝えられているように（「羅山先生文集」）、惺窩は、近世帝国の文化的中心（中華）と映じた中国・朝鮮に強く惹かれていた。逆に、姜沆が惺窩を高く評価したのも、この点に関わってであった(5)。

共時性という点からすれば、姜沆にも言及しておきたい。姜沆は、一六世紀末から一七世紀初頭期にかけての朝鮮王朝の高名な朱子学者であった。畿湖学派（西人派）の重鎮である成渾（一五三五―一五九八）に師事したが、畿湖学派は李栗谷（一五三六―一五八四、現在の韓国の五千ウォン札の肖像）の流れをくむ一派で、一六世紀後半には李退渓（一五〇一―一五七〇、現在の韓国の千ウォン札の肖像）の流れをくむ嶺南学派（東人派）と対立していた。朝鮮王朝では一六世紀前半に文人集団である士林派は王朝内部の実権掌握に成功し、朱子学は朝鮮王朝の体制教学としての地位を確立するに至ったが、それと同時に政治路線をめぐる党争が激化しており、畿湖学派と嶺南学派の対立はその最初のものであった（李泰鎮『朝鮮王朝社会と儒教』六反田豊訳、法政大学出版局、二〇〇〇年）。成渾に関していえば、学派内部で李栗谷と六年間に及ぶ理気をめぐる論争をしており（「四七理気論争」）、李栗谷の「気発理乗」とする主気的立場に対しては、主理的立場であった（裵宗鎬『韓国儒学史』川原秀城訳、知泉書館、二〇〇七年）。やや専門的思想史に深入りしすぎたが、徳川日本の知識人が「東辺」から接した朱子学とは、闇斎学派と嶺南学派の関係（阿部吉雄『日本朱子学と朝鮮』東京大学出版会、一九六五年）だけではなく、惺窩と姜沆以来、徳川時代の知識人にとっては、ごく常識的に共時的なものと捉えられていたのである。

3. 明清王朝交替と東アジアの思想史

ところで、近世帝国とは、理念的な「帝国」の求心性を共有しつつも、域内ではその求心力の普遍性を争う在地性が登場し、ダブルスタンダードが確立した段階（山下）、「華夷観の多元化」とも交錯した「伝統社会」が形成された時代（岸本）ということになるが、「華夷観の多元化」＝在地性に決定的な影響を与えたものこそ、一〇〇年弱に及んだ動乱としての明清王朝交替（「華夷変態」）であった。具体的には、朝鮮王朝では、一六二七年の丁卯胡乱、一六三六年の丙子胡乱によって、「朝鮮は（小）中華である」という朝鮮小中華思想が、ほぼ一七世紀を通じて学派を越えた一般的意識となっていく。たとえば、一六二三年の仁祖反正（清と対決するために起こされた政変）によって政権を掌握した西人派老論系の代表的知識人宋時烈（一六〇七―一六八九）の北伐論は、こうした「華夷変態」後の小中華思想を代表するもので、明の嫡統を嗣ぐ小中華、礼儀の国として、清を伐つことは「春秋の大義」であると主張される（「巻五封事」『宋子大全』ソウル大学校国史学科編『韓国思想史資料選集』亜細亜文化社、一九八二年、ソウル）。ここでは、中華は地域に関係なく成立するもので、ことに箕子以来の伝統に立つ朝鮮は礼・文の上で中華であると主張されている。さらに清の現実的打破が困難であることが明らかになった一八世紀になると、この朝鮮小中華思想は、朝鮮こそが唯一の中華であるという朝鮮中華主義へと転回していく。具体的には、同じ西人派に属する少論系の金若行（一七一八―一七八八？）や李鍾徽（一七三一―一七八六）にそれは顕著に認められるといわれる。無論、一方には、清に学ぶべきだとする老論洛論系の北学論も登場し、あるいは学派は異なるものの南人系や近畿南人系（実学系）には、清肯定論や西学研究も台頭するなど、在野も含めれば多様な思想が存在していたことも無視しえない。だが、少なくとも朝鮮王朝の中枢に大きな影響を与え続けていたのは、紆余曲折はあるものの老論・少論系の朝鮮中華主義であり、とりわけ西欧に対する危機意識が顕著となる一九世紀になると、老論系の言説は再度強化されていくこととなる（河宇鳳『朝鮮実学者の見た近世日本』井上厚史訳、ぺりかん社、二〇〇一年、および同『朝鮮王朝時代の世界観と日本認識』井上厚史訳、明石書店、二〇〇八年）。

こうした朝鮮王朝における思想動向は、一見すると朝鮮中華主義という排他的独自性の強調のように見えるが、その独自性の強調こそ文字どおりトランスナショナルに徳川思想史の転回と共振しているものであった。つまり、「華夷変態」をへて、「自国＝中国」論に基づく日本型華夷思想が山崎闇斎や浅見絅斎（一六五二―一七一二）らによって提起され、理念的文化的自他認識に微妙な変容を与えていたことが注目される。やがて、一八世紀に入ると、垂加神道（谷秦山、佐々木高成、跡部良顕、伴部安崇、若林強斎）などにおける日本中華主義を生みだし、太宰春台『弁道書』（一七三五年成立）への反発も加わって、徂徠流の「作為」に異議を唱えながら、「自然」「おのづから」なる日本を称揚する言説を至るところに現出させていくことになる。荷田春満や賀茂真淵、さらには本居宣長の国学も、こうした思潮とは無関係では成立しなかったといわなければならない。

日朝相互が互いをどう見ていたのかという視点から見ると、これらの朝鮮中華主義・日本中華主義などは、無論自己を何らかの意味での中華・小中華とするものである以上、相手方の日本や朝鮮は自己よりも文化的には劣る存在であるという意識が強化されることとなる。秀吉の侵略を受けた朝鮮側に日本をそのように見る言説が多数見られるが、一方ここでも注目されるのは、共時的な意識が根底にある以上は、（先にのべた姜沆と同様に）徳川日本における儒者が称揚されることもあったことである。たとえば、『黒歯列伝』（一六六七年成立）を著した許穆（一五九五?―一六八二）は、徳川幕府が朝鮮王朝に儒書を求めた事態を「蛮夷の盛事」と称揚し、また『東史綱目』（一七七八年成立）を著したことで知られる安鼎福（一七一二―一七九一）も、その儒教的言行から山崎闇斎学派や伊藤仁斎を称賛している（李豪潤「近世における日韓思想の比較研究」二〇〇三年度立命館大学提出博士論文）。

徳川日本側でも、日本型華夷思想には、日本を朝鮮よりも優位に置く言説が見られる。だが、ここでもその思惟様式を捉えるならば、たとえば日本型華夷思想の影響下にあった雨森芳洲には、「国境」や「人種」にとらわれない共時的普遍主義の発想が存在し、「朝鮮交接之儀ハ第一人情事勢ヲ知リ候事肝要ニ而候」として、具体的な「日本と朝鮮」との「諸事風義」の違いに留意していたこと、さらに「耳塚とても豊臣家無名之師を起し、両国無数之人民を殺害せられたる事に候へハ、其暴悪をかさねて申出ル可キ事に候而いつれも華燿之資には成不申。却而我国之不学無識をあらはし候のミに而御座候」とのべて、秀吉の朝鮮侵略に否定的であったことなどは、特筆すべき事項である(『交隣提醒』一七二八年成立、『関西大学東西学術研究所資料集刊一一—三』関西大学東西学術研究所、一九七九年)。これらは、徳川日本の儒者の当時の穏当な朝鮮観を示す貴重な史料であるといえるが、一見すると過激に見える相互の「蔑視」とは、こうした近世帝国内のトランスナショナルな普遍主義の上に成り立っているものであったといえよう。

要するに、徳川日本における朱子学から徂徠学・国学へという過程は、「東辺」の思惟構造の変容過程として、東アジア的な共時性の中での思想過程の一コマとして捉え直される必要がある。清朝における儒教・朱子学の機能主義的な転回と考証学の成立、朝鮮における正統意識の変容などは、濃淡があるにせよ徳川日本の朱子学の分解とも連動する近世帝国的普遍性の分解過程と見ることができる。清日朝を貫く思想の転回が、こうした同心円的世界としての近世帝国にどのような共時的近代をもたらすのか、それはこの分解過程の地域的偏差と密接に関係する問題として解明されるならば、そこにさらにトランスナショナルな思想像が浮かび上がってくるに違いない。

第四節　植民地近代論が問いかけるもの

最初にのべたように、韓国でのトランスナショナル・ヒストリーとは、植民地近代や近代をめぐる文字どおり劇的変動に関わって論争的に提示された概念である。最後に、その変動と関わる植民地近代論に言及することで、あらためてトランスナショナル・ヒストリーの可能性について考えてみたい。

繰り返しになるが、韓国では従来、いわゆる民族主義的な歴史学が圧倒的影響力を誇っていた。戦後の韓国（や日韓関係）の経緯を考えれば、それはそれとして納得できるものであろう。帝国日本による植民地支配を経験し、自ら自身で歴史記述する権利を奪われてきた人びとにとって、自らの民族の歴史をとり戻し、それを一つの民族史・国民史として構築していくことは、いわば緊要の課題であった。とりわけ、植民地期の日本側の歴史編纂、歴史記述は、「韓国史が韓国人の自律的な決断によって進行されたのではなく、外勢の他律的な強制によって進行されたと強調」する「他律性史観」、「政治権力の変化にもかかわらず、社会経済的な側面では発展というものが見当たらない」とする「停滞性史観」、「日帝の韓国強占と支配を正当化する」ための「日鮮同祖論」に基づく「植民史学」として厳しく批判され、それと対決する自律的・発展史的な民族史の構築が急がれたのである（姜萬吉「近現代韓日関係研究史」『日韓歴史共同研究委員会第Ⅰ期報告書』日韓文化交流基金ウェブサイト、二〇〇二～二〇〇五年。なお、第九章も参照のこと）。

加えて、戦後日本の植民地支配に対する「過去清算」が全く不十分であったこと、それどころか居直り的発言が日本において連続したことなどを勘案するならば、民族主義的な歴史学は帝国日本の犯罪を告発し、さらにそこから自律した国民国家の樹立が課題となっていた段階にあっては、大きな役割を果たしてきたし、現に今も果たしているといわなければならない（したがって、国民史＝一国史は一般論として批判されるべきことがらではない。徐京植『分断を生きる』影書房、一九九七年）。事実、わたくしが一九九〇年代に参加していた日韓宗教研究者交流シンポジウムでの議論においても、韓国側の研究の多くは、民族主体の形成という視点から一九世紀の宗教運動を位置づける傾向が強かったが、列強の侵略にさらされた上で日本の植民地支配下におかれ、戦後は引き続いて分断を強いられている韓国では、民衆自身（個人）が直接的に帝国主義の暴力や侵略にさらされてきたが故に、宗教運動が研ぎ澄まされた反帝国主義的民族運動として展開されて、そこに民族と宗教の問題が構成されることは素直に理解できるものであった（補論参照）。

こうした民族主義的な歴史学に対して、トランスナショナル・ヒストリーを提唱する尹らは、植民地近代論という議論を提示し、真正面からの批判を行っている。植民地近代論は、一言で現代に続く近代を、世界史的な西欧近代を中心とする植民地近代のヘゲモニー化の時代と捉え、日本の植民地支配をもその過程の中に配置しようとするものである。尹の言葉を借りれば、植民地近代論は「植民地から西欧近代を対象化」して批判すること、換言するならば「植民地自身の中に内在化されるべき外部」としてある西欧近代をえぐりだすことで、西欧近代への拝跪（賛美）に帰結する一国史的議論である近代化論（「ニューライト」とよばれている）と民族主義歴史学（「収奪論」とよばれている）の二者を止揚しようとする（「植民地近代と大衆社会の登場」宮嶋博史ほか編『植民地近代の視座』岩波書店、二〇〇四年）。無論、三者は現在も激しい論争を継続中であるが、ここでとくに指摘しておきたいのは、この植民地近代論は、トランスナショナルな視座から提示されていることである。だが、実はこのことが理解されていないが故に、従来から存在していた近代化論と混同しての批判にさらされている。たとえば、近代化論では植民地下における経済成長を証明しようとして、自立的市場による植民地工業化の遂行を近代化の指標として強調するが（李栄薫『大韓民国の物語』文藝春秋、二〇〇九年など）、それは植民地が本国によって強く統制されており、経済主体の内側に差別・分断が存在する不完全な市場であったことを過小評価している、と尹はのべる。つまり、植民地市場が差別的・階層的世界市場に連動しつつ開かれていたことを見ない一国史的な理解が、こうした経済的数量の「誤読」につながっているのであり、それが布置していた帝国や世界経済との構造的連関がほとんど後景に斥けられることとなっていることを、尹は問題としているのである。一方、民族主義的な「収奪」論では、植民地下での政治・社会的権利の制約による経済的不平等＝収奪が強く主張され、独自の市場が形成されはじめたことは否定されている。

これに対して植民地近代論は、植民地における収奪が日常的に行われていたことを前提に、それは近代性と差別が同時的に発現するものとして、その意味では世界体制の中で相互に連関して起こる共時的現象の一環であったことを強調する。尹は、この点に関して次のようにのべている。

一方は近代的な国民国家もしくは市民社会の形成を、他方は近代的な経済成長をもって近代性の指標として設定するのだが、いずれも近代性に対する一国史的な解釈に淵源をもつといわなければならない。その点で、両者は（「収奪」論と「近代化」論の両者は）ともに近代至上主義から離れることができない。こうして両者は、近代的な進歩という歴史観を共有するものの、「収奪論」は過去の回想という、「植民地近代化論」は現在の不当な追認という過剰解釈に陥ってしまうのである。……西欧と植民地は、同時的に発現した近代性の多様な屈折をあらわしており、近代はもう特定の地政学的位置に結びつけて考えられるテーマではない。……「近代はすべからく植民地近代」である。これは、植民地を社会進化論的な文明論の発展段階に準じて下位に位置づけることを拒否する、ということを意味する。このような認識は、植民地が一国的で自足的な政治・経済・社会的な単位ではなく、帝国の一部を成していたということ、そして帝国と植民地は相互作用するひとつの「絡み合う世界」を成していたということを前提としている。……「植民地近代論」は、帝国と植民地をつらぬく共時性と、植民地とポスト植民地をつなぐ通時性を同時にもつのである。さらに、植民地もまた収奪と文明化・開発の両面を兼ね備えている。要するに、植民地近代という問題意識は、近代の両義性と植民地の両義性が交錯する地点に位置しているのである（『植民地がつくった近代』前掲）。

ここで尹が強調していることは、植民地支配の帝国と植民地における共時性（「連関された世界」）の問題である。帝国の圧倒的優位性と収奪、それにさらされ差別された植民地とは、それぞれが決して単独に存在するものではなく、まさにこの両者を不可欠の構成要素とする近代性、資本主義近代の問題として、さらにいえば現在も続く「後期植民地」の問題として、いわばトランスナショナルに捉えられるべき問題として存在しているというのが、尹の主張である。

以上、トランスナショナル・ヒストリーの可能性について考えてきた。近代歴史学に慣れ親しんできたものにとって、トランスナショナルな視点から歴史記述を行うことは決して容易なことではない。近代歴史学とは「史料蒐集→選択→観察→注釈・記号化・配列・解説」の一連の作業、すなわち近代実証主義とよばれる方法に基づいての国民史＝一国史の記述様式を指しているが（第三章）、実証主義的方法が前景化・対自化されることはあっても、「国民史の記述様式」が対自化されることはなかなか困難なことなのだ。というよりも、民族的・国家的・政治的フレーム、発展史的時期区分などは、史料の配置される「下敷き」＝「枠組み」となって後景化しつつ、前者の実証性がそれらのフレームを「歴史資料のなかに固定」することで自明化し、かくて対自化されることはほとんど困難なものとなっていくのである（第一章・第九章）。トランスナショナルな歴史記述を行っていくためには、したがってこの「枠組み」を問い直す作業を同時に行っていくほかはないのである。

この問い直しのためには、韓国・中国などの東アジアの人びと、研究者と共同研究を積極的に積み上げていくべきだろう。無論、すでにさまざまな場面でそれは開始され、幾つかの重要な成果も上がっている。だが、さらに一歩それを前に進めていくためには、自国史同士の突き合わせには止まらないトランスナショナルな視点への転換が必至の課題となりつつある。現在韓国歴史学から突きつけられているのは、そうしたことなのだ。

注

(1) 反面、地球史が有していた、環境・生命全体から歴史を捉える側面がやや後退するのだが、わたくしにはまずは一国史を揚棄していく方途を探ることが最初の課題であるように思われる。

(2) 尹海東『植民地がつくった近代』(前掲)。尹海東は韓国漢陽大学校教授。後述する植民地近代論の論客として韓国のみならず日本でも著名である。主著は、『植民地のグレーゾーン』(歴史批評社、二〇〇三年、ソウル)、『植民地近代のパラドクス』(ヒューマニスト、二〇〇七年、ソウル)など。なお、厳密にはトランスナショナル・ヒストリーという概念は、二一世紀に入ってから、韓国において『トランストリア(transtoria)』『사이 trans 間』などの雑誌が刊行されたことから注目されるようになった概念であり、必ずしも尹海東の独創にかかるものではない。さらに遡れば、一九九〇年代の欧米人文学界における「越境史」「越国史」など、サバルタン研究の影響が韓国の歴史研究に及び始める中で登場した概念である。

(3) 中世史では網野善彦、田中健夫、村井章介らの仕事が挙げられよう。また、一九九〇年代における『アジアのなかの日本史』シリーズ(I~VI、東京大学出版会)、『アジアから考える』シリーズ(1~7、東京大学出版会)は、アジア史と日本史を一体的に捉える視点を切り開く研究としては、画期的なものであった。

(4) 荒野泰典『近世日本と東アジア』(東京大学出版会、一九八八年)、ロナルド・トビ『近世日本の国家形成と外交』(速水融・永積洋子・川勝平太訳、創文社、一九九〇年)、『朝尾直弘著作集5』(岩波書店、二〇〇四年)、藤田覚『近世後期政治史と対外関係』(東京大学出版会、二〇〇五年)、池内敏『大君外交と「武威」』(名古屋大学出版会、二〇〇六年)、ロナルド・トビ『「鎖国」という外交』(小学館、二〇〇八年)など。

(5) たとえば、次のようにのべられている。「小臣倭京ニ來リテヨリ、倭中ノ虛實ヲ得ント欲シ、間日ニ倭僧ト相接スルニ、其ノ中ニ文字ヲ解シ、事理ヲ識ル者無キニアラズ。醫師意安理安ナル者有リ。數來リテ小臣ヲ琅璫中ニ見、又妙壽院僧舜首座ナル者(=藤原惺窩)有リ。京極黃門定家之孫ニシテ、但馬守赤松左兵衞廣通ノ師也。頗ル聰明ニシテ古文ヲ解シ、書ニ於ヒテ通ゼザル無シ。性ハ又剛峭ニシテ、倭ニ於ヒテ容ルル無シ。內府家康其ノ才ノ賢ナルヲ聞キ、倭京ニ室ヲ築キ、歲ニ米二千石ヲ給スルニ、舜首座ハ室ヲ捨テ居ラズ」(『看羊録』『影印標點韓国文集叢刊73睡隠集』民族文化推進会、一九九一年、ソウル、原漢文)。

●コラム③

「丸山真男」[1]

1.『日本政治思想史研究』との出会い

わたくしが最初にこの本に出会ったのは、一九七〇年代半ばの頃だ。立命館大学文学部の前に、某国立大学の工学部で学んでいた。オイルショックやベトナム戦争終結といった時代で、高度経済成長が一息ついた時代だった。そのような時代に、同じアパートの隣の部屋に日本思想史研究室で助手をやっていた先輩が住んでいた。その先輩の部屋には多数の本があったのだが、理工系とは違った面白さを感じ、本を借りて読むようになった。丁度就職活動で迷っていた頃。日本社会のあり方を考えるにはよい本が沢山あった。その先輩から薦められたのが、丸山真男の『日本政治思想史研究』(前掲)だった。「これを読んだら思想史研究の何かがわかる」と。

確かに、そのとおりだと思った。この本は丸山真男氏の最初の論文を集めたものなのだが、これが丸山氏の研究の原点であり、エッセンスが全て詰まっている。戦時中に書かれたものなのだが、日本のものの考え方は、未だに前近代的なものの考え方を引きずっていると主張していた。わたくしにとってはこの本がこれ

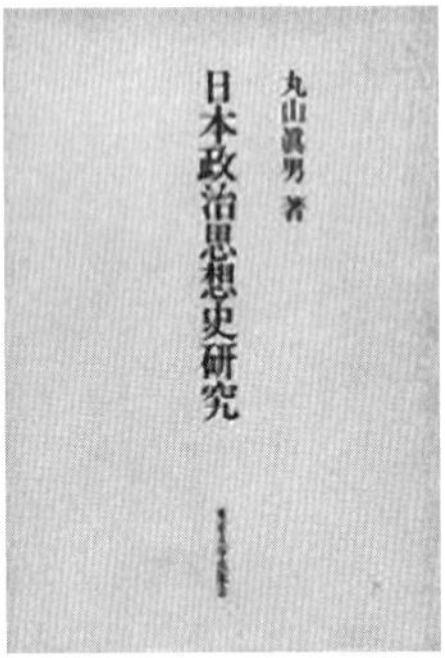

からの日本社会のあり方を示しているように見えた。もっと勉強しないといけないと。そこで、その先輩に相談した際に勧められたのが立命館大学日本史研究室だった。立命館大学には思想史研究の伝統があると。そして、日本の一七〜一九世紀の思想史を研究し始め、現在に至っている。

2.「超国家主義の論理と心理」

丸山氏の本で有名なのは、『現代政治の思想と行動』と『戦中と戦後の間』だ。とりわけ『現代政治の思想と行動』には、一九四六年に『世界』(岩波書店)で発表された「超国家主義の論理と心理」という論文が入っている。この論文によって丸山氏は戦後を代表する知識人としての地位を確立する。

この論文でふれられているのが「無責任性の体系」だ。戦争責任が問われたニュルンベルク裁判と東京裁判とを比較し、東京裁判に並ぶ戦争指導者たちは、責任をとれといわれるとみな横を見て、上を見る。責任をとろうとしない。このような精神構造の原因を天皇制に求めるわけだ。そして、天皇自身も神武天皇以来の「皇祖皇宗」を見る。結局、だれも責任をとらない。自分で判断して、行動して、責任をとる。日本にはこれがないと主張している。

高等学校の教科書にもとり上げられていた文章で有名なのは、「『であること』と『すること』」である。欧米では、人間の価値は「すること」によって決まる。しかし、日本は「何であるか」で価値が決まるとしている。要するに、肩書きによって人間の価値が決まる社会では駄目だといいたいわけだ。これも「超国家主義の論理と心理」と同じ論理である。みなが上を見て、上のいうことは聞いてという無限の上下連鎖関係。これが「である」こと。だから何かあった場合には「私は従っていただけです」「悪いのは上の人間です」

となるわけだ。

丸山氏は、戦前と戦後の人文社会科学の扇の要としての位置にたっていると思う。日本の思想史研究は、丸山氏をどう批判するのか、超えていくのか、補充していくのかといったように丸山氏の論理からはじまっている。この意味では、戦後の日本思想史研究は丸山氏によって成立したといえる。

3.「思惟構造」とは？

書名から判断すると、『日本政治思想史研究』は日本の近代政治思想のことが書いてあると誤解する人が多いと思う。しかし、目次を見るとわかるのだが、書いてあることは朱子学、荻生徂徠、本居宣長の思想などだ。まず、朱子学の特徴としては、道徳を核にしながら、政治、道徳、文学、あらゆる宇宙現象から人間の内面まで、鎖のように連続的に同じ原理でつながっているという構造があるとしている。これを前近代的思惟と定義している。こうした連続的思惟を、前近代的思惟構造の特徴と見たわけだ。一方、荻生徂徠と本居宣長の思想は、この鎖を断ち切って、道徳などとつながらない政治や文学の独自の原理を主張している。丸山氏は、これを非連続的思惟といっているが、ここに近代的思惟の特徴があるとされている。

近代社会には、非連続的思惟、自律した思惟構造を背負った個人が出てくるはずであったが、それが挫折をし、前近代的思惟を引きずったまま、明治維新が行われ、近代日本が成立してしまった。日本社会は前近代的な思惟構造に引きずられた社会であり、それが天皇制や戦争責任をとろうとしない思惟にまでつながっていると主張されている。

丸山氏については、さまざまな批判がある。荻生徂徠や本居宣長の思想に近代性を見ることに無理があるのではないか、西欧至上主義、脱亜論的な発想をすることなどだ。しかし、戦前・戦後の日本の人文社会系の学問を構造的に集大成し、戦前・戦後の結節点に丸山氏がいることは間違いない。日本の人文社会科学には、大なり小なり、丸山氏の影響が数多く残されている。だからこそ、現在の日本の人文社会系の学問のあり方を見直していくためにも、丸山氏を読むことが必要ではないかと思う。

欧米やアジアの日本研究者は、みなこの本を読んでいる。英語版、中国語版、韓国語版、フランス語版も出版されている。それだけの影響力をもつ本なので、是非とも一読をお薦めする。

なお、現在の丸山真男論を知るためには、苅部直『丸山真男』(岩波新書、二〇〇六年)が一番分かりやすい。丸山の思想軌跡がよく分かる。やや専門的には、子安宣邦『「事件」としての徂徠学』(ちくま学芸文庫、前掲)が、丸山真男氏の荻生徂徠理解を根底的に批判している。また、自分のもので恐縮だが、拙著『自他認識の思想史』(有志社、二〇〇八年)では、明治以来の日本思想史研究を、丸山真男氏を結節点として見通している。このほか、人文社会科学の方法論に興味のある方には、サイード『オリエンタリズム』(平凡社、前掲)を薦める。丸山真男氏のもっている問題点が、実は近代学術自体の問題でもあることを考えさせられる。

注

(1) 出典は『読書カフェ』Vol.1(大学生協京滋奈良地域センター、二〇一〇年)。丸山真男は、戦後民主主義のオピニオンリーダーとして著名だが、徳川思想史研究でも多くの業績を残している。とくに、オーストリアのマルクス主義者(のち転向)ボルケナウ(F. Borkenau)やハンガリーの社会学者マンハイム(K. Mannheim)らの方法的影響も受けながら、朱子学から徂徠学・宣長学へと近代的思惟の展開を跡づけた『日本政治思想研究』(前掲)は、長らく戦後の徳川思想史研究の目標ともなるほど、重大な影響を与えた業績である。ほとんどの著作は『丸山真男集』全一六巻別巻一巻(岩波書店、一九九五~九七年)にまとめられている。

第九章

近代実証主義が問えないもの

——植民地朝鮮における歴史書編纂

サイード

サシはオリエントの古文書を渉猟した。……どんなテクストであれ、彼は選び出しては自分のもとに持ち帰った。そして、それを詳しく観察し、注釈を施し、記号化し、配列し、解説をつけ加えた。やがてオリエントそのものは、オリエンタリストがオリエントからつくりあげたものほどに重要ではなくなっていった（サイード『オリエンタリズム』前掲）。

第一章でものべたように、「歴史的事実」とは、眼前に展開する事象についての自然科学的分析とは異なる、再現不可能な「選択」された過去の事象を、現代という歴史的制約をわれわれも負いつつ、その思惟や動機によって「枠組み」を与え、分析・検証して明らかにされる「事実」である。ところで、厄介なことは、歴史家の努力はややもすると「歴史的事実」の分析・検証に費やされ、したがって歴史的叙述がなされるその都度の現代という歴史的制約や「枠組み」にまではなかなか気を配ることができないことになる。第三章・第六章でふれたように、実は「枠組み」にほかならない日本史（や世界史）が自明なもののように感じられるのは、その典型的な事例ということができる。つまり、「『日本人』『日本文化』『日本語』は経験科学が対象にし、それについての陳述の真理性と虚偽性を客観的に判別しうるような事象ではない。それは経験科学の『経験』の意味で経験することはできない。したがって、**これらの実定性の歴史を歴史資料のなかに固定しようとする試みは、歴史の語りに関する理論的批判意識をもたないとき、これらの実定性の見出されるはずの水準を見失い、あたかも『日本文学』とか『日本語』という物あるいは有機体が歴史的過去のなかに即自的にあったかのような倒錯を犯すことになる**」のだ（酒井直樹『死産される日本語・日本人』前掲）。

この章では、こうした事態をより深刻に物語っていると考えられる、植民地朝鮮における歴史書編纂について検証し、近代歴史学・実証主義の陥穽に目を向けていきたい。

第一節　「永遠に記憶される」歴史編纂事業

現代日本ではあまり知られていないが、戦前の植民地帝国日本は大韓帝国を植民地とするやいなや（一九一〇年)、あるいは韓国統監府時代からすでに開始されていたというべきだが(一九〇六年)、朝鮮における「旧慣調査」「古蹟調査」などに乗りだした。次いで一九一六年から朝鮮史の編纂にとりかかり、東京帝大黒板勝美、京都帝大三浦周行、同今西龍らを嘱託として、これに朝鮮総督府中枢院参議であった朝鮮の人びとを加えて『朝鮮半島史』の編纂体制を整えた。(1) その「編纂要旨」には、「教化・風紀・慈善・医療等に関し適切なる措置を執り、斯民(=朝鮮の人びと)の智能徳性を啓発し、以て精緻忠良なる帝国臣民たるに愧ぢざるの地位に扶導せむことを期せり。朝鮮人は他の殖民地に於ける野蛮半開の民族と異りて、読書属文に於て、敢へて文明人に劣る所あるに非ず。古来史書の存するもの多く、亦新に著作に係るもの尠しとせず。而して前者は独立時代の著述にして現代との関係を欠き、徒に独立国の旧夢を追想せしむるの弊あり。後者は近代朝鮮に於ける日清・日露の勢力競争を叙して朝鮮の向背を説き、或は韓国痛史と称する在外朝鮮人の如き事の真相を究めずして、漫りに妄説を逞しうす。……旧史の禁圧に代ふるに、公明的確なる史書を以てするの捷径にして、且効果の更に顕著なるに若かざるなり」とある。(2) 植民地統治のための「教化」の一環として、朝鮮の人びとを「精緻忠良なる帝国臣民」たらしめるため歴史書編纂が行われたことが理解できる。『朝鮮半島史』の編纂は一九二四年末には中断され、一九二二年に新たに総督府の下に組織された朝鮮史編纂委員会に合流し、一九二五年には朝鮮総督直轄の独立機関としての朝鮮史編修会が組織されて、以後はこの編修会によって『朝鮮史』の編纂が行われていくこととなる。『朝鮮史』は紆余曲折をへて一九三八年には全三七巻(本文は三五巻)の完成にこぎ着ける(「総索引」は一九四〇年刊)。

こうした朝鮮総督府による朝鮮史編纂事業と『朝鮮史』に関しては、戦後の韓国側の研究では「植民史学」の代表的産物であるとの評価が行われ、ことに「歴史の歪曲」や「日鮮同祖論」「他律性論」「停滞性論」などが鋭く批判されてきた(第八章参照)。

これに対して、日本側では、戦後になっても、『朝鮮史』を植民地支配と切り離して、学問的=歴史学的事業として肯定的に評価する向きが、とりわけ事業に参加した歴史家の中にある。

朝鮮総督府が行なった文化事業のなかで、古蹟の調査保存と、朝鮮史の編修のふたつは、その趣旨からいっても、永遠に記憶されるにちがいない。……学術的見地に立って事業を進めるということは、この新計画(『朝鮮史』編纂のこと)の根本になった特色であり、この事業について、終始一貫、かわらないところであった。……一般の目にふれたことのない史閣の秘籍を公開して周密な資料を示し、断簡零墨を重んじて考証をこころみ、古文書や記録に典拠をもとめて秘事を究明し、史疑を解決していく学問的研究方法にもとづいた編修の準備は、注目と信頼を博するに十分であった。……正史および実録を基本とし、さらに記録・古文書を加え、ひろく内外の典籍を参照して資料を網羅し、もっとも公正な立場から整理記述した通史であることにおいて、この『朝鮮史』にくらぶるべきものはない(中村栄孝『日鮮関係史の研究』下、吉川弘文館、一九六九年(3))。

総督府の官吏が、朝鮮の統治をするのと、歴史家が朝鮮の歴史を編纂するのとは、大きな立場の違いがあったように思います。総督府の食禄をはんだ歴史家は、「御用学者」の名を頂戴しますが、それは全面的に正しいとは考え得ません。……編修会の事業全体からみれば、この三七冊の『朝鮮史』を出版したことよりも、その前提乃至裏付けとして、民間の史料を採訪し、主要なものは複本をつくり、さらに主要なものは活字あるいは写真版をもって出版したことが、より高く評価されるべきだと思います(末松保和『シンポジウム 日本と朝鮮(4)』前掲)。

こうした日本側の評価は、『朝鮮史』の編纂にあたって、従事した歴史家自体には「曲筆」はなかったという意識が強くあることを物語っていて興味深いが、「曲筆」の有無は暫く措くとしても、そのように意識させている背景に、近代歴史学、ことにその方法論としての実証主義自体は「公明正大」で「無害」なものであるという認識があったことが注目される。近代歴史学・実証主義に基づき、「正史および実録を基本とし、さらに記録・古文書を加え、ひろく内外の典籍を参照して資料を網羅」したとする（中村）、あるいは「民間の史料を採訪し、主要なものは複本をつくり、さらに主要なものは活字あるいは写真版をもって出版した」とする（末松）、根本史料による実証＝「史料蒐集」に対する揺るぎない確信こそが、このような意識につながっているのだ。ここでは、そうした**「史料蒐集」や「古蹟保存」についても、植民地権力の正規事業として推進された、いわば植民地支配と相即不離の事業であったことや、それぞれの記述自体はアカデミズムに身を置く「公明正大」な歴史家によったものであったとしても、ひとたび「正史」という官製歴史記述となるや、それが当時を生きていた人びとの多様な歴史や朝鮮史に対する視線を抑圧・隠蔽し、それにヘゲモニー的に作用する権力（言説）となることは全く意識されていない**。また、『朝鮮史』の「史料蒐集」の様相に関しては、中村が「史料採訪記」に記しているが（『朝鮮——風俗・民族・伝統』吉川弘文館、一九七一年）、たとえば次のようにのべられている。

私は、本年（昭和四年）六月、従来の採訪に拾い遺された地方史料を調査収集するため、忠清北道管内の鎮川・清州・陰城・丹陽・報恩・永同六郡に出張を命じられた。……幸いにも道庁・郡庁や民間有志諸氏の熱心な援助により、また同行の朴容九嘱託が稲葉（岩吉）氏らによって長らく鍛えあげられた老巧の採訪家であったりしたので、思いのほかの好成績をあげることができた。一体に、朝鮮における名門の後孫は、閥閲高く一世を睥睨した父祖いらいの伝統で、栄華の夢はさめず、袖手坐食して、ついにその遺財を蕩尽する者が非常に多く、しかもなお、頑なに四色（＝儒教の四党派）が相対立し、たがいに反目しあっていた古えを想って、旧慣を墨守する者が少なくない。この点から、史料収集上の難関が生ずるのである。

ここでは、「史料蒐集」が官側や朝鮮史編修会嘱託朴容九の全面的支援を受けてなされたことや、さらに「党争」に明け暮れ「遺財を蕩尽」した「名門」というまなざしがあからさまにのべられているが、「史料蒐集」の難航が指摘されているのみで、そのプロセスやまなざしが対自化されていたとは思われない。また、「朝鮮では、影幀にかぎらず、記録でも文書でも、新しく伝写され、新しく装釘されたものを尊重して、とかく原本類を軽視し、廃棄しがちな習慣があるようで、数百年来伝えられた貴重な記録の蠹損などを、俗悪不手際に裏打ちし補写して、最上の保存法を講じたものとしている例などもめずらしくない。朝鮮の古典や史料の保存方法の困難なことを痛切に感じさせられる」とも記されており、まさに実際生活上の文書類の保存状況は「俗悪不手際」なものとして批判されている。ここでは、**「原本の保存・収集」というものが学問的方法論として当然のごとくいわれ、それを特権化したときに、現実に生活している人びとの生きざまに対してはいかに鈍感になるものなのかが鮮やかに示されている**。こうしたいわば、原本保存・「史料蒐集」の使命感を支えている背景にあるものこそ、近代歴史学であったといえるが、それはまた植民地支配の生々しい現実を見えにくくする性格のものであったことが鮮明に示されている。

以上からは、『朝鮮史』編纂を戦後になっても「高く評価されるべき」「永遠に記憶される」事業と捉える認識の背景に、近代歴史学、あるいはその方法論に対する揺るぎない確信があったことが理解されるだろう。

第二節　「学術的である」ことの陥穽

膨大な分量の『朝鮮史』自体をここで紹介することはできないが、『朝鮮史』は「蒐集史料を攻究し、政治・経済・社会・文化等各般の方面に亘りて、史上の重要なる事件を選択提挙」したものを「綱文」とし、その下に史料を「原文の儘収録排列」していく形式を採っている。「本文は史料に現はれたる事件の経過・推移を正確に提示するを旨とし、叙述は簡明を期す」とあるように、少なくとも説明的言辞がほとんどない印象を与える「綱文＝本文」に対して、それを示す史料は「正確の程度」によって順に列挙され、明らかにこちらの分量が圧倒している（前掲『朝鮮史編修会事業概要』『朝鮮史』巻首、一九三八年）。一見「史料集」であるがごとく史料に埋め尽くされた『朝鮮史』、読み物としての興味を引かない『朝鮮史』が、それ故まさに歴史学の「学術性」「専門性」を誇示する極北に存在している歴史書であることが理解される。『朝鮮史』の全過程において、それが近代歴史学的記述であるという意識の下で遂行されたと考えることで、歴史家から植民地の人びとを「代弁」＝「記述」しているという後ろめたさの意識が全く感じられないことが「理解」されてくるのである。

ここで再度注視しなければならないのは、近代歴史学的方法として意識された実証主義や根本史料主義、あるいは「学術性」とは、「認識の暴力」（epistemic violence）として、かくも歴史家を「透明」化し、歴史叙述の言遂行性をむしろ問えなくしていくものなのだ、ということである。これらのことは、現代においても作動している、吟味された史料に依拠して記述することは歴史学の「公明正大」性を担保するものだということが、容易に自らを学問的に特権化することで他者を「代弁」＝支配する位相に転落させるものなのかを鮮明に物語っているのである。

「学術的」であることは、それ自体ではコロニアルなものとは何ら対決しえないどころか、まさにコロニアルなものの重要な一環をなしているということについては、サイードが切開している（『オリエンタリズム』前掲）。コロニアルなオリエンタリストは、「文化の力」＝「著作と著書を引用するシステム」を駆使して、オリエントを観察し記述し、「詮索、研究、判決、訓練、統治の対象として、教室、法廷、監獄、図鑑のなかに配置する」ことで、「オリエントを支配し再構成し威圧する」。とりわけ、サイードがフランスの初代アジア協会会長であった文献学者シルヴェストル・サシ（S. Sacy）に関わってのべていることは、この場合の朝鮮史編纂事業が何であったのかを考える意味では示唆深い。

サシはオリエントの古文書を渉猟した。……どんなテクストであれ、彼は選び出しては自分のもとに持ち帰った。そして、それを詳しく観察し、注釈を施し、記号化し、配列し、解説をつけ加えた。やがてオリエントそのものは、オリエンタリストがオリエントからつくりあげたものほどに重要ではなくなっていった。

植民地朝鮮における歴史書編纂作業とは、ここで指摘されているような「史料蒐集→選択→観察→注釈・記号化・配列・解説」の作業であり、まさに歴史書上に「学術化」された朝鮮が立ち上げられる作業としてあったということができる。

最初にのべたように、歴史記述の「枠組み」としての民族史的構成や直線的時間意識に立った発展史観などは、近現代人にとってはあまりに自明なことなので、実証主義や経験科学自体によって問われることはない。「学術的」歴史学とは、史料が配置される民族的・国家的・政治的「枠組み」、発展史的時期区分、さらにその「下敷き」

になっている西欧中心史観（オリエンタリズム）を問うことができないばかりか、「歴史資料のなかに固定」することで、むしろそれを自明化していく作用を有しているものなのだ。この意味では、『朝鮮半島史』『朝鮮史』編纂の過程において、歴史家は、冒頭からの地理的特質論、民族（人種）起源論、さらには政治史的事件を中心に制度・社会・経済・文化・風俗などを記述する方法、文化人類学・考古学・神話学の援用、古代帝国時代～朝鮮王朝時代という時期区分の様式に至るまで、それをまさに「学術的」「専門的」なものとして採用し、それに基づいて史料を選択・配列し、歴史を記述していったのである。(5) この過程で、朝鮮の人びとをその認識枠の中に「固定」しているということ、換言するならば帝国日本が「西欧学術から取得した言説」に朝鮮の人びとを「配列」していることが認識されたことは、一度たりともなかったことは、いうまでもない。これこそコロニアルな「暴力」というほかはないが、そうした「暴力」を作動させていたものこそ、「学術性」「専門性」であったことに留意しなければならない。

第三節　歴史叙述の「欲求」に隠されたもの

既述したように、『朝鮮史』は、韓国側からは「歴史を歪曲した」「植民史観」の代表的産物であるとの評価が行われ、とりわけ「日鮮同祖論」「他律性論」「停滞性論」などが鋭く批判されてきた。ヘイドン・ホワイト（H. White）がのべているように、歴史的記述には、（実証的であろうがなかろうが）「すべて、密かな、あるいはあからさまな目的として、それが扱っている出来事を教訓的（Moralistic）に説明しようという欲求が備わっている」。そもそも歴史記述とは「文化あるいは集団にとっての重要度について事件の評価を行なおうとする欲求、または衝動」があって初めて成立するものなのだ(『物語と歴史』海老根宏ほか訳、《リキエスタ》の会、二〇〇一年)。この意味では、『朝鮮史』とは、実証的であろうがなかろうが、帝国日本による植民地支配の状況下で、帝国日本の歴史家を中心に編纂された歴史書であり、その歴史家たちが「重要度について事件の評価を行なおうとする欲求・衝動」に基づいて記述した歴史書というべきものである。そして、これに対して、朝鮮の人びとのほとんどは「沈黙させられていた」(スピヴァク G. Spivak)のである。さらにいえば、「親日派」と評される当該期の朝鮮側歴史家にさえ屈辱感を与え、威圧を与えるものとして存在していたものであったことは、『朝鮮史編修会事業概要』の委員会記録からも克明に伝わってくるところである。

だが、何故に戦後も日本側歴史家において、それがそれとして認識されないのか。今も繰り返される教科書問題(第一〇章)や「植民地近代化論」のごとき植民地支配を正当化する議論と、それは通底している問題ではなかろうか。実証的な精度を上げることだけでは、そこからすり抜けていく問題があることにもわれわれは敏感であらねばならない。結論的にいうならば、植民地支配を正当化する議論に看取される様式の多くは、実は近代(近代資本主義)への拝跪なのであり、同じく近代=近代学術への拝跪こそ、歴史家がポストコロニアル問題を今も直視しえないもっとも大きな理由となっていることを、われわれは直視しなければならない。『朝鮮史』という歴史書は、この意味でも依然として大きな課題をわれわれに突きつけているといわざるをえない。

注

(1) 植民地朝鮮における朝鮮史編纂過程などについては、金性玟「朝鮮史編修会の組織と運用」(元は『韓国民族運動史研究』三号、一九八九年、『季刊日本思想史』七六号所収[金津日出美訳])を参照。このほか、旗田巍編『シンポジウム 日本と朝鮮』(勁草書房、一九六九年)、川村湊『「大東亜民俗学」の虚実』(講談社、一九九六年)、李成市ほか著『植民地主義と歴史学―そのまなざしが残したもの』(刀水書房、二〇〇四年)、佐藤信一ほか編『前近

代の日本列島と朝鮮半島』（山川出版社、二〇〇七年）などを参照

（2）朝鮮総督府朝鮮史編修会『朝鮮史編修会事業概要』、同『朝鮮史』巻首（一九三八年）。

（3）中村は、一九二七〜三七年、『朝鮮史』の修史官を務め、『朝鮮史』第四編の主任であった。

（4）末松は一九二八〜三五年、『朝鮮史』の修史官を務め、『朝鮮史』第一編・第五編の執筆補助に携わった。

（5）「近代学問に接した史学者によって近代的な記述方法で書かれた最初の朝鮮歴史専門書」（李萬烈「近現代韓日関係研究史」前掲）とされる林泰輔『朝鮮史』（一八九二年）が、何故そのような評価をえるのかも、この点に関わっていると考えられる。すなわち、「太古史・上古史・中古史」という発展史観的時期区分、制度・社会・経済・文化・風俗などに「拡大した歴史意識」、地理・民族・人種などに着目した一国史的記述、および多岐にわたる文献史料を渉猟した文献主義などが、その特質として挙げられる。

第一〇章

現代日本のナショナリズムと「教科書問題」

第一節　二一世紀型ナショナリズムの勃興

戦後七〇年以上をへた現在も、アジア太平洋戦争や日本の近代など「歴史認識」をめぐる、日本と周辺諸国との「軋轢」「葛藤」はいっこうに緩和されるようには見えない。その理由は明白である。一九四五年以降、日本政府がこの戦争の責任と謝罪・賠償に正面から向き合ってこなかったことが、第一の理由として考えられる。確かに東京裁判において、東条英機を始めとする直接的戦争指導者は「人道に対する罪」などで裁かれ、処刑された。しかしながら、この裁判には、戦前の日本が侵略を行い、殺戮を行った中国・東南アジアなどの人びとの声は十分に反映されていない。何よりもその後の冷戦の進展、中国革命（一九四九年）や朝鮮戦争（一九五〇年〜一九五三年）などによって、**中国大陸や朝鮮半島の人びとなどと真摯に向き合って、戦後日本の再出発を期すべき機会が失われ、この結果、「南京大虐殺」「従軍慰安婦」などの問題が、今日に至る「歴史認識」問題として積み残されることとなったのだ**（無論、その責任は第一にはそれを良しとしてきた戦後日本政府および大方の日本国民にある）。

確かに、日本政府のいうように、日韓基本条約（一九六五年）や日中共同声明（一九七二年）によって、「解決済み」と考える者もいるだろう。だが、百歩譲って国家間では「解決をみた」と認めるにしても、不断にその記憶を継承していく努力を続けていくのでなければ、この戦争と向き合い、それを二度と繰り返さない教訓とすることにはならないのは明白だ。そして、これはアジア太平洋戦争の直接的当事者ではないからこそ、自覚的に負わなければならない責任だとわたくしは考える（高橋哲哉はこれを「戦後責任」とよぶ。『戦後責任論』講談社、一九九九年、同『歴史／修正主義』岩波書店、二〇〇一年）。だが、これに真っ向から異を唱え、アジア太平洋戦争を「アジア解放の戦争」とし、「負けたこと」以外には何ら責任がないという主張が、戦後も長い間くすぶってきた（ドイツなどにおける歴史修正主義との類似性も指摘されているが、ここでは措く。原口健治『歴史教科書とナショナリズム――日本とドイツ』春風社、二〇一六年など）。この主張では、わたくしのような考え方を「東京裁判史観」「自虐史観」と批判し、端的に日本の「誇り」を知ることが日本の歴史を学ぶ意義だという（後述）。だが、それに対しては、すでに本書で繰り返し説いてきたように、歴史を学ぶ目的は「自慢話」をすることではなく、ましてやナショナリズムに仕えることでもなく、過ちと向き合い、人類普遍の価値を展望しつつ未来を考えることだと応えたい。過ちと向き合うことは、決して「自虐的行為」でもなく、ましてや「恥辱」でもなく、人類普遍の価値を追求する行為であることは、第二章でのべてきたように、前近代の儒学者・朱子学者に普通に見られる姿勢だった。

　第二の理由としては、こうした「戦後責任」と十分に向き合うことないまま戦後が経過して冷戦体制の崩壊を迎え（一九八九年〜一九九一年）、かくて全世界が（新自由主義的）グローバル資本主義によって覆い尽くされる時代に突入したことが考えられる。つまり、冷戦の崩壊は、グローバル資本主義が最終的に旧「東側陣営」（「ソ連式社会主義陣営」）にまで上陸する事態を招来し、全世界的な競争の激化と対立を生むこととなったが、それらは**二一世紀型ナショナリズムの勃興**を全世界にもたらした（一九・二〇世紀のナショナリズムと異なって、グローバル資本主義の活動を前提に、したがって一つの「帝国」を構成しつつ、それに規定されたナショナリズムを、わたくしは仮に二一世紀型ナショナリズムとよびたい[1]）。一九九〇年代当初は旧「東側陣営」で、二一世紀に入ると九・一一事件（二〇〇一年）とその後のアフガニスタン紛争・イラク戦争（二〇〇三年）もあり中東で、さらに現在では西欧（イギリスのEU離脱など）、アメリカで（トランプ大統領の「アメリカ・ファースト」など）――。東アジアでの日中韓（北朝鮮）の動向（国家間関係の軋轢の激化）も、こうした事態と密接につながっていると考えられる。

　日本のことを考えるならば、後にのべるように一九九七年の「新しい歴史教科書をつくる会」と日本会議の結成に萌芽し、二〇〇六年の第一次安倍晋三内閣の成立、さらに二〇一二年の第二次安倍晋三内閣の成立以降は、一挙に右傾化（ナショナリズムの強化）が広がっていったように感じられる。「美しい日本」「強い日本」といったスローガンの登場、「道徳」「愛国心」を重視した改正教育基本法の成立（二〇〇六年）、自衛隊容認と天皇の元首化も企図した憲法「改正」に向けた国民投票法の可決（二〇〇七年）、特定秘密保護法の成立（二〇一三年）、集団的自衛権の容認を定めた安保法制の成立（二〇一六年）など、全般的な国家主義化はそのようなものと捉えられる。しかもすでにのべたように、この動向は一人日本だけのものではない。中国・韓国・北朝鮮の動向、欧米諸国における自国中心主義や排外主義の台頭など、問題は複雑に絡み合っており、相互にナショナリズムを誘発し合っている側面もある。いわば**新自由主義的資本主義が世界を席巻し、それぞれの国家が競争に勝ち抜くために一丸となり、かつそれがもたらす格差・差別の拡大が、社会の分裂を押し隠すための統合イデオロギーを必要としているのである**。とはいえ、各国が争ってナショナリズムの強化に向かっていくならば、その先に何が待ち受けているのか。**わたくしたちは、日本の侵略戦争も含めた近代の歴史から今こそ真摯に学ばなければならないのではないか**。

そして、こうした動向が帰するところ「歴史認識」問題、教科書問題となっていることによく示されているように、二一世紀型ナショナリズムも、「歴史の書き換え」を要求している。元来の一国史には本質的にナショナリズムが埋め込まれていることは、第三章以下でのべてきたとおりだが、それでは不足で、日本国の歴史を「栄光の歴史」としてのみ描きだすことが要求されているのだ。あるいは、不十分ながらも侵略戦争への「反省」から始まった戦後歴史学を全否定し、日本の侵略戦争を「アジア解放の戦争」であったと美化し、「南京大虐殺」「従軍慰安婦」など日本がアジアにもたらした惨禍を何とか歴史から抹殺・過小評価しようとしているのだ。

以下、この章では、「歴史の書き換え」の動向を牽引してきた「新しい歴史教科書をつくる会」の教科書、およびそれを継承している育鵬社版『新しい日本の歴史』と自由社版『新しい歴史教科書』の内容の特色についてやや詳しく検討し、その特色を摘出することで、歴史学が現在置かれている状況を考えることとしたい。

第二節　「新しい歴史教科書をつくる会」系教科書批判(2)

1.「新しい歴史教科書をつくる会」とは？

「新しい歴史教科書をつくる会」(以下「つくる会」)は、先にのべた二一世紀型ナショナリズムがまさに最初に蠢動を開始した頃の一九九七年に結成された。電気通信大学の西尾幹二(当時)、マンガ家の小林よしのりなどと、さらに生長の家、神道政治連盟という宗教団体、日本会議(後述)、日本青年協議会などで会をつくり、それまでの歴史書は「自虐史観」である、そうではなく、もっと自国に誇りをもてる、自信をもてる教科書をつくらなければならないと主張した。西尾は東京大学の藤岡信勝(当時)との共著『国民の油断』を発刊し(一九九六年)、さらに教科書のパイロット版ともいうべき『国民の歴史』も書いている(一九九九年)。

とはいえ、扶桑社から出版された「つくる会」の『新しい歴史教科書』は二〇〇〇年に検定を合格したものの(これ自体当時は衝撃的だった)採択率は〇・〇三九％に止まり、二〇〇四年の改訂版も採択率〇・三九％に止まった(俵義文『〈つくる会〉分裂と歴史偽造の深層』前掲)。こうした経緯もあり、「つくる会」は何度かの分裂・衝突をへて、ついに二〇〇六年に大分裂し(反米・親米の対立もあったといわれているが後述)、日本会議や政府肝いりの教育再生機構にバックアップされた「教科書改善の会」(育鵬社版『新しい日本の歴史』執筆者代表伊藤隆、以下育鵬社版）と西尾・藤岡ら元々のメンバーが中心となった「つくる会」（自由社版『新しい歴史教科書』執筆者代表杉原誠四郎、以下自由社版）に分立し現在に至っている（互いに相手を非難し合う関係となっているようだ）。とりわけ、前者は二〇一四年に成立した第三次安倍晋三内閣の閣僚のほとんどがメンバーとなっている日本会議と結びついていることもあり、採択率六％強に上昇し（二〇一五年）、その影響力は無視できないところに来ている。また、公立中学校では六〇〇校を超す採択という実態は注目される（中でも神奈川県では、二〇一六年度から三八・七％の採択率で、その背後には日本会議などの激しい運動・働きかけがあったようである。成澤宗男編『日本会議と神社本庁』週刊金曜日、二〇一六年）。

ところで、これら「つくる会」の活動に見え隠れするのが、すでに言及した**日本会議**である（以下、菅野完『日本会議の研究』扶桑社新書、二〇一六年、藤生明『ドキュメント日本会議』ちくま新書、二〇一七年などを参照）。日本会議は、生長の家とその学生運動団体、および神社本庁・神道政治連盟などに淵源を有する、改憲を最終目標とする右派団体である（生長の家とは現在は関係していないらしい）。この間、元号法制化、国旗・国歌法制定や靖国神社への首相の公式参拝（最終的には国家護持化）、教育基本法の「改正」、夫婦別姓制度の阻止、外国人参政権の阻止、集団的自衛権の容認と自衛隊の活動の拡大、脱原発の阻止などの「草の根」運動を担ってきた。これらを挙げてみると、その多くは実現しており、二〇一七年現在の会員は約四万人といわれるが、決して侮れない団体であることが理解される。とりわけ、数多くの有力神社、天台宗・日蓮宗系の仏教教団、数々の新興宗教などが結集していること、また日本会議に参加している国会議員が自民党を中心に約二九〇人、地方議員が約一、八〇〇人に及んでいることは、現在の日本の右傾化（ナショナリズムの活発化）の中核団体であることを物語っている。

わたくしはこうしたナショナリズムの強化には強い危惧を懐いているが、本書はそのイデオロギーを批判することを直接の目的とするものではない。だが、日本会議や「つくる会」による、極端な「愛国心」を掲げての歴史教科書の編纂と歴史教育への露骨な介入は、歴史学・一国史とは何かという問題の極限を映しだしていることは間違いない。つまり、**「つくる会」系の教科書の内容を見ると、一国史とは何か、どのように叙述されるのかが見事に示されているのだ。**さらにいえば、これらの教科書は、「歴史的事実」を意図的に歪曲・隠蔽しているほか、**ある「歴史的事実」をとり上げ、あるいはとり上げないことで日本をこのように示したいという願望を見事に示している。**要するに第三章以下でのべてきた近代歴史学・一国史の特性をこれほど鮮やかに示しているものはないのである。誤解のないためにいえば、これは決して「つくる会」系の教科書を美化するものではないことは、本書を読み進めてきた者には明らかだろう。また、後述するように、これらの教科書には、「歴史的事実」の改ざん・歪曲が伴われており、それはほかの教科書とは明らかに異なる、近代歴史学からも逸脱するものといわなければならない。しかしながら、これらの教科書を見ることは、日本史＝一国史と近代歴史学の叙述のありよう自体を見直すことでなければならない。これらの教科書にだけ批判を集中するのではなく、その批判から始めて、「自慢話」ばかりの、特殊性・固有性だけを書いていく歴史叙述自体を対自化・相対化していくことがここでの眼目となる。

以下では、その内容の特色をもっとも鮮やかに示していると考えられる「つくる会」系の『新しい歴史教科書』について、初版本（二〇〇〇年版）・改訂版（二〇〇五年版）を中心に、幾つかの「歴史的事象」「歴史的事件」について検討する。また、その修正と変遷を見るために、白表紙本（最初の原稿）、育鵬社版（二〇一五年）、自由社版（同）にも適宜言及していきたい（なお、「つくる会」系教科書とは、これらを総称して用いている）。

2. 前近代史の内容の特色

まず、初版本のグラビアに美術作品がある。「ミケランジェロに匹敵する」という解説が出ているが、白表紙本には「イタリアよりはるかに早い」とも書かれてあった。つまり、「欧米と対抗できる日本の美」という見方が露骨に出ている。まさにオリエンタリズムに色濃く影響されていることが冒頭から示されているわけだ。「世界の肖像画の中でも見事なもの」「世界美術の中でも類例のないもの」「世界にほこる日本の美」（この点は、育鵬社版でも「日本の美の形」という表現で継承されている）。しかしながら、こうした表現はほかの教科書にも見られるので、一国史というものは「そういうものである」ということがよく表れているように思われる。

原始・古代に関しては、「縄文」をクローズアップしていることが特色的だ。この点は、改訂版でも変わっていない。初版本では「縄文文化」となっているが、白表紙本では「縄文文明」と書いてあった。縄文文化をなぜ絶賛するのか。これも第二章でのべた日本史＝一国史をどのように書くかということをよく表している。「独自の文化、文明」を出発点に置いておかないといけない。それは縄文になると考えている。弥生文化は大陸から渡ってきた文化だといわれているので、それをできるだけ少なくし、独自性・固有性をいうためには縄文をクローズアップせざるをえなかったと考えられる。縄文は「森林と岩清水の文明」と書かれ、後には「森林と岩清水の文化」と変わることとなる。なお、育鵬社版では、縄文は「豊かな自然」が強調され、自由社版では「『和の文化』縄文」となっており、この見方はかなりこだわりのあるもののようだ。

弥生文化については、のちに削除されるが、「外から入ってきた少数の人々が伝えた新しい文化」というのが白表紙本の書き方である。初版本では「少数」というのは削除された。大陸文化との関係に言及する際には『魏志倭人伝』にふれる必要がある。『魏志倭人伝』から邪馬台国の話を叙述するのが一般的で、日本古代史では弥生時代以降は中国の古代史書を参照するのは通例である。今のところ三世紀以前についてはそれ以外に有力な史料がない。中国の古代史書によるしかないわけだ。ところが「『魏志倭人伝』を書いた歴史家は日本列島に来ていない」とわざわざ書いている。何がいいたいのか。「いかに『魏志倭人伝』があてにならないか」という印象を与えたいのだろうと思うが、それだけでなく、**中国文化の影響、大陸文化の影響をいかに少なく書きたいか**ということがあるのだろう。改訂版でもこの点は同じで、『魏志倭人伝』は「不正確な内容も多く」と叙述されている。なお、これらは、育鵬社版・自由社版では削除されているものの中国・朝鮮からの影響は控えめに叙述され、しかも今では用いられない「帰化人」と表記されていることが目を引く（「帰化人」という表現は、大和朝廷に「服属」したことを含意したいい方で、それが自国中心主義的であると古代史家の上田正昭らに批判されて〔『帰化人』中公新書、一九六五年〕、現在は批判はあるものの「渡来人」という表現が一般的である）。

また、初版本では「日本は中国から独立し、朝鮮半島諸国が日本に朝貢した」と平然と書いてある。「中国から独立し」というのは、『隋書』「巻八一」に推古天皇が「日出ずる処の天子、書を日没する処の天子に致す。恙無きや」云々と書かれた国書を隋の煬帝に渡したという箇所があり、また古代史研究でも「東夷の小帝国論」が一般的で（石母田正など）、その意味では一定程度、大陸から離れた分だけ独立性を維持していたことは現在、学界では認められているところではあるが、「中国から完全に独立した」ものとしてあったのではないことは通説である。なおかつ「朝鮮半島諸国が日本に朝貢した」という叙述は大いに問題だ。戦後の古代史が、精密に考証を重ね、古代史の史料を渉猟し、「任那日本府」問題や「高句麗の好大王碑」問題などを検討し、今では大和朝廷が朝鮮を支配していたのはほとんど「史実」ではないということが通説になっている（ほかの教科書は、それを反映している）。大方が疑問視していることを、「つくる会」系の最初の教科書は断定的に叙述している。なお、この点については、育鵬社版では「影響力」、自由社版では「交流」となっており、「穏当」な叙述に変えられているものの朝鮮半島への影響力を示唆している書き方は継承されている(3)。

「大化の改新」も古代史ではとり上げられることはあるにしても、戦後は「大化の改新詔」に『日本書紀』編纂段階での潤色が認められるようになって、律令制確立の画期として考えられるかどうか疑問視されている。したがってほかの教科書では、律令制との関連では、過度にクローズアップしてとり上げることはない。ところが、「つくる会」系の教科書では、「君臣の名分を明らか」にしたものとして、大きくとり上げている。戦前の皇国史観同様の見方といえる。この評価は改訂版でも大きくは変えられていない。また、育鵬社版・自由社版ともに「大化の改新」は独立した節となっていて重視する姿勢は変わっておらず、ことに後者では「聖徳太子以来の国の理想を実現するために、天皇と臣下の別を明らかにして、日本独自の国家の秩序を打ち立てようとしたもの」と初版本同様の位置づけだ。

記紀神話も、「史実」ではないことは今日では明白になっている。念のためいえば、わたくしは神話をとり上げることには反対ではない。古代の神話が古代の天皇王権の考え方や豪族の世界観を反映していることを必ずしも否定するものではない(ただし、自由社版がのべるように「古代日本人の思想」とすることは問題だ)。しかしこの教科書ははっきりと白表紙本の段階で「史実を反映している可能性が考えられる」と書いてある(「神武天皇の東征」)。このことを学界で堂々といっている研究者はいないはずだ。したがって、明確に「史実」を歪曲したいい方といわなければならない。ここには、「史実として神話を入れたい」という意図がはっきりしている。これは神話をとり上げる上では適切な叙述方法ではない。改訂版では、判型をA5判からB5判に変更して一〇〇頁減らしている。それに伴って、神話を九頁から三頁に減らしている。しかし、「神武天皇東征」を大和朝廷成立のところで扱い、実在しない神武天皇を初代天皇とするなど神話をあたかも「史実」であるかのように描いているのは、初版本と同じである。なお、育鵬社版・自由社版のいずれも、記紀神話を「歴史的事実」ではないとしている。だが、前者では二頁、後者では四頁も割いており、いずれも神話上の存在である神武天皇を初代天皇としていることが注目される。

中・近世部分では分量が少ないことも注目されるが、これはこの教科書だけの問題ではなく、自国史＝一国史は一般に古代に多くのページを割く（ナショナルな始源の設定が重要なのだ）。この意味では、「つくる会」系の教科書は見事にその構図を体現している。中・近世の分量が少ない[4]。ほかの一国史自体にもその傾向があることに加えて、これらの教科書では特にそうならざるをえない理由が二つあるように思われる。第一に室町時代、明らかに幕府が明王朝に朝貢していた事実がある。この叙述はわずか一行。しかも「それを嫌って中断した時期があった」とある（初版本）。中国に朝貢していた事実を小さく扱いたいわけである。なお、付言するならば、育鵬社版・自由社版ではややトーンダウンしているものの、当初の**「つくる会」の教科書は「天皇中心史観」に立っていた**ことが忘れられてはならない。天皇を中心に叙述が進んできて、最後は昭和天皇について、「平和を愛された昭和天皇」というコラムで紹介して終わる（育鵬社版・自由社版でもこれは継承されている）。一貫して天皇中心で叙述する。そうなると天皇王権を軸に書きにくい中・近世は少なくならざるをえない。また、初版本では「幕府が実力を伸ばしても国家統治の正統性を伸ばすために朝廷をないがしろにできなかったのである」とあり、幕府がいかに朝廷を崇敬したかということが強調されており、改訂版でも「幕府は、朝廷をうやまいながらも」という表記は残っている。

3. 近代史の内容の特色

次にもっとも問題の多い近現代史を見ていきたい。ここでは改訂版を中心に、初版本・育鵬社版・自由社版と比較しながら検討する。

まず指摘しなければならないのは、日清・日露戦争以降の**日本の戦争を美化・正当化**し、アジア太平洋戦争を「大東亜戦争」とよんで、それが侵略戦争だったことを認めず、日本の防衛戦争、アジア解放に役立った戦争として美化し肯定する立場が貫かれている（育鵬社版では「太平洋戦争（大東亜戦争）」、自由社版では「大東亜戦争（太平洋戦争）」となっており、戦時中に用いられた大東亜戦争と表記している）。わざわざ「植民地にされていた民族に、独立の希望をあたえた」「日露戦争と独立への目ざめ」というコラムが登場しているほどである。そして、この論点は最新の育鵬社版・自由社版でも基本的には忠実に継承されている（育鵬社版「植民地支配の苦しみにあえいでいたアジア・アフリカの民族に、独立の希望をあたえました」。自由社版「西洋列強の植民地にされていた諸民族に、独立の希望を与えた[5]」）。

韓国併合・植民地支配への反省はなく、むしろ正当化する内容はいずれも同じだ。改訂版では「欧米列強は、……日本が韓国を影響下におさめることに異議をとなえなかった」とのべ、欧米の「承認」があったからと正当化している。なお、育鵬社版・自由社版ともにさすがに韓国併合が韓国の人びとの抵抗を招いたことを叙述しているが、近代化の進展や教育の普及が特筆されており、植民地化が韓国の近代化を促進したとする植民地近代化論（第八章参照）に立ったものであるといえる。「創氏改名」については、改訂版の申請本ではそれを韓国人が望んだから認めたように叙述していたが、検定によって初版本と同じ「日本式の姓名を名乗らせる創氏改名などが行われた」と修正された。「つくる会」はかつて会報『史』において（二〇〇四年七月号）、「日本を糾弾するために捏造された、『南京大虐殺』『朝鮮人強制連行』『従軍慰安婦強制連行』などの嘘も一切書かれていません。旧敵国のプロパガンダから全く自由に書かれて」いると主張していた。その意味では、申請本こそ本音であることは明らかである。また、**「つくる会」系は全て当初から日本軍「慰安婦」の事実を無視し**（ただし、これは現在では学び舎『ともに学ぶ人間の歴史』以外のほぼ全ての教科書がそうなっている）、**南京大虐殺**についても「犠牲者数などの実態については資料の上でも疑問点も出され、さまざまな見解があり、今日でも論争が続いている」と敢えて叙述している（育鵬社版も踏襲。なお自由社版では南京大虐殺自体の叙述がない。替わって日本人居留民多数が中国人部隊に「惨殺」されたという「通州事件」が挿入されている。明確な意図が感じられる箇所である）。さらに、**韓国や中国などアジア諸国の歴史を侮蔑的に描いている**箇所が、この近現代史部分では特に目立つ。初版本では削除された「朝鮮半島は日本に絶えず突きつけられている凶器となりかねない位置関係にあった」という箇所が、「この日本に向けて、大陸から一本の腕のように朝鮮半島が突き出ている」「朝鮮が他国におかされない国になることは、日本の安全保障上にとっても重要だった」と実質的に復活し、地理的にその侵略が正当なものであったといわんばかりの叙述をしている。「アヘン戦争に衝撃を受けたのは、中国よりもむしろ日本だった」と断言し、ここに「中国・朝鮮と日本の分かれ目」があったとされ、中国・朝鮮が世界情勢に対応できなかったとする初版本以来の見方は継承されている。戦争が不可避的なものであった、庶民もよく戦ったという叙述も、初版本・改訂版ともに変わっていない。なお、育鵬社版でも「諸外国の動きの中で、わが国でも、隣接する朝鮮がロシアなど欧米列強の勢力下に置かれれば、自国の安全がおびやかされるという危機感が強まりました」「ロシアの東アジアでの軍備増強をこのまま認めれば、わが国は存立の危機を迎えると考えた政府は開戦を決意」「日本軍の勝利に、東南アジアやインドの人々は独立への希望を強くいだきました」とあり、やや「穏当」になっているものの基本的な視点は継承されている。

ところで、これら「つくる会」系の教科書で興味深いのは、当初は明確にあった反米色がその後の分裂を反映して明確に二種類に分かれたことである。つまり、改訂版では「脱亜入米」的になり、それは育鵬社版に継承され、反米色は自由社版に継承されていることだ。たとえば、初版本の冒頭にあった「欧米列強に対する恐怖」といった表現や「日本軍守備隊は……米軍を相手に一歩も引かず」といった表現は、改訂版や育鵬社版では一切姿を消している。これに伴って、初版本には濃厚であったアジア太平洋戦争の原因は、アメリカの側にあったという表現は、一切姿を消している。自由社版では「アメリカの排日政策」「アメリカの強い意向」「アメリカは……日本が独自の経済圏をつくることを認めなかった」「(大東亜戦争という名称は)戦後アメリカがこの名称を禁止したので、太平洋戦争という用語が一般化した」「原爆投下は……二〇世紀最大の戦争犯罪」「(GHQの)戦争への罪悪感を植えつけるための情報宣伝政策」など、初版本にあった反米的色彩を継承している(恐らくこのことが、自由社版が日本会議などから忌避され、採択率も伸び悩んでいる要因だろう)。また、とりわけ育鵬社版は、採択を意識してか「穏当」な叙述に変化している箇所が多い。だが、「穏当」に変化したことは当初の叙述に問題があったことを自ら認めたものとも思われ興味深い。

戦後史は、最初の白表紙本では「戦後の戦争」という表題から始まっていた。一つの大きな戦後観があると考えられる表題である。「日本は戦争に負けたよりも、戦後の戦争に負けたのだ。そのことの方がはるかに深刻である」と、**戦後全体を否定**したい。これは強い主張として感じられた。アメリカの占領によって始まった一連の日本の民主化といわれている時代、平和憲法が制定された時代は、戦後の戦争に破れた結果としてそういうことになった。「戦争に負けたことより、戦後の戦争に負けたことの方がはるかに問題だ」ということが、初版本の最後の大きな主張である(自由社版では「占領期は戦争の継続」とのべられている)。なお、「つくる会」系教科書のいずれも、東京裁判や占領政策によって「戦争への罪悪感」が広がったという視点が前面に出ている。ただし、興味深いのは、改訂版と育鵬社版では、親米的になった分だけ、そこには一種の屈折が見られることである。アメリカの戦後政策を否定できないにも拘わらず、現代日本のナショナリズム喚起のためには、戦後史をそのように表現せざるをえない「苦渋」「ねじれ」のようなものが、そこにあるように感じられる。

「かつての日本は常に外国の歴史に理想を求めたりせず、自国の歴史に自信を失わない確固とした独立心があったが、敗戦後の日本は自分の歩みに突然不安になってきた。どこか自信がなくなっている」というのが、改訂版の教科書における最終箇所のメッセージである。これは初版本と同じだ。ちなみに育鵬社版は「わが国は、過去の歴史を通じて、国民が一体感をもち続け、勤勉で礼節を大事にしてきたため、さまざまな困難を克服し、世界でも珍しい安全で豊かな国になりました。世界の中の大国である日本は、これからもすぐれた国民性を発揮して、……国際貢献していくことが求められています」と結ばれ、自由社版では「日本には古来、美しい田園と麗しい社会を築いてきた豊かな伝統がある。二一世紀をむかえた今、日本人は、みずからの歴史に自信と誇りをもち、優れた日本文化を世界に発信し、人類の平和と発展に貢献していくことが求められている」と結ばれている。これらの歴史教科書が、まさに自画自賛的なものであることが、如実に示された結びになっている(6)。

4. まとめ

以上、「つくる会」系の教科書を一瞥してきた。きわめて問題の多い教科書であることは一目瞭然だが、やや自国史・一国史自体の問題に引きつけてのべすぎたかもしれない。最後に、やはり**「つくる会」系教科書特有の問題**についても指摘しておきたい。

①いうまでもないが、**「歴史的事実」の改ざん・歪曲は許されない。**無論、「歴史的事実」も第一章でのべてきたように単純に定義づけられるものではない。しかしながら、現在までの歴史学が「史料」「証言」「記録」などに基づいて明らかにしてきた「歴史的事実」が踏まえられなければ、歴史叙述は成り立たない。たとえば、「南京大虐殺」「従軍慰安婦問題」は、すでに数多くの「史料」「証言」「記録」が存在しており（洞富雄編『日中戦争南京大虐殺資料集』第一巻・第二巻、青木書店、一九八五年。吉見義明編『従軍慰安婦資料集』大月書店、一九九二年、『政府調査「従軍慰安婦」関係資料集成』1、龍渓書房、一九九七年など）[7]、また中国・韓国・アメリカを始めとする国際社会から真摯に問いかけられている問題でもあり、これを無視することは許されない（たとえば、「従軍慰安婦」問題はＩＬＯ専門家委員会や国連人権委員会小委員会が国際人権法上の責任を決議し日本政府に勧告している）。さまざまな議論があるのは踏まえられるとしても、「史料」「証言」「記録」などによって叙述が行われるべきである（ましてや、隠蔽されるべきではない）。

②**学界で疑問視されてきたこと、論議されていることを踏まえて叙述されるべきである。**この点は、前近代史についていうならば、記紀神話、縄文時代、古代東アジア関係、大化改新など、「つくる会」系教科書が、戦後歴史学界が積み上げてきた議論を全く無視していることは指摘してきた。このほか、育鵬社版の中世史については、美化された武士像、鎌倉新仏教の過大評価、建武の新政のクローズアップ、鎌倉・室町時代の経済史の叙述がほとんどない点などに問題があるように思うが、これ以上は詳述しない。

③**支配階級を中心とした歴史であることも問題だ。**もっともこの点は、ほかの教科書にも見られる傾向だと思うが、これらの教科書では天皇中心・国家中心に叙述されており、極端にその傾向が出ているといわざるをえない。また琉球や蝦夷地、さらにさまざまな地域の叙述が極端に少ない。「地域を調べよう」といっている割には、これらの教科書の中には地域はほとんど登場しない。庶民や女性もほとんど不在だ。被差別民に対する言及も極

端に少ないというのも特色である（戦後歴史学は、部落史・女性史・地方史に多くの成果を挙げてきたことを想起せよ）。④**特定の解釈が乱暴に付随していること**。第一章でのべたように、「歴史的事実」と選択・解釈は不可分のものであり、簡単に分離できるものではない。だが、そうであればこそ、われわれは選択・解釈に対して慎重・敏感でなければならない。あるいは、複数の解釈が存在しうることを自覚しなければならない。また、どのような「歴史的事実」が選択されるべきかについても、これらの教科書は恐らく恣意的に選択する・選択しないという姿勢を示している（民衆や女性がほとんど登場しないことなど）。このほか、いちいち例示することはできないが、育鵬社版に限っても「人々が豊かな自然と調和して暮らし」（縄文時代）「わが国固有の宗教・神道」「外来文化を取り入れてゆく寛容さ」（古墳時代）「日本人の美意識に合った建築や美術品」（飛鳥文化）など、とりわけ文化史を中心に特定の解釈が無造作に付随していることが注目される。それが「日本人の誇り」だと考えているのだろう（これらの教科書では、むしろこの解釈が一番いいたいことなのだろう[8]）。

最後に、歴史叙述にはさまざまな歴史観があるからそれは自由ではないか、というもっともらしい意見について二点のべておきたい。まず、**多様な歴史観を議論できる教科書を書くべきだ**ということである。歴史教育というのは、ある歴史観や歴史像・解釈を、これが正しいものだということを押しつけるのではなく、さまざまな歴史に対する見方を議論していくことが大事なのではないか。その意味で、これらの教科書は、明らかに反対を向いているといわざるをえない。

もう一点、**歴史観は自由だから何を書いても許されるかという問題**がある。これは歴史叙述に止まる問題ではなく、社会意識、世論形成の問題として考えなければならない問題だ。たとえば、好戦的な書き方。これらの教科書もそこまでは書いていないが、そのように書きたいのではないかと思わせるような箇所がある（自由社版には「戦争の勝利を願う国民はよくはたらき、よく戦った」とある）。また、ほかの国民を冒涜する叙述がある。人種差別的叙述については欧米などではよく問題になるのは周知のとおりだ。そのような叙述は欧米では社会的に許されないのである。また、とりわけ西欧では、ナチスを美化する教科書は、世論が許さない。そういう社会意識・価値観の問題が、より重要なのではなかろうか。「歴史観は自由だ」というレベルの問題ではなく、わたくしたち自身が少なくとも、未来志向的に「どういう価値を大切に育てていくか」ということが重要な問題なのだ。

いずれにせよ、「自慢話」で、「誇り」は作られるものなのか。**日本の王権・近代国家が行ってきたこと、とりわけ日本の近代国家が犯してきた過ちは直視しなければならない**。「過ちを議論するな」ということだけはやめなければならない。過ちを直視しない限り、過ちが繰り返されることは、前近代の儒学者たちが一貫して指摘しているところである。歴史の中に得失を見て、鑑とせよ、と。過ちを直視することによってのみ、現在と未来が明らかにされる、と。「つくる会」系の教科書は、儒学者・朱子学者の眼から見ても、明らかに歪んだ、普遍的価値に値しないものといわれるに違いない。

注

(1) こうしたグローバリズムに媒介されたナショナリズムを、姜尚中は、「国際化」され、「内と外とが相互に浸透していくグローバリズム化されたナショナリズム」と捉えている(『ナショナリズム』前掲)。なお、現代ナショナリズムについては、バリバール(E. Balibar)『人権・国民・階級』(若森章孝ほか訳、唯学書店、二〇一四年、原著は一九九〇年)を参照した。

(2) 本節は主として俵義文『〈つくる会〉分裂と歴史偽造の深層』(花伝社、二〇〇八年)、拙著『自他認識の思想史』(第六章、前掲)によっているが、育鵬社・自由社版の歴史教科書の刊行などを踏まえ拙著第六章については大幅に改訂している。なお、改訂せざるをえなかった最大の理由は、(育鵬社版教科書の採択率の大幅「上昇」なども含め)わずか一〇数年で世界・日本の状況が大きく変化したことを痛感したからにほかならない。ちなみに、前掲拙著では、わたくしはグローバリズムがナショナリズムを「空洞化」していくことにまだ「楽天的」だったが、この一〇数年間でとりわけ日本では事態はより深刻化しているといわざるをえない。

（3）とりわけ育鵬社版教科書は、採択率を伸ばすことを意識してか、初版本・改訂本・自由社版と比較すると、全般に「穏当」な叙述になっている印象が強い。だが、このことはかえって、「危険」になっているとわたくしは考える。実は、育鵬社版には、新興出版社啓林館から『教科書トレーニング』という問題集、『教科書ガイド』という参考書が出版されている。これらを見ると、高校受験を意識した「学習のまとめ」「重要語句丸ごと暗記」「定期テスト予想問題」「入試問題にチャレンジ」などが盛り込まれ、高校受験に適した「普通の教科書」の印象を与えているのだ。ちなみに、新興出版社啓林館は教科書編纂のほかに、多くの出版社に準拠した教科書ガイドや問題集を出版している「普通の受験出版社」であると思われる（ウェブサイトを参照すると、中学の教科書準拠問題集は八七種類に及んでいるという）。だが、白表紙本・初版本・改訂本という経緯を見てくるならば、むしろ「普通の教科書」のように見せることで、「日常」の中に知らずより強力なナショナリズムに誘うイデオロギーが入り込んできているといわざるをえない。この意味では、これまで以上に精緻な批判が必要になってくるだろう。とはいえ、「穏当」な叙述になっていること自体には、当初の叙述に問題があったことを自ら認めていることも示されているわけで、この点は苦笑を禁じえない。

（4）ちなみに、現在の育鵬社版は古代史約五〇頁、中近世史約八六頁、近現代史約一二五頁、自由社版は古代史約五六頁、中近世史約七二頁、近現代史約一二四頁で、中近世史はやや増加した印象があるが、それでも古代史が多い傾向は指摘できる。

（5）二〇一五年の安倍晋三首相による「戦後七〇年談話」にも「日露戦争は、植民地支配のもとにあった、多くのアジアやアフリカの人々を勇気づけました」「世界恐慌が発生し、欧米諸国が、植民地経済を巻き込んだ、経済のブロック化を進めると、日本経済は大きな打撃を受けました。その中で日本は、孤立感を深め、外交的、経済的な行き詰まりを、力の行使によって解決しようと試みました」など、これら教科書の戦争観との共通性が認められるように思う。なお、安倍は日本会議国会議員懇談会特別顧問を務めていることに鑑みると、その共通性はむしろ当然であろう。

（6）なお、このほかに、当初の「つくる会」の教科書には初歩的なミス・論外なミスが多いことも特色だった。歴史観の問題以前に、あまりにもお粗末としかいいようがない初歩的なミスが多かった。改訂版においては、大化改新期（七世紀）の挿図に平安時代（九～一二世紀）の一二単衣や衣冠束帯を描いていること、『楠公一代絵巻』は南北朝時代（一四世紀）の挿図なのに鉄砲穴のある近世城郭建築（一六～一七世紀）を示すことなど、その時代にはありえない絵図を掲載していた。初版本では、全部が「勅撰」でもない万葉集が、「朝廷の命によって編集された」と書かれていること、万葉集は江戸時代までは埋もれた歌集だったにも拘わらず「万葉集は長くその後の模範とされた」とあること、コラムに「源頼朝が武家で最初の征夷大将軍に任じられた」とあること（武家最初の征夷大将軍は木曽義仲だ）。さらに「富岡製糸場など紡績業」とあり、製糸業と紡績業の区別もできない。なお、育鵬社版の教科書などにも旧石器時代、神道、後期倭寇、戊辰戦争、日米戦争開戦の通知過程の叙述などに幾つか初歩的ミスがあることが指摘されている（こども教科書全国ネット二一編『育鵬社教科書をどう読むか』高文研、二〇一二年）。これらの教科書が検定済だったことを思うと、検定自体に問題があることは明白だろう。

（7）日本会議と深い関係にある産経新聞社は、従軍慰安婦問題について、問題が発覚した当初は工場労働などに強制連行された挺身隊と混同して表現されていたことなどを利用し、あたかも本人の意思によるもの、あるいは「身売り」と同様の事態であったと一般化し、最近ではこれを「捏造」とさえいっている（『歴史戦』同社、二〇一五年）。だが、従軍慰安婦が内務省・軍部・警察・斡旋業者一体となった組織的「募集」による、多くの場合巧妙な甘言での本人の意思に反した強制連行によるものであったこと、慰安所では日常的に暴力・虐待・監禁などが行われていたことなどは、すでに警察資料も含む文献諸史料が明らかにしている確説であるとわたくしは考える（『「慰安婦問題」と未来への責任』大月書店、二〇一七年）。なお、二〇一五年一二月に、従軍慰安婦問題に関して、岸田文雄外相と尹炳世韓国外務部長官との間で、この問題に関して、「軍の関与の下に、多数の女性の名誉と尊厳を深く傷つけた問題であり、……日本政府は責任を痛感している。……全ての元慰安婦の方々の心の傷を癒やす措置を講じる。日本政府の予算で資金を一括で拠出し、日韓両政府が協力し……全ての元慰安婦の方々の名誉と尊厳の回復、心の傷の癒やしのための事業を行う」「この問題が最終的かつ不可逆的に解決されることを確認する」とする「日韓合意」が行われた。だが、この「合意」には何よりも「元慰安婦」だった方がたの意見は全く反映されておらず、日本政府が被害者に直接会って謝罪をする途を自ら閉ざしたことで、むしろ問題を将来に積み残すものとなったといわざるをえない。

（8）この点と関連して、「つくる会」系教科書は、「歴史は物語である」という、自国史・近代実証主義が表象する「唯一の正しい歴史」という近代主義を解体・相対化するために提示された批判理論を「悪用」「転用」し、歴史の「フィクション性」を強調することでそこに居直って叙述されている面がある（高橋哲哉『歴史／修正主義』前掲）。したがって、まさに「自在に」乱暴な解釈や選択が付随していくこととなるのだろう。だが、「歴史の物語論」において重要なことは、歴史が「だれがだれに向かって」語られるものなのかを明らかにすることによって、近代歴史学が有する絶対性（「科学性」）を相対化することであり、決して都合のいい「物語」を勝手に語ることを意味するものではない。「歴史とは『物語』」と公然と主張し、「自慢話」だけを並べたてる百田尚樹『日本国紀』（幻冬舎、二〇一八年）がベストセラーになっている（らしい）状況に鑑みて、この点は強調しておきたい。

補論 わたくしの問題意識の来歴

第一章でのべたように、一言で「歴史的事実」といっても、さまざまな作為性、「枠組み」がその周囲にまとわりついている。「歴史的事実」とは、こうした作為性、「枠組み」に十分に留意し、かつそれに向き合う者の先入観・誤謬を一つずつ丁寧にとり去って初めて定義づけられていくものだというのが、そこでの結論であった。したがって、やや乱暴ないい方になるが、「歴史的事実」とはそれを振り返る者の問題関心と不可分のものである（無論、だからといって「歴史的事実」を隠蔽・改ざんすることが許されないのは当然のことである。念のため付言しておく）。だとしたら、他人ではない、ほかならぬ**われわれは何を考えるために歴史を振り返っているのか**。このことを抜きにしては、われわれが検証すべき、他人が定義づけたものではない、われわれ自身が「選択」した「歴史的事実」も示されてこないのだ。そのサンプルとして、わたくしが思想史に関心を懐くようになったのは何故か、また、なぜ宗教思想や東アジアに関心を有するようになったのか、そして、**本書は何故こうした構成になっているのか**、ここでは自分の歩みを振り返りつつ説明していきたい（以下の文章は自分自身でも初めて記すもので、実際の講義で話したものではない。恥をさらすようなものであるが、問題意識のありようの一つのサンプルとして、お読み頂ければ幸いである）。

第一節　宗教・思想への関心

1．牧師の息子として

わたくしが、思想史、とりわけ宗教思想や日本宗教史に関心を有するようになったのは、父（一九二二—二〇一六）が牧師であったことと深く関係している。父は、アメリカンプロテスタントの代表的宗派の一つ、北部バプテスト派（牧師の権威を認めない会衆主義＝万人祭司論、幼児洗礼の否定、浸礼によるバプテスマ、個別教会の自主性の尊重などが特徴）の牧師として、東京荻窪・八戸・盛岡・いわき・富山・塩釜・根室で布教活動し、わたくしも高校生だった盛岡時代までは、その環境の中で育った。父の話によれば、宮城県の大地主の家に次男として生まれ育った父は、典型的な軍国主義青年として中国への侵略戦争にも一兵卒として参加した。父が中国でどのような体験をしてきたのかは第三節で記すが、赤痢に罹って復員し一命をとりとめたようだ。終戦後の農地改革による家の没落と、信じていた天皇制の敗北のショックから、アメリカ軍の占領とともに盛んになったキリスト教に反発し、郷里塩釜のバプテスト派の牧師に果敢に論争を挑んで逆に「論破」されるや、直ちに入信し、翌一九四七年には日本基督教神学専門学校（のちの東京神学大学）に進学して牧師となったという「激しい」体験をしている。後に、自身の著書の中でその体験をパウロの「回心」（キリスト教の教義を最初に整え、それをローマ帝国に広げたパウロは当初はキリスト教の弾圧者で、劇的「回心」で布教者に転じたことは、新約聖書では有名な話である）になぞらえているので、その「激しさ」は父の中でも自覚されていたようだ。

ところで、終戦直後のキリスト教の隆盛は一過性のもので、その後キリスト教がほとんど日本に根づいていないのは周知のとおりである（カトリックも含め信者数は二〇一八年現在約二〇〇万人）。隣国の韓国などで一、五〇〇万人近い信者がいることと比較しても、**何故キリスト教が現代日本では伸びないのか**、これがまずわたくしに芽生えた問いであった。この問いに答えるのはなかなか難しく未だに答えが出せないでいるが、少なくとも近代以降の日本宗教史や国家神道史を考えていかなければ答えは出ないと思っている。ところで、牧師の家に育ったわたくしにとってこの問いが切迫した問いだったのは、それが直ちに生活に直結する問いだったからである。教会の経営は、明治維新後の日本の義務教育と同じく基本的には信者の献金が支えることになっていた。当初はアメリカと日本の本部から支援があったようだが、教会員数が一定の規模になると自立し、献金のみが唯一の収入となる（この方式は今も同じだと思う）。余談だが、一九八四年に初めて渡米した際に、どうしても見たかったのでフィラデルフィアにあるバプテスト本部（北部バプテスト派＝ＡＢＣ）も訪ねて、その規模の大きさに驚き、もう少し援助してくれたら、われわれの生活も楽だったのになどと余計なことを考えたことがある。いずれにしても、わずか一〇人足らずの、しかも同じく一九六〇年代までは清貧な生活をしていた信者だけでは、とても牧師の生活は成り立たない。母（一九二三―二〇一五）の内職もあって、わたくし（および妹）は一度もひもじい思いをしたことがないのも事実で、そのことには今も心から感謝しているが、その生活がかなり大変だったことは、幼いわたくしの目にも明らかだった（母はよく質屋に行っていた。没落したとはいえ父の実家は元大地主だったので、「現物援助」を受け、それを質屋に持参していたらしい）。だれも日曜日の礼拝に集わず、一家だけで礼拝を行っていた光景が、今も目に浮かぶ。「牧師の子どもには変わり者が多い」という話を後年何度も聞いたが、それは何よりもこうした生活体験、およびそれとは反対に高度成長していった日本社会に対する違和感がどうしても芽生えたことにあると思う。

2. 宗教への関心と疑問

違和感といえば、父は信仰に厳格な人で、地域社会の祭礼への参加を禁止されていたことが思いだされる。とりわけ八戸時代、「三社大祭」（法霊神社・長者山新羅神社・神明社の三社の祭礼、元は法霊神社の祭礼で約三〇〇年の歴史があるという）や「えんぶり」（小正月に行われる豊作祈願の芸能）という有名な祭礼があるが、朔日町という八戸きっての中心部に教会があったこともあり、地域での「三社大祭」の山車の製作、祭礼参加も大変熱心なものがあった。わたくしの子ども時代の遊び仲間たちは当然のごとくにその祭礼に役割があり（主として小太鼓たたきと山車引き）、それぞれ楽しみにして参加していたが、わたくしの不参加をいぶかしがっていた。わたくしにとっては、不参加の事実よりも、こうした目で見られることが嫌だった。このため、小学生低学年とはいえ、父とは結構激しい議論をした記憶がある。これらの信仰は何故間違っているといえるのか、**宗教や信仰には正否はあるのか**、キリスト教成立以前の世界の人びと、キリスト教伝来以前の日本の人びとは「救われない」のか、わたくしの日本宗教への関心はそこから生まれたのではないかと思う。

最後になるが、無論、わたくしは何度も聖書を読まされて育った。キリスト教の知識は西欧思想史のみならず、日本キリシタン史、近代日本思想史、さらには植民地朝鮮宗教史などの理解には大変重要で、わたくしはこの点について今は大変感謝しているが、高校時代までは聖書の内容について幾つもの疑問に悩まされていたことが思いだされる。とくに疑問に思ったのは、進化論と矛盾する天地創造神話、モーゼの出エジプト記の奇蹟、ヨブ記に見られるヤーヴェの理不尽さ、アブラハム以来のイエスの系図への疑問、イエスの誕生物語と「病気直し」、そして何よりもその復活、黙示録の終末論などだ（新約聖書後半のパウロの伝道や書簡は、原始キリスト教団の信仰告白とでもいうべきもので、むしろあまり疑問は湧かなかった）。今もキリスト教史には大変興味があるが、とりわけどのようにして聖書が書かれ、またのちにどのようにして公定教義が成立したのかについて考えるようになり、さらに一九六〇年代後半に影響力のあった「解放の神学」「人間イエス論」などの書物を読みあさるようになって、**宗教も人間が歴史的に形成したものだ**と考えるようになった。「解放の神学」とは、一九五〇年代後半頃から中南米を中心に運動が始まり、やがてアフリカ系アメリカ人、韓国やフィリピンなど世界的にも影響力を広げた主にカトリックを中心とした神学（運動）で、キリスト教の福音の特質を被抑圧状況からの解放と捉え、イエスの解放運動への参加や社会正義の実現を強調する聖書解釈が特徴だった。また、「人間イエス論」は、こうした「解放の神学」と連動しつつ、イエスの人間性を強調する議論で、解放運動の担い手としてのイエスを描きだし、キリスト教の形而上学化を最初に推し進めたパウロ（父の尊敬して止まないパウロ）を批判的に捉えていたことも特徴だった。

父とは、高校時代にこの点でも何度も衝突し、田川建三の『原始キリスト教史の一断面』（勁草書房、一九六八年）『批判的主体の形成』（三一書房、一九七一年）、高尾利数の『イエスは全共闘をどう見るか』（自由国民社、一九六九年）などの著作を「没収」された記憶がある。実はそれらの著作には、父の書き込みが幾つもあり、父もわたくしのためにその理解に努めていたのだということを亡くなってから知った。

第二節　資本主義への問い

1.「冷戦」時代だった青少年期

今に至るまでのわたくしの学問に横たわっている「隠れた」最大のテーマは、この問いである。現在、**「新自由主義」「格差社会」**「ワーキングプア」「ブラック企業」などの言葉が飛び交い、いずれも現代的問題であるかのように語られているが、わたくしにいわせれば、顕現形態は確かに現代的とはいえるものの、これらは資本主義の本質に根ざす問題であり、何も新しい問題ではない。本論でのべたように、資本主義は一六〜一七世紀にオランダ・イギリスに登場し、その後一九世紀には日本も含めて全世界を覆い尽くしていった経済システムである。資本の蓄積と増殖を目的に経済活動が行われ、それまで小農民であった多くの人びとがその下での労働者・消費者として生活することを余儀なくされていく。**何よりも資本の「自由な」活動と人びとが「自由に」労働者となる「市場経済」**がこのシステムの特質で、資本主義の発展を目的に組織された国民国家は、この「自由」を保障し、かつ熾烈な国際的市場競争に勝ち抜くための「支援」（企業設立と投資、軍事力の整備、労働者育成のための教育整備など）を行っていくことを任務としている。だが、それは現実には「不平等」「貧困」「差別」「侵略と暴力」「植民地（新植民地）」を伴い、この意味では「自由な」資本の活動とは真逆の「不自由な」人びとを全世界に数多く生みだしていったことも一九世紀以来の歴史が物語っているところである。現在われわれが直面している問題とは、まさにこの資本主義の問題・矛盾の二一世紀的様態にほかならないとわたくしは考えているが、この点については本論でのべたとおりである。

わたくしが、資本主義の問題や矛盾について考えるようになったのは、一九六〇年代後半頃からであろうか。第一節でのべたように牧師の家に育ち、（高度成長を尻目に）経済的に厳しい生活をおくっていたことも関係していたのかもしれないが、それ以上に資本主義について考える機会が、学校や社会にも数多く存在していた（この意味では、資本主義自体への問題意識や批判力が劣化した現代はより危機的だ）。というのも、当時は資本主義を乗りこえる「次のシステム」とされていた社会主義・共産主義国家群（「国家が死滅する」とするレーニンの共産主義理論からすると、このいい方は皮肉であるが）が「東側陣営」として存在しており、資本主義・自由主義を標榜する「西側陣営」と厳しく対立する**冷戦時代**だったからである。中学校では、資本主義と社会主義について、二つのグループを作って互いに模擬論争するというホームルームの授業もあった。また、高校時代の倫社の授業は、共産主義の古典といわれるマルクス・エンゲルスの『共産党宣言』をひたすら講読するものだったと記憶している。さらに、冷戦がいわば熱戦となったベトナム戦争が激化していく時代で、アメリカと当時は存在していたソビエト連邦がいずれ人類の滅亡を招来しかねない第三次世界大戦を引き起こす可能性も論議されていた。日本に目を転ずると、いわゆる社会主義・共産主義を掲げる政治勢力が少なからず存在しており、とりわけわたくしの中学・高校時代には大学では学生運動の全盛時代で、共産党以外にも新左翼勢力が伸張し、いやが上にも、資本主義・社会主義に関心をもたざるをえない状況があった。

とはいえ、資本主義の「次のシステム」とされた社会主義・共産主義の現実が、決して理想的なものではないこともすでに周知のことであった。スターリン批判で暴かれたスターリンの独裁体制と反対派の大量粛清、中国文化大革命の勃発と多数の虐殺を伴った大衆的党派闘争の激化、民主化を求めたチェコスロバキアの運動が高揚した「プラハの春」とそれに対するソ連などによる侵攻と弾圧など（一九六八年）、「東側陣営」には極度に一元的で強圧的な共産党・官僚的特権階層による支配と搾取が存在し、また画一的な生産システムが社会の活力を損なっていること、資本主義よりは優れていると宣伝されていた社会福祉面も劣悪な状況にあることなどが、広く知られるようになっていた。とりわけ致命的だったことは、一触即発にまで至った中ソ対立を頂点に、それに比すると全く矮小なものとはいえ一九七二年の連合赤軍事件に示された「内ゲバ」事件など、社会主義内部での対立と残虐行為の存在は、社会主義に対する失望を招いていた。「東側陣営」が崩壊し冷戦が終結したのは一九八九年だが（ソ連の崩壊は一九九一年）、わたくしの高校・大学時代には既存の社会主義・共産主義が決してモデルたりうるものではないことはだれの目にも明らかであった。

もっとも、アメリカの侵略戦争に抗しついにそれに勝利したベトナム戦争、およびベトナムの人びとに連帯してアメリカや資本主義に根本的異議申し立てを行った一九六九年前後の全世界の学生運動・市民運動の昂揚（フランス・アメリカ・イタリア・ドイツ・メキシコ・日本など）は、高校生になったばかりのわたくしにとっても衝撃的なもので、社会主義の新しい可能性を感じさせるものだった。今でも当時全世界を席巻したビートルズの音楽を聴いていると、一九六九年の「事件性」が目に浮かび、同時にその退潮から冷戦終結、さらに全世界が資本主義に覆い尽くされてしまう現代世界が始まったという思いがこみ上げてくる。

2. マルクス主義の影響

こうした時代の影響もあり、わたくしが大学時代に学び考えたことは何かといえば、最初に進学した某大学の理科系学部、その後に移った立命館大学日本史学専攻も含め、資本主義とは何か、それはどこに向かっていくのかという問題、**その先に搾取と差別のない社会を実現していくことは可能なのか**という問題だった。このことを考えるためには、現実の社会主義体制の腐敗とは別に、やはり**マルクスの著書から考えるしかない**と思った（今も基本的にはその思いに変わりはない）。そのときに、わたくしには、現実の社会主義・共産主義への失望もあり、経済学よりもその哲学・思想にとくに惹かれた。『経済学・哲学草稿』『ドイツ・イデオロギー（リャザノフ版）』『フォイエルバッハ論』、さらにマルクスが影響を受けたヘーゲル左派の著書など、いわゆる「初期マルクスもの」は、当時人気のあった廣松渉の著書と並んでむさぼるように読んだ記憶がある。また、スターリン主義とは異なるといわれた西欧マルクス主義、とりわけルカーチ（G. Lucas）『歴史と階級意識』やフランクフルト学派（ホルクハイマー〔M. Horkheimer〕とアドルノ〔T. Adorno〕の共著『啓蒙の弁証法』など）の書物も先輩に薦められて熱心に読んだ。無論、マルクスの主著たる『資本論』（岩波書店版）は第一巻を中心に何度か「学習する」機会があった。学習会が大体第一巻末くらいにきた頃に挫折し、また最初からという繰り返しのおかげで、わたくしは第一巻だけは未だに多少は詳しく説明できる。そして、〈第一巻しか読んでいない『資本論』読み〉はしばしば批判されていることも承知しているが、第一巻は資本主義的生産様式が、どのような構造・循環で剰余価値・利潤を生むものなのかが解明されている部分で、現在もそれが作動し続けていることを知るためには、なお必読文献ではないかと思っている（無論、全巻読む必要はあるのだが）。

さて、わたくしが日本史学を学び始めたのは一九七七年以降で、急速に日本社会ではそれまでの資本主義社会への批判が萎んでいった時代であった。それにも拘わらず、立命館大学では「講座派マルクス主義歴史学」（第六章でのべた）が健在で、「史学概論」の授業ではマルクスの書物（『ドイツイデオロギー』など）がとり上げられ、あるいは非常勤講師の先生方の中にも明らかに「活動家風」という風貌の方が多いという状況だった（故掛谷宰平など）。山尾幸久、三浦圭一、衣笠安喜、岩井忠熊ら、わたくしが直接教えを受けた先生方も、それぞれに特徴はあるもののこうした「戦後歴史学」の継承者であったといってよかった。ついでながらいえば、これらの先生方に先行する北山茂夫、林屋辰三郎、奈良本辰也の諸氏は、「立命史学」という学風を築かれた方々であり、そのこともわたくしが立命館に進学した理由の一つであったが、「立命史学」も「戦後歴史学」の有力な潮流と見なされていた。こうした環境は、既述してきたわたくしの経緯からすると、きわめて恵まれたものといってよかった。いくらマルクス主義に一定の理解があったとはいえ、それまで理系にいたわたくしがこの環境で初めて学んだものは無論多く、とりわけ「史的唯物論」「弁証法的歴史理論」などについては、マルクスの書物以外にも、その理論を縦横に駆使した石母田正、黒田俊雄、安良城盛昭、羽仁五郎、井上清、遠山茂樹などの歴史書にふれ、大きな影響を受けた。また、当時盛んになっていた国家論、天皇制論などの著書も必読文献だった（『大系日本国家史』全五巻や下山三郎の著書など）。

3.「上部構造」と「下部構造」

ところで、第一節でのべたように、宗教や思想の歴史に関心があったわたくしには、これらのマルクス主義歴史学ではどうしても納得できない問題があった。すなわち、マルクスによれば（「公式マルクス主義」によれば）、宗教や思想は、社会・歴史の「上部構造」にあたるもので、社会・歴史の「下部構造」は人びとの経済活動（生産様式・生産関係）に規定づけられているという（『経済学批判』序文、前掲）。以下、第六章でも引用したが、再度この部分を引用しておく（岩波文庫版［大内力ほか訳］）。「人間は、その生活の社会的生産において、一定の、必然的な、かれらの意志から独立した諸関係を、つまりかれらの物質的生産諸力の一定の発展段階に対応する生産諸関係を、とりむすぶ。この生産諸関係の総体は社会の経済的機構を形づくっており、これが現実の土台となって、そのうえに、法律的、政治的上部構造がそびえたち、また、一定の社会的意識諸形態は、この現実に対応している。物質的生活の生産様式は、社会的、政治的、精神的生活諸過程一般を制約する。人間の意識がその存在を規定するのではなくて、逆に、人間の社会的存在がその意識を規定するのである」。

この理解を単純に受けとれば、宗教や思想は、「下部構造」から説明されるべきもので、それ自体の「自立性」は存在しないと理解されていた（今では・無論そのような単純な理解については、ピエール・アルチュセール［P. Althusser］など多くの批判があるが、ここでは詳述しない）。宗教や思想のテクストを読み込み、それを分析したとしても、「下部構造」と関連づけ、そこから説明しなければ、何ら宗教や思想を説明したことにならないというのだ。事実、当時の日本史研究会の部会で、あなたは「上部構造」の研究をしているのですね、といわれたことがある。今思うと、「上部構造」の研究だったとしても何ら恥じ入るものではないのだが、そこには、思想史は歴史に付随する問題を検討しているだけで、歴史を根本から理解したことにはならないという響きがあった。当時のマルクス主義歴史学においては、「下部構造」とされた「経済的機構」（ウクラード）の研究が中心で、『資本論』を駆使しながら生産様式・生産関係を解き明かし、階級矛盾の深まり、変革に向かう様相を分析することが圧倒的に主流であった。もっとも、網野善彦らがそれに対する批判を強めていたことも知られつつあり、アナール学派の影響を受けたいわゆる「社会史」も注目を集めつつあったが、少なくとも京都の歴史学は、「硬派講座派」が主軸だったように記憶している。

こうした中で出会ったのが、丸山真男、安丸良夫、子安宣邦らの研究であったが、それについてはコラム①〜③でのべたとおり。ここではこれらの方々の研究がわたくしに影響を与えたのは、いずれの方々もマルクス主義の影響も受けつつ、その上で宗教・思想の歴史のみが示しうる世界を提示する方法的模索を行っていた点にあったことをのべるに止めたい。

第三節　東アジアとの出会い

1. 出征した父の体験

昨今は、東アジアを冠した研究・会合が大変盛んとなっている。多くの留学生が行き交い、学生や大学院生の遠隔方式の国際授業や研究者同士の国際学会・シンポジウムが大変盛んとなっていることに鑑みるならば、それ自体は自然なことである。だが、**日本が東アジアで何を行ってきたのか、とりわけ近代史と戦後史の中で日本が何を行ってきたのか（何をしてこなかったのか）**、このことを、わたくしも含めて戦前期日本を直接体験していない者がほとんどとなった今こそ、その研究・交流の前提として踏まえなければならないというのが、わたくしの強い思いである。

わたくしの父が一九二二年生まれで青年兵士として出兵したことに鑑みれば、わたくしの年代（団塊世代の五年くらい下の世代）あたりが侵略戦争に直接参加した兵卒としての父を有するもっとも低年齢の世代ということになる。つまり、わたくしよりも若い方々は、出兵していない少国民としての父母か戦後生まれの父母だということだ。無論、このことに言及するのは決してそれを特権化するためではなく、少国民世代であったとしても、戦争の悲惨さを伝えることは十分に可能であり、事実わたくしの妻の父は小学校などで自身の国内での戦争体験を語り続けている。同じく歴史学（近代日本史）を専攻している妻も、この父から強い影響を受けていることは想像に難くはない。だが、わたくしの場合は、父から数回中国での体験を聞いている。それをわたくしは、きちんと継承し、次の世代に伝えてきたであろうか。歴代政権の東アジアに対する傲慢な姿勢、戦争責任の意図的歪曲や、それに対する圧倒的多数が戦後派となった日本国民の世論の動静を見るにつけても、内心忸怩たる思いにとらわれる。

無論、わたくしの父はそんなに多くを語ったわけではない。しかも、わたくしが歴史学徒となり、しつこく質問をしたので、嫌々語ったというのが本当のところだ。恐らくあまりに壮絶なもので、語りたくなかったと推察している。そんな中で、二つのことが今もわたくしの中では強烈な話として残っている。一つは、軍隊内での暴力だ。「めがねをとれ、歯を食いしばれ」という古参兵の言葉とその後の鉄拳は、戦後も長らく父の脳裏から離れなかったという。軍隊一般はそうしたものであろうが、日本の軍隊ではとりわけ日常的に暴力的支配が横行していたことは周知のとおりで、父の話もその一例に過ぎない。とはいえ、戦後もそのトラウマに苦しめられていたことが、むしろわたくしには驚きだった。もう一つは、語った父の思いも含めて、今も胸を締めつけられる話だ。それは、新兵に銃剣をつけさせ、皆で中国の「捕虜」を刺殺した場に父もいたという話だ。父は、「処刑」前日の夜にトイレに行ったときに、裏庭に縛られていた同じ年頃とおぼしき「捕虜」と目を合わせたことが未だに忘れられないと、絞りだすように語った。「罪もない人を殺すことになった」とも。そこには、中国の人びとに対して行った残虐行為への深い後悔と懺悔の意識が感じられた。二〇〇〇年になって、北京日本学研究センター派遣教員だったわたくしを北京に訪ねてきた父が、「ああ、あれ以来だ」と深いため息とともにつぶやき、じっと北京の人びとを見つめていた姿とともに、今も忘れられない亡父の記憶となっている。

なお、実は母からは、戦時中の体験話を山のように聞いてきた。東京での女学校時代が戦時中という母は、成長過程・青春時代の全てが一五年戦争と戦後の混乱期だった。一九四五年三月一〇日の東京大空襲も体験しており、毎日のように焼死体を見ていると死に対して鈍感になっていったこと、病死したわたくしの祖母（母の母）を伯父（母の兄）と二人で焼け野原となった東京で埋葬したこと、戦後の混乱期に街に響いてきた讃美歌に惹かれキリスト教に入信し父と知り合った話などが、今もわたくしの記憶に残っている。そして、ふと思うのだが、実は母からは日本が侵略した東アジアに関する話をほとんど聞いたことがない。「内地」にあった日本人には、戦時中さらに戦後もそれらが全く伏せられていた事実とそれが通底していることは明らかだ。現代に至るまでの日本の加害責任に対する無自覚ともそれは関係があるのではないかと思うが、実は母も少しは近所の朝鮮人の生活などについて語っていたのかもしれない。だとすると、実はそれを気にも止めなかったわたくしの方に問題があることになり、内心忸怩たる思いになる。

2. 韓国からの留学生がやってきた

ところで、わたくしが東アジアの人びとと実際に出会ったのは、在日韓国朝鮮人および在日中国人の方々だった。八戸時代、一九五〇年代後半から一九六〇年代前半のことは、あまりに幼くて明確な記憶がないのだが、さまざまな苦しみや悩みを抱えていた人びとが、礼拝ではなく、牧師館と呼ばれていたわたくしの家をよく訪ねてきていた記憶がある。それらの人びとの中には、在日韓国朝鮮人や在日中国人（台湾の方だった）の人びとが含まれていたことを後に知らされたが、中でもすでに実名を名乗っていた在日中国人の方は、八戸教会の熱心な信者の一人となったようで、名前だけは今でも覚えている。どのような経緯で、本州北端の街八戸で生活することになったのか、どのような思いで戦後も日本で生活していたのか、今となっては知る由もない。

その後学生時代まで、恥ずかしながら、わたくしの東アジアへの関心は、ニュース上のものだけとなった。文化大革命とその終結、南北朝鮮の分断と朴正熙政権など。仙台での学生時代に（一九七〇年代中頃）、金芝河釈放運動や徐勝釈放運動などに参加し、何人かの在日韓国朝鮮人と知り合える機会があった。だが、わたくしには、これらの問題は「隣国」の問題であって、戦前の日本の植民地支配および戦後の日本政府の植民地支配への無責任が深く関係している「自らの問題」であると考えることはできなかった。京都に移った一九七七年からは、身近に在日韓国朝鮮人の友人ができ、指紋押捺の強要に反対する運動などに関わったが、わたくしのスタンスは、さほど変わらなかった。

遅きに失したというべきだが、門は突然かれらの側から開かれた。一九八〇年代中頃になって、中国・韓国からの大学院への留学生が、立命館大学にもやってくるようになったのだ。韓国での民主化が達成された一九八七年前後、そして中国での「四つの現代化」が始まったばかりの頃に日本史学専攻に留学してきたかれらのおかげで、韓国や中国の人びとがどのような思いを懐きつつ、どのように戦後を生活してきたのかを初めて実際に知ることができるようになった。今も付きあいのあるかれらには感謝してもしきれない思いである。とくに韓国人のD氏は、韓国のことなどお構いなしにバブル経済に湧く日本の現実にいらだち、しばしば鋭い質問を浴びせかけてきた。**日本は戦前の植民地支配をどのように総括しているのか、戦後の日本経済の復興は朝鮮戦争が契機であったことをどのように考えているのか、韓国の人びとがやっとの思いで打倒した軍事独裁政権を一貫して支援**

してきたのはアメリカと日本だったことを知っているのか、など。わたくしおよび当時の研究会仲間は、かれと安飲み屋で議論するたびに緊張していたことを思いだす。とりわけ、わたくしが専攻していた日本近世思想史は、当時は東アジア思想史と関係づけて検討する視点が阿部吉雄『日本朱子学と朝鮮』（前掲）など一部の研究を除くと脆弱で（未だに丸山真男の『日本政治思想史研究』と格闘中だった）、学問的にもかれの質問に応えられる者は皆無という状況だった。かれは朝鮮儒教と日本儒教の関連を研究テーマとしていたが（博士学位論文名「朝鮮朱子学の特質に関する研究―日本・中国との比較思想史試論―」）、わたくしの民衆思想史研究についても容赦なく朝鮮王朝思想史との関連を問うてきた。どのように応えたのかは、今は忘れてしまったが、その視座の重要性自体を初めて学ぶことになったのである。なお、折からの昭和天皇の死去もあって、一九八九年にD氏の招待で母校の国立釜山大学校で日本の天皇制について報告する機会が与えられたが、それがわたくしの韓国での初めての報告となった。

3．初めての韓国・中国訪問

わたくしが、初めて韓国を訪問したのもその頃である。子安宣邦が中心となり、今は名だたる、当時は若手だった日本思想史研究者の多くが韓国大田の韓南大学校でのシンポジウムに出かけたのが最初である。その際に、成均館大学校の先生の講演も行われたが、儒教が現代思想として息づいていることを強く印象づけられる内容に皆で驚いたこと、韓国は著しい経済成長の只中で荷台に労働者を満載したトラックが砂埃を上げながら次々と走り去って行ったこと、今は大都会となった大田であるが当時は電化されていない線路が遠くまで並んだ操車場だけの田舎町だったこと、韓南大学校では未だ学生運動が盛んで警察が放水していた様相が遠くから見えたことなどが思いだされる。子安はその後、この集いを基礎に、近世思想史研究会（のち思想史文化理論研究会、さらに関西思想史フォーラムと改称し今は解散）を組織し、そこでの成果は『江戸の思想』一～一〇号、『日本思想史辞典』（いずれもぺりかん社）などとして結実することになるが、倫理学・歴史学・政治学・教育学・言語学など領域を越えた三〇代中心の思想史研究者が集った月一回の研究会は、ポストモダン的視座が思想史研究にも影響を与えつつあったこともあり、毎回大変熱気あふれるものとなり、間違いなく現在のわたくしの研究の骨肉となっている。

また、この研究会は、とりわけ東アジア交流に力を注ぎ、韓国以外にも、一九九二年の台湾での儒教シンポジウムが、一九九〇年代前半には山東省曲阜孔子廟と泰山、南京の侵華日軍南京大屠殺遇難同胞紀念館、「旧満州」地域の長春、瀋陽、鞍山、撫順など三度にわたる中国訪問が実施された。これは、わたくしにとって初めての中国・台湾訪問となったが、当時は「牛馬耕」が行われていた「田舎」の中国の風景、急激な経済成長でスモッグに煙っていた台北市の様相は今も脳裏に強く焼きついている。なお、この研究会には、今は亡き王家驊、宋彙七など数多くの中国・韓国からの思想史研究者も集っており、これらの方々およびそのお弟子さん方との交流は、今もわたくしの貴重な財産となっている。

4. 日韓宗教研究者交流シンポジウム

一九九〇年代になると、もう一つ重要な韓国との交流が始まった。それは、一九九三年から開始された日韓宗教研究者交流シンポジウムだ（のち日韓宗教研究フォーラム、東アジア宗教文化学会、東アジア宗教研究フォーラムと改称）。これは、東京大学島薗進研究室とソウル大学校鄭鎮弘研究室、および金光教教学研究所が中心となって組織されたもので、後には安丸良夫などの民衆思想史研究者、さらに立命館大学・大阪大学・天理大学の日本思想史研究者や天理教・大本教・立正佼成会の教学機関、さらに韓国側からは東西大学校・高麗大学校・圓光大学校・ハンシン大学校なども加わる、日韓の宗教学・宗教史研究者と新宗教系宗教教団の教学研究機関が集う大変ユニークな研究組織として発展していった。そのときのテーマおよび開催場所は以下のとおりである。

一九九三年「日韓の宗教と宗教研究の現在」(ソウル大学校)、一九九四年「日韓両国の新宗教と伝統文化」(金光教教学研究所・東京大学)、一九九五年「日韓両国の近代化と宗教」(圓光大学校)、一九九六年「宗教における『近代』経験」(天理大学・立命館大学)、一九九七年「日韓両国の社会変動と宗教」(大真大学校)、一九九八年「近代東アジアにおける『民族』と宗教」(立正佼正会)、二〇〇一年「宗教とアイデンティティ」(韓国学中央研究院)、二〇〇三年「東アジアの宗教性とネットワーク」(大谷大学)、二〇〇五年「宗教と儀礼」(ハンシン大学校)、二〇〇七年「東アジア宗教研究の新展望」(金光教教学研究所)、二〇〇八年「東アジア宗教文化の共通性と多様性」(東義大学校)、二〇〇九年「東アジアにおける宗教文化の移動と変容」(北海道大学)、二〇一六年「東アジア宗教研究の現在と未来」(済州大学校)、二〇一八年「戦争と宗教研究」(関西大学)(成果の一部は『宗教から東アジアの近代を問う』として日韓共同出版された。日本語版はぺりかん社、二〇〇二年)。

これらのテーマは、いずれも日韓の運営委員(わたくしも一九九四年から参加)が激論を闘わせて決めたもので、同じく宗教史・民衆宗教史を研究しているとはいえ、**日韓でいかに関心の所在が異なるのか**を知るよい機会となった。また、二〇〇七年頃からは北京大学を中心とした中国の宗教研究者との交流も始まったが、色々と困難があって未だに実を結んでおらず、思想史研究とは異なって宗教史・宗教学を媒介とした日中韓学術交流の難しさを思い知らされている。なお、このシンポジウムで知り合い激論を闘わせ合った韓国の仲間たちとは、今も熱い交流が続いている。

5. 北京・釜山・ソウルでの生活体験

自分史的問題意識の旅もそろそろ現在駅に近づいてきた。現在のわたくしは、トランスナショナルな思想史研究を模索中であるが(この点は第八章でのべた)、この視点をえる上では三度にわたる中国・韓国での在外研究および妻が韓国の大学教員になったことが深く関係している。

わたくしが初めて日本以外の国で生活したのは、一九八四年のことで、アメリカ・ペンシルベニア州フィラデルフィアのバプテスト系大学に四ヵ月ほど滞在した(一九八九年にも一ヵ月滞在)。一ドルが当時は二四〇円で、わたくしの持参した円がたちどころになくなっていったことが思いだされるが、この経験は一九八〇年代後半に中国・韓国からの留学生が日本でどのような思いをしていたのかを想像することに役立つこととなる。アメリカ東部ではアジアにほとんど関心がなく、日本人は常に中国人に間違えられることにも驚かされた(第三章でのべた明治時代の井上哲次郎と似た体験だったわけだ)。もっとも、アメリカ滞在は中国・韓国滞在を経験した今となっては、あまり強い印象を残してはいない。というのも、約三〇年遅れとはいえアメリカ型生活様式がすでに日本にも上陸しており、この意味では「異文化体験」としては印象が薄いものにならざるをえなかったからではないかと思う。一つだけ記しておきたいのは、日本以上に貧富の差・階級差が露骨に顕現していたことだ。アメリカにはその後も学会などで数回行くこととなるが、この点はいつも感じる点である。一九八四年当時はフィラデルフィアの中心部がゴーストタウン化しており、大学の知人から近づかないように注意されたことを思いだす。貧しかった人びとの多くが、アフリカ系アメリカ人であったことも明らかだった。

さて、今日のわたくしにとって決定的な印象と影響を与えているのは、間違いなく二〇〇〇年の北京日本学研究センターに派遣された半年の北京生活である。日本史を専攻している者にとって、**文化的・歴史的に近いはずだと思っていた分だけ、中国革命後の現代中国がいかに「遠い」存在であるのか**を思い知らされ、それが大きな衝撃となって今に至っている（日本の中華料理は実は日本料理だったと初めて知った）。とりわけ、印象に残っていることを三点だけ記すと、一つはわずか一〇数年前の二〇世紀最後の年に至るまで、首都北京が大都会であるにも拘わらず農村の顔も色濃く残していたことだ（正確にいえば、資本主義的経済活動に巻き込まれつつあった農村の顔というべきだが）。派遣先の日本学研究センターのあった北京外国語大学正門前にスイカを満載した馬車（！）が停車して商売していたこと、近くの農村からは沢山の方々が農産物を携え大学内の路上で販売していたこと、北京から車で一時間も行けば広大な「牛馬耕」の世界が広がっていたこと、北京の人びとの顔には「昨日までは農民だった」（柳田国男『明治大正史世相編』一九三一年刊）素朴で人なつっこい表情が多々見られたことなど（現在、日本・京都に観光にこられているおびただしい中国の方々が、皆すっかり「洗練」された都会人の顔をしているのを見ると隔世の感がある。もっとも日本人も同じ途を歩んできたわけだ）。二つ目は、日常的に接した中国の方々、とりわけ当時は多くが存命中だった戦争・革命体験者の方々が、日本の侵略の被害について生々しく記憶していたことだ。なかでも、重慶のタクシーの運転手から「髭をはやせばおまえの顔は日本軍国主義者の顔だ」といわれたことは、わたくしに大きな衝撃を与えた。その運転手の方は決して敵意を表したわけではなく、むしろ笑いながら語っていたのだが、日常的に日本人と接することがない方々の素朴な日本観だと思った。中国人といえば、留学生や大学の研究者しか知らなかったわたくしにとって、**日中の庶民同士が「和解」するまでには長い時間が必要なこと、それほどの大きな傷を日本の侵略は残したのだ**ということをあらためて考えさせられた。三つ目は、ともに滞在した妻とわたくしは、このときの半年間、もう二度とこんな機会はないとばかりに、時間ができれば中国各地を旅した。五台山、大同と雲崗および懸空寺、上海と周庄、西安、敦煌、重慶と三峡下り、武漢、フフホトなど。無論、広大な中国をくまなく旅することなど不可能で、結局は一部の点を訪ねるだけに終わったのだが。これらを訪ねて、一方では無論中国の長い歴史を感じることができたが、他方では至る所に近代日本の侵略の傷跡が残っていることも理解された。そして、次第に気づかされたのは、中国旅行にきていた日本の方々は、（旅行社の影響もあってか）**古代中国ばかり観光し、近代中国と向き合うことがほとんどないという現実**だ。われわれは、たとえば西安では西安事件の史跡を訪ね、重慶では日本軍の空爆の跡地や国民党政府跡地を訪ねたが、そんな日本人はほとんどいないとしばしばいわれた。西安の古代遺跡（秦の始皇帝陵や兵馬俑など）や三峡下りなどは、日本人観光客で満員だというのに、このことには大変驚かされた。いずれにせよ、二〇〇〇年の中国滞在体験は、わたくしの東アジア史の中に日本を位置づけていく研究の原点となった。

韓国については、二〇〇七年と二〇一三年にそれぞれ一年ずつの合計二年間、前者は釜山に後者はソウルに滞在する機会に恵まれた。また、私事ではあるが、わたくしの妻が合計一二年間（二〇〇四年～二〇一七年）、韓国の新羅大学校と高麗大学校に専任教員として赴任したこともあって、この間に頻繁に訪韓する機会が与えられた。先に紹介した日韓宗教研究者交流シンポジウムのネットワークもあり、これらの滞在では学術的にも大変貴重な体験を幾度もさせて頂いた。韓国の日本学関連学会では、何度も基調講演などをさせて頂き、その際に**モダニズムからポストモダニズムへと韓国では急速に学問方法・視座が「進化」していっている**ことが実感された。つまり、こういうことだ。一九九〇年代には、韓国側の研究の多くは、近代化（近代国家＝民族国家の形成）を指標として、一九世紀以降の思想・宗教がどの程度近代的だったのか、という視点が中心だった。そして、これら近代国家（民族国家）に向かう自生的動きの前に立ちはだかったものこそ日本帝国主義の植民地支配であり、かくて近代化への動きは反日民族主義となって、そこにさまざまな抵抗運動が生まれていく。今日では、この視点は「収奪史観」とよばれているが、日本ではポストモダニズムが席巻しつつある状況でもあり、議論がなかなかかみ合わなかった場面も多かった。ただし、こうしたかみ合わない場面に直面して、わたくしにはそこに横たわっている**戦前の植民地史観（朝鮮王朝は中国王朝に従属し自らの力で近代化を達成できなかったとする、主に京城帝国大学の日本人研究者が日本の植民地支配を正当化するために唱えた説）の克服、さらに戦後の南北分断を克服しての統一国家の形成という課題の重さ**が、この視点の背景に厳然と存在していることがむしろ注目された。学問的には、当時は先行しているかに見えた日本側のポストモダニズムが、こうした現実の課題に裏打ちされていない軽薄なものであったことは、未だに経済成長を「強い国家」とともに夢想するモダニズム丸出しの安倍政権下の現代日本を見るならば、あまりに明らかなことだ。当時を振り返ると、韓国側の真剣さとほとんど向き合えなかったことが想起され、今も赤面の思いが込み上げてくる。

しかも、二一世紀になると、韓国側の研究者の多くは、日本の植民地支配を、より広い近代の文脈から捉え返し、近代自体の問題として位置づけるようになった（**植民地近代論**とよばれている）。そこにポストモダニズムの影響があるのは明らかだが、ここでもそこに現代の植民地主義の克服（ポストコロニアル）という課題が見据えられていることが看過されてはならない。つまり、近代化とは植民地支配を必然的に伴うものであり、植民地の多くが独立した現代にあっても、近代（資本主義）がそこに存在している以上、そこには新たな（可視化しえない）植民地支配、暴力と抑圧、収奪が作動している（しかも、新自由主義下では、より熾烈なものとなっている）。日本の植民地支配の克服の課題とは、単に過去の一時期の問題ではなく、現代的課題ともなっていることが、この議論では重要な点だ。残念ながら、この議論に対しては、過去の植民地支配が近代化に貢献したとするものだという誤解があるが、近代の中に帝国と植民地の両者を位置づけ直す、優れて現代的課題として提示されている議論だとわたくしは捉えている（第八章）。現代的課題といえば、現在の「歴史認識問題」をめぐる日韓（中）の対立も、植民地支配や侵略を過去の問題としてしか捉えられず、現代的問題でもあると捉えられない日本側の状況が大きく関係しているとわたくしは考えている。

なお、韓国でも、数多くの史跡を回った。そして、日韓が関係史では済まない、ほとんど共有された歴史を刻んできたことがよく理解された。伽耶・百済・新羅時代の遺跡や古墳群、倭寇や豊臣秀吉の侵略を受けた遺跡、日本通信使関連遺跡（韓国側では朝鮮通信使は日本通信使とよばれている）、仁川と開港以後の建築物、植民地時代の日本建築物、日本が築いた神社跡地など。とりわけ、衝撃を受けたのは豊臣秀吉関連の史跡で、倭城の存在、慶州などでの侵略によって破壊された文化財、抵抗して皆殺しにされた釜山城や晋州城、投降して朝鮮で生活することになった大邱近郊の沙也可（金忠善）関連施設など、日本側ではほとんど知られていないことがらに接し愕然とした。**日韓の歴史認識を比較するならば、豊臣秀吉の侵略などは単なる過去の一事件となってしまっているが、侵略を受けた側では四〇〇年を超えた記憶として語り継がれてきた**ことが理解された。そのことの上に植民地支配という近代以降の歴史が積み重なったということについて、われわれはどの程度理解していたであろうか。

また、日韓宗教研究者交流シンポジウムでは、韓国で開催されるたびに、恐らく日本人がほとんど訪ねることのない宗教施設を巡った。海印寺・通度寺・松廣寺など著名な寺院も無論見学したが、キリスト教系のハレルヤ祈祷院や断食祈祷院、今は「邪教」とされている天尊会、東学系の諸教団（水雲教・圓仏教・大巡真理教）など。ハレルヤ祈祷院で実施された患部をとりだす生々しい「病気直し」、「神がかり」状態となった天尊会の教祖夫妻、血の涙を流す羅州カトリック教会などがとくに印象に残っており、韓国民衆宗教の凄みを感じて大きな衝撃を受けた。何故、日本のキリスト教は伸びないのかという幼年期に芽生えた問いを最初に記したが、それも含めて**日韓の宗教状況の相異が、実は近現代の歩みの相異（「帝国」と「植民地」）に由来している**ことを考えさせられる機会となったように思う。

以上が、恥ずかしながら、今までのわたくしの人生を振り返っての問題意識の所在である。まとめていえば、**「徳川時代の思想・宗教を東アジア的視点から研究することで、今われわれが何処にいるのかを明らかにし、何処に向かっていくべきかを考えること」**ということになろうか。そして、そこに「隠されたテーマ」が、現代すなわち世界資本主義の諸問題・諸矛盾の克服の方途を、わたくしなりに考えていきたいという思いであることも、すでにのべたとおりである。

参考文献一覧（引用・掲載順）

（本書が引用・掲載した文献の中で、重要と思われるものを掲載している。論文は除いてある。また、わたくしがとくに薦めたいものはゴシック体にしてある）

■歴史哲学・歴史認識

ヘーゲル『歴史哲学講義』（上）（下）（長谷川宏訳、岩波文庫、一九九四年、第一版は一八三七年）
ベルンハイム『歴史とは何ぞや』（坂口昂訳、岩波文庫、一九三五年）
グーチ『近代史学史』（上）（下）（林健太郎ほか訳、吉川弘文館、一九五五年、原著初版は一九一三年）
E・H・カー『歴史とは何か』（清水幾太郎訳、岩波新書、一九六二年、英語版は一九六一年）
渡邊二郎『歴史の哲学』（講談社学術文庫、一九九九年）
ヘイドン・ホワイト『歴史の喩法』（上村忠男訳、作品社、二〇一七年。原著は一九七七年〜一九九九年）
三木清『歴史哲学』（岩波書店、一九三二年）
廣松渉『世界の共同主観的存在構造』（勁草書房、一九七二年）
安丸良夫『〈方法〉としての思想史』（校倉書房、一九九六年）

■過去の「他者性」

長志珠絵『近代日本と国語ナショナリズム』（吉川弘文館、一九九八年）
酒井直樹『死産される日本語・日本人』（新曜社、一九九六年）
伊藤整『近代日本人の発想の諸形式』（岩波文庫、一九八一年、原著は一九五三年）

見田宗介『時間の比較社会学』（岩波書店、一九八一年）

■徳川史学史・近代史学史

サイード『オリエンタリズム』（今沢紀子訳、平凡社、一九九三年、原著は一九七八年）
斎藤希史『漢文脈と近代日本』（NHKブックス、二〇〇七年）
小沢栄一『近世史学思想史研究』（吉川弘文館、一九七四年）
野口武彦『江戸人の歴史意識』（朝日選書、一九八七年）
同『王道と革命の間』（筑摩書房、一九八六年）
伊豆公夫『新版日本史学史』（校倉書房、一九七二年、初版は一九三六年）
家永三郎『日本の近代史学』（日本評論新社、一九五七年）
『日本歴史講座⑧日本史学史』（東京大学出版会、一九五七年）
日本思想史研究会『日本における歴史思想の展開』（吉川弘文館、一九六五年）
小沢栄一『近代日本史学史の研究』（吉川弘文館、一九六八年）
『大久保利謙歴史著作集⑦日本近代史学の成立』（吉川弘文館、一九八八年）
『日本近代思想大系⑬歴史認識』（岩波書店、一九九一年）
松沢裕作『重野安繹と久米邦武』（山川出版社、二〇一二年）
マーガレット・メール『歴史と国家』（千葉功ほか訳、東京大学出版会、二〇一七年）
関幸彦『ミカドの国の歴史学』（新人物往来社、一九九四年）

■ナショナリズム論

アンダーソン『**想像の共同体**』（白石さや・白石隆訳、NTT出版、一九八七年。増補版一九九七年、**定本二〇〇七年**、原著は一九八三年）

ホブズボウム『創られた伝統』（前川啓治ほか訳、紀伊国屋書店、一九九二年、原著は一九八三年）
姜尚中『ナショナリズム』（岩波書店、二〇〇一年）
子安宣邦『漢字論』（岩波書店、二〇〇三年）
同『本居宣長』（岩波現代文庫、二〇〇一年）
アーネスト・ゲルナー『民族とナショナリズム』（加藤節監訳、岩波書店、二〇〇〇年）

■戦後日本思想史学

丸山真男『日本政治思想史研究』（東大出版会、一九五二年）
尾藤正英『日本封建思想史研究』（青木書店、一九六一年）
田原嗣郎『徳川思想史研究』（未来社、一九六七年）
守本順一郎『日本思想史の方法と課題』（新日本出版社、一九七四年）

■世界史とは何か

上原専禄編『日本国民の世界史』（岩波書店、一九六〇年）
大貫隆『聖書の読み方』（岩波新書、二〇一〇年）
加藤隆『旧約聖書の誕生』（ちくま学芸文庫、二〇一一年）
長谷川修一『聖書考古学』（中公新書、二〇一三年）
岡崎勝世『世界史とヨーロッパ』（講談社、二〇〇三年）
秋田茂ほか編『「世界史」の世界史』（ミネルヴァ書房、二〇一六年）

■マルクス主義歴史学

芝原拓自『所有と生産様式の歴史理論』（青木書店、一九七一年）

江口朴郎『歴史学とマルクス主義』(青木書店、一九七二年)
小谷汪之『マルクスとアジア』(青木書店、一九七九年)
大塚久雄『近代欧州経済史序説』(時潮社、一九四四年)
斉藤孝『昭和史学史ノート』(小学館、一九八四年)
成田龍一『歴史学のスタイル』(校倉書房、二〇〇一年)
遠山茂樹『戦後の歴史学と歴史意識』(岩波書店、一九六八年)
キャロル・グラッグ『歴史で考える』(梅﨑透訳、岩波書店、二〇〇七年)
永原慶二『二〇世紀日本の歴史学』(吉川弘文館、二〇〇三年)

■アナール派・ウォーラーステイン世界システム論・柄谷行人

阿部謹也『社会史とは何か』(筑摩書房、一九八九年)
増田四郎『社会史への道』(日本エディタースクール出版部、一九八一年)
二宮宏之『歴史学再考』(日本エディタースクール出版部、一九九四年)
ピーター・バーク『フランス歴史学革命』(大津真作訳、岩波書店、一九九二年)
ピーター・バーク編『ニュー・ヒストリーの現在』(人文書院、一九九六年)
ウォーラーステイン『近代世界システムⅠⅡ』(川北稔訳、岩波書店、一九八一年)
アミン『帝国主義と不均等発展』(北沢正雄訳、第三書館、一九八一年)
フランク『世界資本主義と低開発』(大崎正治ほか訳、柘植書房、一九七六年)
アブー・ルゴト『ヨーロッパ覇権以前』(佐藤次高ほか訳、岩波書店、二〇〇一年、原著は一九八九年)
柄谷行人『世界史の構造』(岩波書店、二〇一〇年)
同『帝国の構造』(青土社、二〇一四年)

■トランスナショナル・ヒストリー・植民地朝鮮での歴史書編纂

妹尾達彦『グローバル・ヒストリー』(中央大学出版部、二〇一八年)

尹海東『植民地がつくった近代』(沈熙燦・原祐介訳、三元社、二〇一七年)

鄭杜熙・李璟珣編『壬辰戦争』(金文子監訳、小幡倫裕訳、明石書店、二〇〇八年)

山下範久『世界システム論で読む日本』(講談社メチエ、二〇〇三年)

阿部吉雄『日本朱子学と朝鮮』(東京大学出版会、一九六五年)

河宇鳳『朝鮮実学者の見た近世日本』(井上厚史訳、ぺりかん社、二〇〇一年)

同『朝鮮王朝時代の世界観と日本認識』(明石書店、二〇〇八年)

宮嶋博史ほか編『植民地近代の視座』(岩波書店、二〇〇四年)

川村湊『「大東亜民俗学」の虚実』(講談社メチエ、一九九六年)

李成市ほか著『植民地主義と歴史学―そのまなざしが残したもの』(刀水書房、二〇〇四年)

■歴史修正主義批判

高橋哲哉『戦後責任論』(講談社、一九九九年)

同『歴史/修正主義』(岩波書店、二〇〇一年)

原口健治『歴史教科書とナショナリズム――日本とドイツ』(春風社、二〇一六年)

俵義文『〈つくる会〉分裂と歴史偽造の深層』(花伝社、二〇〇八年)

菅野完『日本会議の研究』(扶桑社新書、二〇一六年)

藤生明『ドキュメント日本会議』(ちくま新書、二〇一七年)

こども教科書全国ネット二一編『育鵬社教科書をどう読むか』(高文研、二〇一二年)

あとがき

いうまでもなく、巷間には、優れた史学概論、史学史、歴史哲学の専門書が数多く存在している（その幾つかは本書でも紹介した）。わたくしの講義は所詮はその読みかじり、聞きかじり、あるいは誤読・独断に基づくものだったことは、今回本書をまとめながらあらためて思い知らされた。

しかも、未だ分析を行いえず、史料のみ掲げるに止まっている箇所も多々ある。もっともこの点についてだけ言い訳しておくならば、講義では、わたくしの分析は行わず、史料のみ提示して、あとは学生とともに考える方法をしばしば用いてきた。今回、あわてて解釈して補足した部分もあるが、にわか勉強での解釈に終わってしまっているところもあり、それこそ間違いの上塗りをしたのではないかと怖れている。いずれにしても、（とりわけ専門外の領域については）結局は貧しい読書ノートに終わってしまっている感は免れないだろう。

だが、無論決して大げさなものではないにしても、自分の歴史的思考過程も確かに二〇世紀後半期の歴史過程の中にあったことは、自分なりに整理できたように思う。それが現代を生きる若い学生諸君とどの程度共有できるものなのかは覚束ないが、読書ノートに過ぎないとしても、やはり思想史研究が示しうるものにこだわった点には多少の意義はあると考え、手渡せるものは手渡したいという思いに任せて公刊することとした。また、グローバル資本主義が猛威を振るう中で、今や歴史的思考自体が衰退しつつある現況に何とか棹さしたいという思いもある。

無論、本書でのべたわたくしの理解に限界があること、あまりに個人的な問題関心に偏っていることは、深く自覚している。だが、何よりも学生諸君に伝えたかったのが、思惟の歴史的制約への自覚であるとするならば、本書のような史学概論にも多少は意味があるのではないかと思っている。

本書の文責は、全てわたくしにあるとはいえ、多くの研究会から受けた学恩は計り知れない。とりわけ、二〇〇八年から九年にかけての『朝鮮史』研究会、二〇一五年から一八年にかけての東アジア史学思想史研究会でえられた知見は有益であった。いずれも、『季刊日本思想史』（ぺりかん社）の特集号として公刊され（七六号、二〇一〇年）、あるいは今後公刊予定である（二〇一九年）。また、朝鮮儒学史に関しては、韓国全州大学校韓国古典学研究所HK＋事業「儒教文化の脱領土化、共存の人間学と未来共同体」の共同研究にも負っている。このほか、本書各章に関係の深い拙著・拙稿を以下に掲げておく（コラムについては、それぞれの掲載箇所に註記した。また、以下については、いずれも原形を止めないほど改筆しているが、論旨は基本的に変わっていない）。


第三章『思想史の十九世紀』第一〇章「近代国史学の成立」（ぺりかん社、一九九九年）。

第四章「日本思想史学の『作法』とその臨界」『岩波講座　日本の思想』第一巻（岩波書店、二〇一三年）。

第八章「トランスナショナル・ヒストリーという視座」『新しい歴史学のために』二七七号、二〇一〇年。

第九章「植民地朝鮮における歴史書編纂と近代歴史学」『季刊日本思想史』七六号、二〇一〇年。

第一〇章『自他認識の思想史』第六章「現代日本のナショナリズムと『教科書問題』」（有志舎、二〇〇八年）。


最後に、本書を文理閣から刊行できることは、わたくしにとって特別の意味がある。顧みれば、わたくしの学位論文の刊行（『幕末民衆思想の研究』一九九二年、増補改訂版二〇〇五年）、立命館大学での授業成果の公刊（『留学生のための日本事情入門』二〇〇五年、改訂版二〇一七年）など、貧しいながらもわたくしの研究・教員生活は常に文理閣に支えられてきた。今また、一つの区切りとして文理閣から本書を刊行できることは大きな喜びである。快く刊行をお引き受け頂いた、立命館大学日本史学専攻の先輩でもある文理閣代表黒川美富子氏、およびすばらしい本に仕上げて下さった山下信氏には心から感謝申し上げたい。人名索引作成などに協力頂いた立命館大学院生・古文英氏、金娜儇氏にも、感謝申し上げる。

二〇一八年九月三〇日

近江舞子にて　著　者

なお、本書刊行にあたっては、立命館大学から学術図書出版推進プログラムによる出版助成金をえている。

ま

や

ら

わ

な

は

た

か

さ

人名索引

あ

著者紹介

桂島宣弘（かつらじま　のぶひろ）

1953年生。立命館大学文学部教授。日本思想史専攻。著書としては『幕末民衆思想の研究』（文理閣、1992年、増補改訂版は2005年）、『思想史の十九世紀』（ぺりかん社、1999年）、『留学生のための日本事情入門』（金津日出美と共著、文理閣、2005年、改訂版は2017年）、『自他認識の思想史』（有志舎、2008年、韓国語版は2009年、中国語版は2019年）など。

思想史で読む史学概論

2019年1月25日　第1刷発行
2022年4月1日　第2刷発行

著　者　桂島宣弘

発行者　黒川美富子

発行所　図書出版　文理閣
京都市下京区七条河原町西南角 〒600-8146
電話（075）351-7553　FAX（075）351-7560
http://www.bunrikaku.com

印　刷　新日本プロセス株式会社

ISBN978-4-89259-841-8